本书为青岛大学东亚文学与文化研究中心赞助出版

本书主要内容为山东省社科规划项目《〈五经正义〉引〈尔雅〉研究》（项目编号：08JDC115）

特此致谢！

青岛大学"东亚文学与文化研究丛书"第一辑
本书为青岛大学东亚文学与文化研究中心规划资助项目

雅学文献学研究

窦秀艳 著

中国社会科学出版社

图书在版编目 (CIP) 数据

雅学文献学研究 / 窦秀艳著 . —北京：中国社会科学出版社，2015.1
（东亚文学与文化研究丛书）
ISBN 978 – 7 – 5161 – 5806 – 7

Ⅰ . ①雅… Ⅱ . ①窦… Ⅲ . ①《尔雅》 – 文献学 – 研究 Ⅳ . ①H131.2

中国版本图书馆 CIP 数据核字 (2015) 第 056476 号

出 版 人	赵剑英
责任编辑	宫京蕾
特约编辑	孙少华
责任校对	王佳玉
责任印制	何 艳

出 版	中国社会科学出版社
社 址	北京鼓楼西大街甲 158 号
邮 编	100720
网 址	http：//www.csspw.cn
发 行 部	010 – 84083685
门 市 部	010 – 84029450
经 销	新华书店及其他书店

印刷装订	北京市兴怀印刷厂
版 次	2015 年 1 月第 1 版
印 次	2015 年 1 月第 1 次印刷

开 本	710×1000 1/16
印 张	15.25
插 页	2
字 数	255 千字
定 价	49.00 元

凡购买中国社会科学出版社图书，如有质量问题请与本社联系调换
电话：010 – 84083683

目　　录

第一章

《说文解字》引《尔雅》研究

一　概述

《尔雅》和《说文解字》（以下简称"《说文》"）是中国语言学史上的两部重要典籍，它们的产生是时代的需要，是先秦两汉语言文化发展的必然结果。

先秦两汉时期，人们了解、掌握语言的音、形、义各有法门，学问主要靠口耳相传，听音知义，解读经典有《尔雅》，读书识字有《史籀》《苍颉》《训纂》等字书，语言秩序熙如，正如段玉裁在《尔雅匡名序》中所言："《周官》属瞽史，谕书名，听声音，固有音韵之书矣。《尔雅》者，言义之书也。当汉时无不知三代之音者，亦无不读《尔雅》者。学士、大夫又有《苍颉》《凡将》《训纂》诸篇为字形之书，童而习之，三者备矣。"[1] 文字构造，皆据形见义，《尔雅》汇释经典，经传假借而《尔雅》仍之，随着语言文字的发展，经传、《尔雅》愈不能通，沿流不若讨源，"经传《尔雅》所假借，有不知本字为何字者"[2]。

西汉末至东汉初中期，"隶书行之已久，习之益工，加以行草、八分纷然间出，返以篆籀为奇怪之迹，不复经心。至于六籍旧文，相承传写，多求便俗，渐失本原"[3]。随着后汉古文经学的兴起，开始重视古文字的整理和保存，以纠正当时文字混乱的现象，"汉宣帝时，始命诸儒修仓颉之法，亦不能复故。光武时，马援上疏论文字之讹谬，其言详矣。及和帝

---

① （清）严元照：《尔雅匡名》段序，《中华汉语工具书书库》第45册，安徽教育出版社2002年影印本，第1页下栏。（各书首次引用时，著者、书名、出版社、册数、页码全注明，再次引用时只出书名、页码。）

② 同上。

③ （汉）许慎：《说文解字》后序，徐铉增释，江苏古籍出版社2001年版，第320页。

时，申命贾逵修理旧文。于是许慎采史籀、李斯、扬雄之书，博访通人，考之于逵，作《说文解字》"①。《说文》保留了已经停止使用300余年的古文字小篆近万个，分析字形，说解字义，表明音读，并援引儒家经典及时人论述，它的体例及释义方式都与《尔雅》有很大的不同，因此，"《尔雅》不可改从《说文》，犹《说文》之不可改从《尔雅》也"②。但《说文》"六艺群书之诂皆训其意，而天地、鬼神、山川、草木、鸟兽、昆虫、杂物、奇怪、王制、礼仪、世间人事，莫不毕载"③ 的百科特点，以及分别部居、类聚群分的编撰原则，无疑受到了《尔雅》的影响。同《尔雅》一样，《说文》对儒家经典的训释功能也是巨大的，正如清代著名学者孙星衍在《重刻宋本说文序》中所说："五经文字毁于暴秦，而存于《说文》。《说文》不作，几于不知六艺；六艺不通，唐虞三代古文不可复识，五经不得其本解。"④ 不但如此，《说文》的释义也大量参考、引用了《尔雅》，"《尔雅》者，古人小学之书也，……汉初诸儒释六经者，悉依《尔雅》，……两汉小学之书，惟许氏《说文解字》悉宗雅训，或与雅训互相证明，惟其得《尔雅》之传，故能明六书之恉也"⑤。《说文》是目前我们所能见到的最早明确征引《尔雅》的著作，它对《尔雅》的征引，大致可分为明引和袭用两种情况，所征引及袭用《尔雅》之文，对于雅学研究弥足珍贵。

二 《说文》明引《尔雅》

《说文》中明引《尔雅》共有30例，我们把这30例与陆德明《经典释文》⑥、唐石经、孔颖达《五经正义》（简称"孔氏《正义》"）、邢昺《尔雅疏》（以下简称"邢疏"）、邵晋涵《尔雅正义》（以下简称"邵氏

---

① （汉）许慎：《说文解字》后序，徐铉增释，江苏古籍出版社2001年版，第320页。

② 《尔雅匡名》段序，第1页下栏。

③ 《说文》，第320页。

④ 《说文》，孙星衍《重刻宋本说文序》，第1页。

⑤ （清）邵晋涵：《尔雅正义》序，《续修四库全书》第187册，上海古籍出版社1995年影印，第38页下栏—第40页上栏。

⑥ 为避免与其他雅书重复，本书以《释文》特指陆德明《经典释文》卷29、卷30《尔雅音义》，其他经典则以《XX音义》称之。

《正义》")、郝懿行《尔雅义疏》（以下简称"郝疏"）、阮元《尔雅注疏校勘记》（以下简称"《校勘记》"）、周祖谟《尔雅校笺》（以下简称"《校笺》"）等作了比较研究，发现完全相同者 17 例，不同者 13 例。

（一）与《尔雅》完全相同

《说文》中所引与今传本《尔雅》完全相同的 17 例，占明引总数的一半以上。如《说文·木部》："宋，栋也。从木仌声。《尔雅》曰：'宋庮谓之梁。'"《说文·释木》："楣，户楣也。从木眉声。《尔雅》曰：'檐谓之楣。'"《说文·齿部》："齝，吐而噍也。从齿台声。《尔雅》曰：'牛曰齝。'"

（二）与《尔雅》文字不同

1. 互为异体字。在《说文》所引《尔雅》中，有与今本《尔雅》①互为异体字，共有两例：

《说文·木部》："棁，屋枅上标也。从木兑声。《尔雅》曰：'棁谓之梲。'"② 今本《释宫》作"棁谓之棳"。《释文》："棳，作截反，又音节，本或作梲，同。《字林》云：'樽栌也。'旧本及《论语》《礼记》皆作节。"③ 今考《礼记正义》两引李巡注皆作"棳"，如郑玄注："棁谓之节，梁上楹谓之棁。"孔颖达注正义："（《释宫》）又云：'棁谓之节。'李巡本节作棳，谓'樽卢，一名节，皆斗栱也'。"④ 又，严元照《尔雅匡名》（以下简称"《匡名》"）称："《说文》引《尔雅》已作梲，应劭注《王命论》亦作棳。"⑤ 由此可见，两汉时期《尔雅》传本就有棳、梲两种异文，因此《类篇·木部》："梲，或书作棳。"⑥

----

① 本书所谓"传本"，即指《经典释文》、唐石经等。所谓"今本"，主要指周祖谟《尔雅校笺》、中华书局 1980 年影印本《尔雅注疏》及《尔雅注疏校勘记》等，为行文简便，不再一一出注。

② 本文所引《说文》及段注均用上海古籍出版社 1981 年版，为行文简便，不再出注。

③ （唐）陆德明：《经典释文》卷 29，中华书局 2006 年版，第 869 页。

④ （汉）郑玄注，（唐）孔颖达疏：《礼记正义》卷 23，中华书局 1980 年影印本，第 1434 页中栏—下栏。

⑤ 《尔雅匡名》卷 5，第 56 页下栏。

⑥ （宋）司马光等：《类篇》卷 6，中华书局 2003 年影印本，第 215 页下栏。

《说文·犬部》："玃，母猴也。从犬矍声。《尔雅》云：'玃父善顾，攫持人也。'"玃，今《释兽》作貜。《释文》："玃，字亦作貜，俱缚反。《说文》云：'大母猴也。'"① 盖汉魏以来玃与貜在《尔雅》中已经混用不别，即从犭、从豸，义通。

2. 互为正借字。共有两例：

《说文·食部》："餀，食臭也。从食艾声。《尔雅》曰：'餀谓之喙。'"喙，今《尔雅》作餯。《释文》云："餯，李云：'餀、餯，皆秽臭也。'"② 则餯与餀同义，餯当为本字。又据《说文》："喙，口也。"则喙当为借字。

《说文·水部》："汃，西极之水也。从水八声。《尔雅》曰：'西至汃国，谓之四极。'"汃，今本《尔雅》皆作邠。段注："《释文》'邠或作豳，《说文》作汃同'。案：汃之作豳，声之误也。作邠，则更俗矣。而可证唐以前早有以邠代豳者。许意，西极汃国必以汃水得名……"则借汃水之汃代指邠国，可见，邠当是后来代替汃为正字。

3. 互为古今字。有 1 例。《说文·见部》："觊，小见也。从见冥声。《尔雅》曰：'觊斄，弗离。'"弗离，《释文》、唐石经、今本《尔雅》皆作茀离。郭注"谓草木之丛茸翳荟也"，则觊斄与草木有关，据《说文·艹部》"茀，道多草，不可行"，是茀为本字，可见《说文》之弗离为古写字。另外，弗离为联绵词。王筠《说文句读》云："（觊）字仅见于《尔雅》，而《尔雅》以弗离释觊斄，而皆是连语。……弗离犹迷离，皆依稀仿佛之词。"③ 可见，弗、茀只是声音相同，词义无关，人们因其表草木丛茸，遂加"艹"旁，而成今字。

（三）《说文》引《尔雅》注音

1. 异字注音。有两例。《说文·释木》："柮，断也。从木出声，读若《尔雅》'貀无前足'之貀。"柮与貀，古音皆娘母术部，音同。又，《说文·欠部》："欱，蹴鼻也。从欠咎声，读若《尔雅》曰'麔貜短脰'。"欱、麔二字古韵相同，声母相近。

---

① 《经典释文》卷 30，第 934 页。

② 《经典释文》卷 29，第 873 页。

③ （清）王筠：《说文句读》，中国书店 1983 年（据 1882 年尊经书局刊本）影印本。

2. 同字注音。有 1 例。《说文·马部》："馺，马行相及也。从马从及，读若《尔雅》：'小山馺大山峏。'"

《尔雅》中这三个字并非常见字，许慎以《尔雅》之字为《说文》注音，表明《尔雅》在当时为人们所常见、习知，而且是正字音的标准。

（四）有《说文》所引未见今本《尔雅》者

有 3 例。《说文·衣部》："褊，重衣貌。从衣围声。《尔雅》曰：'褊褊襦襦。'"徐铉曰："《说文》无襦字，《尔雅》亦无此语，疑后人所加。"《说文》："跋，进足有所撷取也。从足及声。《尔雅》曰：'跋谓之撷。'"今本《释器》有"扱衽谓之襦。"郭注："扱衣上衽于带。"与《说文》释义不相合。

《说文·旡部》："㱎，事有不善，言㱎也。《尔雅》：'㱎，薄也。'从旡京声。"《说文·水部》："凉，薄也。"段玉裁注："《桑柔》毛传、杜注《左传》《小尔雅》皆云：'凉，薄也。'凉即㱎字，《广雅·释诂》曰：'㱎，褕也。'褕即薄字。"当为《小尔雅》之文，汉儒引《小尔雅》多称作《尔雅》。

（五）《说文》明引《尔雅》的价值

《说文》引《尔雅》主要为证成己说，可见《尔雅》的通用性、权威性。而从《说文》所引，我们也能够更加深入理解《尔雅》词语的含义和文化内涵。如《说文·玉部》："瑗，大孔璧，人君上除陛以相引。从玉爰声。《尔雅》曰：'好倍肉谓之瑗，肉倍好谓之璧。'"在许慎以前的文献中关于"瑗"的形制除了《尔雅》之外，未见详细说明，即便《尔雅》所释，我们也是一知半解，陆德明《释文》引《仓颉篇》称"玉佩名"，也不甚其解，而从《说文》所释，我们了解到"瑗"的形制"大孔璧"、用于人君台阶、殿阶导引，清代邵、郝疏证《尔雅》皆引《说文》此释为证。

从《说文》所引，我们还可以考见《尔雅》版本流传过程中文字歧异现象。其一，《说文》所引虽与今本《尔雅》相同，但与其他文献所引不同。如《说文·水部》："瀱，渍也。从水籤声。《尔雅》曰：'泉一见一否为瀱。'"今本《释水》"泉一见一否为瀱"，与《说文》引同，而王充《论衡·是应篇》："案《释水》章'泉一见一否曰瀸。'"① 是瀸又作灥。邵氏《正义》："《论衡·是应篇》引《尔雅》作'泉一见一否曰瀸',今本作为灥,所见本异也。《说文》引《尔雅》与今本同。"②《说文》未见瀸字,又据《篇海类编·地理类·水部》"灥,一作瀸"③,则二字为异体字。其二,从《说文》所引,可见今本经文有为注文误入者。如《说文》："玃,母猴也。从犬矍声。《尔雅》云:'玃父善顾,攫持人也。'""攫持人也",今本为郭注文。段玉裁认为"攫持人也"四字,原在《尔雅》上面,后误衍于《尔雅》之下,所以段氏将其删去。有经文误入注文者,《说文·内部》："蜪蜪,周成王时州靡国献蜪,人身,反踵,自笑,笑即上唇掩其目,食人,北方谓之土蝼。《尔疋》云:'蜪蜪,如人,被发,一名枭羊。'""一名枭羊",今郭注作"枭羊也",《释文》《广韵》引《说文》皆有"一名枭羊"文,盖《尔雅》经文误入郭璞注文。

　　另外,《说文》所引有与传本《尔雅》相反者,或《说文》征引有误,如《说文·水部》："汎,水厓枯土也。《尔雅》曰:'水醮曰汎。'"今《释水》："水醮曰厬。"又,《说文》:"厬,仄出泉也。"今《释水》有"汎泉穴出,穴出仄出也"。《说文》引与今本《尔雅》正相反。邵氏《正义》："案《说文》所引汎、厬二字,与今本《尔雅》彼此互易。"④段玉裁在"汎"下注云:"依《毛诗》'有洌汎泉',似今《尔雅》不误也。"

三　《说文》袭用《尔雅》

　　所谓"袭用",是指许慎并未注明引自《尔雅》,但根据其释义,可以判定其引自《尔雅》。这大致包括两种情况:一是《说文》释义与《尔雅》相同;二是《说文》释义与《尔雅》微异。

---

① （汉）王充:《论衡》卷17,《丛书集成初编》,商务印书馆1939年版,第190页上栏。

② 《尔雅正义》卷12,第209页下栏。

③ 转引自《汉语大字典》,第1776页左栏。

④ 《尔雅正义》卷12,第212页下栏。

（一）《说文》与《尔雅》释义相同

严元照《尔雅匡名》以《说文》校正《尔雅》，把《尔雅》词条与《说文》一一比对，注明《尔雅》与"《说文》同"者217例①，其中训释内容、训释方式完全相同者138例。如《释诂》："诰，告也。"《释器》："瓯瓿谓之瓵。"《释木》："桧，柏叶松身。"，皆与《说文》完全相同。

（二）《说文》与《尔雅》释义微异

所谓"微异"，主要是《说文》对《尔雅》词条的表述进行了调整，或表述词语有变化，或增加术语，或调整训诂术语，从字形看，也有一些是古今、正借、正体或体、书体演变等方面的不同，因此二书词条没有本质性的不同。

1. 表述微异。作为我国产生较早的两部训诂工具书，《说文》与《尔雅》虽然有承继关系，但由于编撰目的、方式不同，因此在语词表述方式和训诂术语上也有所不同。《尔雅》产生较早，训解比较质朴，训诂术语较少而且未成系统，尤其是前三篇采用多词共训等形式，即"某、某，某也"式；后十六篇训释方式较灵活，表述素朴，或用"曰""为""谓之"等术语。《说文》以训释词语本义为宗旨，训式基本固定，在征引《尔雅》时，依据自身编排特点，多采用"某，某也"式，对《尔雅》的表述方式作了调整，从而使训式更加规范和严谨。

词条表述方式调整。如《释山》："山有穴为岫。"《说文》："岫，山穴也。从山由声。"《释木》："栎，其实梂。"《说文》："梂，栎实。"《释草》："荷，芙渠。其茎茄，其叶蕸，其本蔤，其华菡萏，其实莲，其根藕。"《说文》："茄，芙蕖茎。""蔤，芙蕖本。""莲，芙蕖之实也。""藕，芙蕖根。"

训诂术语调整。如《释水》："夏有水，冬无水，㴒。"《说文·水部》："夏有水、冬无水曰㴒。"《释器》："舆革前谓之鞎。"《说文·革部》："鞎，车革前曰鞎。"《释鱼》："贝，居陆赑，在水者蜬。"《说文》："贝，海介虫也。居陆名猋，在水名蜬。"

---

① 参见吕献文《严元照〈尔雅匡名〉研究》，硕士学位论文，青岛大学，2010 年。

2. 文字有异。《尔雅》汇释经典，为解经服务，经典多古字、借字，《尔雅》亦多古字、借字。随着时代的发展，人们在对《尔雅》整理研究以及征引传播的过程中，致使《尔雅》各传本之间不可避免地出现了今古并存、正借混淆、讹脱改易的现象。同时，《说文》在流传过程中也出现了文字讹变现象。另外，《说文》比《尔雅》晚出现300余年，正是训诂、文字之学大发展时期，受语言文字发展影响，《说文》与《尔雅》所用文字必然有所不同。

《说文》引《尔雅》与单行之《尔雅》存在古字、今字之异。《尔雅》用古字，《说文》用今字。如《释诂》："介，善也。"《说文·人部》："价，善也。"朱骏声《说文通训定声·泰部》："价，善也。《诗·板》'价人维藩'，传'善也'，笺谓借为甲，与毛、许说异。《尔雅》'介，善也'，以介为之。"① 可见，价当为介的后起区别字。又，《释诂》："毕，尽也。"《说文·攴部》："敗，敗尽也。"毕，《说文》"田网也"，本为捕鸟的有长柄的网，后引申为完毕、结束。敗，段注："事毕之字当作此，毕行而敗废矣。"毕与敗因假借而成为古今字。又，《释草》："藑，菟瓜。"《说文·艹部》："藑，兔苽也。"菟与兔、瓜与苽，从字形上看，皆为声根与形声字之关系，就兔、菟来说，五代丘光庭《兼明书》认为："《尔雅》，菟字皆从草，明曰'菟'字不从草。按草菜之号，多取鸟兽之名以为之，至如荔鼠尾、孟狼尾……之类，其鼠狼雀鸟马牛鹿等字皆不从草，兔亦兽名，何独从草？盖后人妄加之耳。"② 丘氏认为"兔"不应著"艸"。黄侃《尔雅音训》又云："凡称菟者，皆有白义，菟即兔之隶俗。《释兽释文》兔，字又作菟……不知菟非从艹也。《说文》兔苽、兔葵皆作兔。"③ 可见，"菟"为"兔"后起今字，《尔雅》用今字，《说文》用古字。

正体、或体之异。《释木》："下句曰朻。"《说文》："樛，下句曰樛。""朻，高木也。"《释文》云："朻，本作樛。"④《玉篇》："樛，木下曲曰樛。朻，同上，《尔雅》曰：'下句曰朻。'"⑤ 又，《释诂》："劢，

---

① （清）朱骏声：《说文通训定声》泰部第十三，中华书局1998年影印本，第671页下栏。

② （五代）丘光庭：《兼明书》卷3，中华书局1985年排印本，第33页。

③ 黄侃：《尔雅音训》卷下，中华书局2007年版，第119页。

④ 《经典释文汇校》卷30，第914页。

⑤ （梁）顾野王：《大广益会玉篇》，中华书局2004年影印本，第60页下栏。

勉也。"《说文·心部》:"恤,勉也。"《匡名·释诂》:"案《说文》无勔字,当作恤。"①

本字、借字之异。《释草》:"蕭,雀麦。"《说文》:"蕭:爵麦也。"邵氏《正义》及郝疏皆云"爵"与"雀"古通用。徐锴《说文系传》称汉魏以前"雀"字多作"爵",假借也。"爵"为雀形礼器,多通作"雀",则"雀"为本字,"爵"为借字。又,《释言》:"殛,诛也。"《说文·歹部》:"殛,殊也。"邵氏《正义》:"今本作'诛也',按,《说文》诛训责,与殛异义,当作殊也。"② 则诛为借字。

3. 因书体演变,或书写讹误而异。随着时代的变迁、书体的演化,文字形体也产生了许多讹误现象,王念孙、段玉裁、邵晋涵、严元照等校勘古籍多从书体演变、形近而讹变角度揭明文字讹误现象,从《说文》与《尔雅》比较来看,这种情况也为数不少。如《释草》:"篠,箭。"《说文·竹部》:"筱,箭属,小竹也。"段注:"筱,今字作篠。"郝疏:"篠者,《说文》作筱。"③ 关于二字的关系,郝、段均未言明。《匡名·释草》云:"《释文》云:篠,《字林》作筱,云:小竹也。案:《说文·竹部》:'筱,箭属,小竹也,从竹攸声。'隶变从条。"④ 指出"筱"隶变作"篠"。又,《释诂》:"搂,聚也。"《说文·手部》:"搂,曳聚也。"唐石经、单疏本、雪窗本、今本皆作搂。《释文》:"搂,从手,本或作楼,非。"⑤ 则陆氏本作搂,《匡名》认为盖"六朝俗书手、木易溷"⑥而致。

《尔雅》与《说文》是秦汉时期两部重要的字典和辞书,也是我国古代学者学习、治学必备的工具书。《说文》比《尔雅》晚出,因而比《尔雅》的分类更加细密,释义更加具体、精确。如《释诂》:"罄,尽也。"《说文》:"罄,器中尽也。"《释诂》:"滰,虚也。"《说文·水部》:"滰,水虚也。"《释鸟》:"生哺,鷇。"《说文》:"鷇,鸟子生哺者。"等等。但对二书的历史地位要科学、辩证地看待,既不能因为《尔雅》主

---

① 《尔雅匡名》卷1,第14页上栏。

② 《尔雅正义》卷3,第97页下栏。

③ 《尔雅郭注义疏》卷13,山东友谊书社1992年版,第805页。

④ 《尔雅匡名》卷13,第104页下栏。

⑤ 《经典释文》卷29,第837页。

⑥ 《尔雅匡名》卷1,第16页下栏。

释经典，而过分抬高《尔雅》的经典地位，遵从不变，也不能因为《说文》专释本字本义，而否定《尔雅》的存在价值。从《尔雅》与《说文》的比较中，我们看到二书是互补的，据《尔雅》，我们可以订正《说文》之误，如《释兽》："麠，大麃，牛尾，一角。"《说文》："麠，大鹿也，牛尾，一角。"段注："麃，各本作鹿，误，今正。《释兽》云：'麠，大麃，牛尾，一角。'许（慎）所本也。"同样，据《说文》我们也可以订正《尔雅》之失，如《释兽》："魋，白虎。"《说文·虎部》："䖘，白虎也。从虎昔声。读若鼏。"邵氏《正义》："魋当作䖘，《说文》'䖘，白虎也'。"① 严氏《匡名》魋当作䖘，后人讹从甘。又，《尔雅·释草》："藬车，芛舆。"《说文》："藬，芛舆也。"据《说文》可证《尔雅》衍车字。潘衍桐《尔雅正郭》："《释文》'车，本多无此字'，今郭本有车字者，依《离骚》而误加也。臧茂才《经义杂记》云：《说文·艸部》'藬，芛舆也'、'芛，芛舆也'，《说文》以藬为芛舆也，不名藬车，知所见《尔雅》本作'藬，芛舆'，与《释文》所见本多无'车'字正合也；独《离骚》以藬芛舆为藬车，盖赋家增损其文以成句，车即舆之驳文，犹曰'藬舆'云尔。"②

① 《尔雅正义》卷19，第303页下栏。

② （清）潘衍桐：《尔雅正郭》卷下，《续修四库全书》第188册，上海古籍出版社1995年影印本，第545页下栏—第546页上栏。

第二章

郑玄笺注引《尔雅》研究

一　概述

　　《尔雅》成书于战国后期至秦汉间，由于它所收语词以儒家经书为主，接近经书形成时代，因而成为诠释儒家经典的权威著作。秦汉以来，学者们著书立说、训释经典，"悉宗雅训"。同时，对其整理研究也从未间断过，据邵氏《尔雅序》正义："传《尔雅》者，汉初诸儒授受不绝，故贾、董之书训释经文，悉符雅义。至于太史公受《尚书》于孔安国，其为《本纪》《世家》，征引《尚书》者，辄以训诂之字阐释经义，悉依于《尔雅》。……然古者传以释经，史迁所训释，盖即孔安国《书传》，而孔《传》本于《尔雅》，则知古人释经未有舍《尔雅》而别求字义者。"① 黄侃《尔雅略说》亦云："太史公受《书》孔安国，故其引《尚书》而以训故代之，莫不同于《尔雅》。……史公所易诂训，无不本于《尔雅》，是知通《书》者，亦鲜能废《雅》也。自余三家之《诗》，欧阳、大小夏侯之《书》，刘、贾、许、颍之《左传》，杜、郑、马、郑之《礼》，所用训诂，大抵同于《尔雅》，或乃引《尔雅》明文。至于杨子云纂集《方言》，实与《尔雅》同旨。"② 其中黄侃所谓的"杜郑马郑"之后"郑"即指郑玄。郑康成囊括大典，网罗众家，今古文兼治，其笺《诗》、注《礼》，以及注《周易》《论语》《孝经》等均援引了《尔雅》。

　　郑玄（127—200），字康成，北海高密（今山东高密）人，是后汉今古文兼通的大家，他遍注群经，为儒家经典流传与发扬作出了重要贡献，可谓复兴儒家文化的第一人。据《后汉书》本传，郑玄"造太学受业，

<hr />

① 《尔雅正义》序，第39—40页。
② 黄侃：《尔雅略说》，《黄侃论学杂著》，上海古籍出版社1980年版，第367—368页。

师事京兆第五元先，始通京氏《易》《公羊春秋》《三统历》《九章算术》。又从东郡张恭祖受《周官》《礼记》《左氏春秋》《韩诗》《古文尚书》。以山东无足问者，乃西入关，因涿郡卢植，事扶风马融"①。从马融学习古文经学，学成东归，讲学授徒，弟子门人上万，年七十四卒。"凡玄所注《周易》《尚书》《毛诗》《仪礼》《礼记》《论语》《孝经》《尚书大传》《中候》《乾象历》，又著《天文七政论》《鲁礼禘祫义》《六艺论》《毛诗谱》《驳许慎五经异义》《答临孝存周礼难》，凡百余万言。"② 三国魏晋六朝时期，无论南学还是北学，大多宗郑玄之说，如史学家范晔所言，其"王父豫章君（范宁）每考先儒经训，而长于玄，常以为仲尼之门不能过也。及传授生徒，并专以郑氏家法云"③。郑玄治学以古文经学为主，兼采今文经说，他的《毛诗笺》《三礼注》千百年来一直被奉为治《毛诗》《三礼》的圭臬。从存世的《毛诗笺》《三礼注》看，郑玄在训释词语、名物制度之时，广泛地征引了《尔雅》，也正由于此种原因，自清以来一直有郑玄注《尔雅》之说，由此可见，郑玄治学以《尔雅》为工具，与《尔雅》关系极为密切。因此详细考察郑玄笺注征引《尔雅》的情况，对于郑玄研究、雅学研究都是十分必要而有意义的。

二　郑玄笺注引《尔雅》的方式和特点④

《尔雅》是一部解说古词、古语的词典，正因为如此，汉代学者征引多不注明出自《尔雅》，并成为通例。郑玄《毛诗笺》引《尔雅》均不明引，而《三礼注》虽明引《尔雅》40 处，但大多也不明言。唐孔颖达等撰《五经正义》对郑玄引《尔雅》多有阐发（见下文《五经正义》引《尔雅》研究部分）。已故文献学家张舜徽先生曾排比郑玄注文，按《尔雅》之例成《郑雅》一书，我们对《郑雅》做了统计⑤，在《尔雅》

---

① （宋）范晔撰，（唐）李贤等注：《后汉书》卷 35《郑玄传》第 5 册，第 1207 页。

② 同上书，1212 页。

③ 同上书，1213 页。

④ 此章在《郑玄笺注引〈尔雅〉初探》一文的基础上删改增补而成。该文曾作为山东省社科规划项目《〈五经正义〉引〈尔雅〉研究》（项目编号：08JDC115）的阶段成果，发表在《井冈山大学学报》2011 年第 3 期，第 130—136 页。

⑤ 本统计除去了《论语注》《书注》独有的词条。

2091 个条目中，郑玄注引与《尔雅》相同的词条近 600 个，占《尔雅》词条总数近 1/3；《释诂》《释言》主要是多词共训，共 543 个词条，《郑雅》中与之相同的词条就达 400 个；《释诂》前三条共 60 个被训词，《郑雅》中有 28 个与之相同，近 1/2。可见，郑玄笺《诗》、注《礼》大量引用了《尔雅》。

（一）郑玄笺注引《尔雅》的方式

1. 全用《尔雅》。郑玄笺、注训词和被训词与《尔雅》完全相同，如《礼记·月令》："可以升山陵，可以处台榭。"注："阇者谓之台，有木者谓之榭。"① 此《尔雅·释宫》文。又，《周礼·醢人》："加豆之实，芹菹、兔醢、深蒲、醓醢、箈菹、鴈醢、笋菹、鱼醢。"注："芹，楚葵也""箈，箭萌""笋，竹萌"②，皆《尔雅·释草》文。郑玄笺、注与《尔雅》同者，孔颖达作《正义》时一一指明，如《毛诗笺》："笋，竹萌也。"笺正义："笋，竹萌。《释草》文。"③ 这为我们研究郑玄引《尔雅》的情况提供了方便和依据。

2. 所引对《尔雅》作了变通。即从形式上对《尔雅》训词、训式作了调整。有时为了释义准确、精练，郑玄在引用《尔雅》时，对词条有所增减。如《诗·小雅·我行其野》笺："妇之父、壻之父，相谓昏姻。"④ 今《释亲》："妇之父母、壻之父母，相谓为婚姻。"略去了"母"及"为"。又，《诗·周南·芣苢》："采采芣苢，薄言采之。"传："薄，辞也。"笺："薄言，我薄也。"今《释诂》："言，我也。"郑玄增加了语气助词，对此，笺正义认为："《毛传》言'薄，辞'，故申之言'我薄也'。我训经言也，薄还存其字，是为辞也。言'我薄'者，我薄欲如此，于义无取，故为语辞。"⑤ 孔颖达等人将语言中的词分为"为义"的义类词和"不为义"的非义类词，薄即为"于义无取"的非义类词。

---

① 《礼记正义》卷 16，第 1370 页中栏。

② （汉）郑玄注，（唐）贾公彦疏：《周礼注疏》卷 6，中华书局 1980 年影印本，第 675 页上栏。

③ （汉）毛亨传，（汉）郑玄笺，（唐）孔颖达正义：《毛诗正义》卷 18，中华书局 1980 年影印本，第 571 页。

④ 《毛诗正义》卷 11，第 435 页下栏。

⑤ 《毛诗正义》卷 1，第 281 页。

当被训词为《诗经》之经文时，郑玄对《尔雅》词条顺序作了调整，这类情况比较多。如《诗·王风·兔爰》："我生之初，尚无为。"笺："尚，庶几也。"① 今《释言》："庶几，尚也。"又，《诗·豳风·九罭》："公归无所，于女信处。"笺："信，诚也。"今《释诂》："诚，信也。"对这种现象，笺正义认为："《释诂》云：'诚，信也。'是信得为诚也。"②

郑玄在引用《尔雅》时，在训诂术语使用上作了调整，或增加术语，或简省术语。如《礼记·内则》注："榆白曰枌。"③ 今《尔雅》："榆白，枌。"增加了术语"曰"，传正义予以揭明，云："榆白曰枌者，《释木》云'榆白，枌'。"④ 又，《周礼·羽人》注："翮，羽本。"⑤ 今《尔雅》："羽本谓之翮。"简省了术语"谓之"，被训词提前。

3. 对《尔雅》编排思想、训释条例的灵活运用。《尔雅》前三篇，尤其首篇《释诂》，为多词共训，被训词大多为有共同义项的同义词，理论上这些词可互训，郑玄笺注灵活地利用了《尔雅》这一特点，根据训释的实际需要，使这些共训词互相训释。如《诗·王风·君子阳阳》："君子阳阳，左执簧，右招我由房。"笺："由，从也。"今《尔雅》："由、从，自也。"笺正义："《释诂》云：'由、从，自也。'俱训为自，是由得为从也。"⑥ 又，《诗·郑风·扬之水》："怀哉怀哉！曷月予还归哉？"笺："怀，安也。"今《尔雅》："怀、安，止也。"笺正义："《释诂》云：'怀、安，止也。'俱训为止，是怀得为安也。"⑦

另外，《尔雅》有许多训词或被训词见于不同的词条，郑玄抓住了这些词语间词义相通的特点使之互相训释，孔颖达称之为"展转相训""转以相训"。如《诗·豳风·七月》："十月获稻，为此春酒，以介眉寿。"笺："介，助也。"笺正义："《释诂》'介，右也'，'右，助也'，展转相

---

① 《毛诗正义》卷6，第332页。

② 《毛诗正义》卷8，第399页。

③ 《礼记正义》卷27，第1461页。

④ 同上书，第1461页下栏—第1462页上栏。

⑤ 《周礼注疏》卷16，第748页中栏。

⑥ 《毛诗正义》卷4，第331页上栏—中栏。

⑦ 同上书，下栏。

训，是介为助也。"① 又，《诗·周颂·噫嘻》："骏发尔私，终三十里。"笺："骏，疾也。"笺正义："《释诂》云：'速，疾也''骏，速也'，转以相训，是骏为疾也。"②

郑玄笺注经文时，还常常以常见同义词易《尔雅》之训词。如《诗·大雅·荡之什》："昊天孔昭，我生靡乐。"笺："昭，明也。"笺正义："《释诂》云：'昭，光也。'"③ 郭注"显、昭、明，见也"，则明、光为同义词。而《诗·大雅·既醉》："君子万年，介尔昭明。"笺："昭，光也。"④ 又，《诗·大雅·民劳》："式遏寇虐，无俾正败。"笺："败，坏也。"笺正义："《释诂》云：'坏，毁也。'败亦毁损之名，故以为坏。"⑤

（二）郑玄笺注引《尔雅》的特点

1. 引《尔雅》证成己说。这是郑玄笺注引《尔雅》的主要目的，即为自己的注释寻找有利的佐证，这类征引最多。《仪礼·士昏礼》："女从者毕袗玄，纚笄，被颎黼，在其后。"注："《诗》云：'素衣朱襮。'《尔雅》云：'黼领谓之襮。'《周礼》曰：'白与黑谓之黼。'天子、诸侯、后夫人狄衣，卿大夫之妻刺黼以为领，如今偃领矣。"贾疏："引《诗》《尔雅》《周礼》者，证黼得为领之义也。黼谓刺之在领，为黼文，名为襮，故云'黼领谓之襮'。"⑥ 又，《仪礼·乡射礼》："三笙一和而成声。"注："三人吹笙，一人吹和，凡四人也。《尔雅》曰：'笙小者谓之和。'"⑦

2. 顺经改雅。《尔雅》汇释诸经，与诸经文字有正借、古今、异体、正俗等之别，郑玄笺注《毛诗》《三礼》，凡遇《尔雅》与诸经不同时，皆尊经易《雅》，即替换了《尔雅》被训词，只选取了《尔雅》训词。如

---

① 《毛诗正义》卷8，第391页下栏。

② 《毛诗正义》卷19，第592页上栏。

③ 《毛诗正义》卷18，第556页下栏。

④ 《毛诗正义》卷17，第536页上栏。

⑤ 同上书，第548页中栏一下栏。

⑥ （汉）郑玄注，（唐）贾公彦疏：《仪礼注疏》卷5，中华书局1980年影印本，第966页上栏。

⑦ 《仪礼注疏》卷13，第1010页上栏。

《周礼·车人》："一宣有半谓之欘。"注："《尔雅》曰：'句欘谓之定。'"① 句欘，《齐民要术》《释文》、唐石经、舍人注、李巡注及今本《尔雅》均作斫斸。郝疏："《说文》云：'斫斸，斫也。'有云：'欘，斫也。'其《车人》注引《尔雅》作'句欘谓之定'，是句欘即斫斸矣。"② 又，《诗·齐风·敝笱》："敝笱在梁，其鱼鲂鳏。"笺："鳏，鱼子也。"今《释鱼》："鲲，鱼子。"笺正义："'鳏，鱼子'，《释鱼》文。李巡曰：'凡鱼之子总名，鲲也。'鲲、鳏字异，盖古字通用，或郑本作鲲也。"③ 实则郑玄依经改鲲为鳏。此二字据邵氏《正义》云："古音鲲、鳏同，故字亦通用。"④ 又，《诗·邶风·谷风》："有洸有溃，既诒我肄。"笺："诒，遗也。"⑤ 今《释言》："贻，遗也。"郝疏："贻者，诒之或体也。……《诗·雄雉》及《静女》释文并云'贻，本作诒'，《斯干》释文又云'诒本作贻'，盖贻、诒二字经典通用，实则诒为正体，贻乃别体耳。"⑥《周礼·典瑞》："四圭有邸，以祀天，旅上帝。"注："《尔雅》曰：'邸，本也。'"⑦ 今《释言》作"柢，本也"。《释器》："邸谓之柢。"郭注："根柢，皆物之邸，邸即底，通语也。"郝疏："柢者，《说文》云'木根也'，《释言》云：'柢，本也。'邸者，本为邸舍，经典借为根柢，故此释之也。"⑧ 则《周礼》经邸为借字，《释言》柢为本字，郑玄顺经改雅。

3. 以声通义，破诸经假借。先秦两汉时期，学问大多口耳相传，加之方言分歧较大，因此书面语中同音假借现象大量出现。郑玄对书面语言假借现象也有深刻的认识，他最早论述了这种文字借用的原因，认为"其始书之也，仓卒无其字，或以音类比方，假借为之，趣于近之而已。受之者非一邦之人，人用其乡，同言异字，同字异言，于兹遂生矣"⑨。郑氏

① 《周礼注疏》卷42，第933页中栏。
② 《尔雅郭注义疏》卷6，第500页。
③ 《毛诗正义》卷5，第353页下栏—第354页上栏。
④ 《尔雅正义》卷17，第276页下栏。
⑤ 《毛诗正义》卷2，第305页上栏。
⑥ 《尔雅郭注义疏》卷13，第347页。
⑦ 《周礼注疏》卷20，第777页中栏。
⑧ 《尔雅郭注义疏》卷2，第537页。
⑨ 《经典释文》序录，第2页。

把假借现象分为主观人为及客观方言现象两方面原因，后世学者基本沿用郑玄此说。假借现象的存在给经学研究、经书阅读造成了很大的障碍，因此破假借就成了训诂家首先要面对的问题。从声音角度探究诸经与《尔雅》之间的关系，是郑玄笺《诗》、注《礼》时的一个重要方面。

（1）以《尔雅》之正字，破诸经之借字，释以《雅》。郑玄《毛诗笺》《三礼注》引《尔雅》主要是暗引，对于《诗经》《毛传》或《三礼》之文与《尔雅》经文不同时，郑玄多用"读曰""读为"等术语揭明诸经用字与《尔雅》被训词之间的正借关系，并引《尔雅》进一步训释，使经文之意蕴明了。

诸经字与《雅》音同。如《仪礼·特牲馈食礼》"乃宿尸"，注："宿读为肃。肃，进也；进之者使知祭日当来。"① 贾疏："《释诂》云：'肃，进也。'宿即肃也。"宿与肃古音均为心母觉部，双声叠韵。"乃宿尸"当为乃进尸，郑玄用"读为"的方式破宿为肃的借字，并引《尔雅》释义为证。又，《周礼·牛人》："凡祭祀，共其享牛，求牛以授职人，而刍之。"注："职读为樴，樴谓之杙，可以系牛。"注正义："云'职读为樴'者，凡官皆有职，直云职人，无所指斥，但职、樴声相近，误为职，故读从樴充人置樴入地之时，樴樴然作声，故以声名其官也。云'樴谓之杙'者，《尔雅·释宫》文。"② 可见郑玄破职为樴，并释以《雅》。又，《诗·大雅·行苇》："黄耇台背，以引以翼。"笺："台之言鲐也；大老则背有鲐文，既告老人及其来也。"笺正义："《尔雅》作鲐，以其似鲐鱼，而此经作台，故《笺》申之云'台之言鲐也，大老则背有鲐文'，是依《尔雅》为说也。"③

郑玄以《尔雅》破诸经假借的例子很多，如《周礼·梓人》："张皮侯而栖鹄，则春以功。"注："春读为蠢；蠢，作也，出也。"④ 今《释诂》"蠢，作也"；《礼记·乐记》："地气上齐，天气下降。"注："齐读为跻，跻，升也。"⑤ 今《释诂》"跻，升也"；《诗·豳风·七月》"田峻

---

① 《仪礼注疏》卷44，第1179页下栏。
② 《周礼注疏》卷13，第723页下栏—第724页上栏。
③ 《毛诗正义》卷17，第535页下栏。
④ 《周礼注疏》卷41，第926页上栏。
⑤ 《礼记正义》卷37，第1531页下栏。

至喜", 笺:"喜读为饎; 饎, 酒食也。"① 今《释训》"饎, 酒食也";
《礼记·玉藻》:"一命缊绂幽衡, 再命赤绂幽衡。"注:"幽读为黝, 黑谓
之黝。"② 今《释器》"黑谓之黝"; 等等。

　　(2) 以《尔雅》之正字, 破诸经同声之误字, 释以《雅》。诸经文字
有讹误, 郑玄用"当作""当为"等术语揭明, 并释以《雅》。《诗·小
雅·吉日》:"瞻彼中原, 其祁孔有。"笺:"祁当作麎; 麎, 麕牝也。"③
今《尔雅·释兽》作"麕, 牝麎"。邢疏:"《诗·吉日》云'其麎孔有'
是也。"④ 则《诗》有本作"麎"者。祁古音群母脂部, 麎古音禅母文
部, 祁、麎准旁纽旁对转, 声近而误。又,《诗·小雅·斯干》:"兄及弟
矣, 式相好矣, 无相犹矣。"笺:"犹当作瘉; 瘉, 病也。"今《尔雅》:
"瘉, 病也。"笺正义:"犹、瘉, 声相近, 故知字误也, 言诟骂相病害
也。"⑤ 又,《诗·大雅·韩奕》:"实墉实壑, 实亩实籍。"笺:"实当作
寔。赵魏之东, 实、寔同声。寔, 是也。"《尔雅》:"寔, 是也。"笺正
义:"赵魏之东, 实、寔同声, 郑以时事验之也。"⑥ 实、寔为旁纽通转之
音近字。

三　郑玄笺注对雅学研究的影响与价值

　　郑玄是我国东汉时期著名的经学家、注释学家, 给后人留下了丰硕的
文化遗产, 在学术史上占有重要的地位, 其治学以《尔雅》为依托, 对
雅学发展的影响也是巨大而深远的。郑玄关于《尔雅》是"孔子门人所
作"说, 从汉唐以迄清代乃至于现代, 一直是关于《尔雅》撰人的主要
学说之一。自魏晋以来, 治雅者多援引郑玄的经学注释成果证成己说, 郑
玄笺注在《尔雅》注释研究中发挥了巨大的作用。

---

　　① 《毛诗正义》卷8, 第389页上栏。

　　② 《礼记正义》卷30, 第1481页上栏。

　　③ 《毛诗正义》卷10, 第430页上栏。

　　④ (晋) 郭璞注, (宋) 邢昺疏:《尔雅注疏》卷10, 中华书局1980年影印本, 第2650页
中栏。、

　　⑤ 《毛诗正义》卷11, 第436页上栏。

　　⑥ 《毛诗正义》卷18, 第572页中栏。

（一）郑玄笺注对后世《尔雅》注家的影响

三国魏孙炎、晋郭璞以及清代邵晋涵、郝懿行等注释研究《尔雅》都深受郑玄的影响。孙炎是三国时魏国著名学者，有《尔雅注》《尔雅音义》，史称"孙炎即是郑玄之徒"，其注《尔雅》多宗郑说，据邵氏《正义·释草》："菲，一名芴。《左传疏》引孙炎云：'葍类也。'案郑笺以菲为葍之类，孙炎本郑笺为义也。"① 《诗·小雅·采薇》："岁亦阳止。"传："阳，历阳月也。"笺："十月为阳，时坤用事，嫌于无阳，故以名此月为阳。"笺正义："《尔雅·释天》云'十月为阳'，本所以名十月为阳者，时纯坤用事，而嫌于无阳，故名。……《易·文言》曰：阴疑于阳，必战，为其嫌于无阳，故称阳焉。郑云嫌读如群公慊之慊，古书篆作立心，与水相近，读者失之，故作溓，溓，杂也。……且《文言》'慊于无阳'为心边兼，郑从水边兼，初无嫌字，知与此异，孙炎即是郑玄之徒，其注《尔雅》与郭璞皆云'嫌于无阳，故名之为阳'是也。"② 据孔《正义》可知，"嫌于无阳"，郑玄之意作溓，因为无溓，遂借用嫌为之，至其徒孙炎注《尔雅》仍沿用嫌，李贤《后汉书注》、臧庸《尔雅汉注》（以下简称《汉注》）均把"纯阴用事，嫌于无阳，故名之为阳"句系之孙炎注下。

郭璞《尔雅注》是魏晋时期《尔雅》注释研究的集大成之作，其征引樊光、李巡、孙炎等《尔雅注》多不明言，其本郑玄注者亦如此。如《礼记·檀弓》："夫子诲之髻曰：'尔毋从从尔，尔毋扈扈尔。'"注："扈扈，谓大广。"正义："扈扈，犹广也。《尔雅·释山》云：'卑而大，扈。'郭云扈是广貌也。"③ 邵氏《正义·释山》："郑注《檀弓》云：'扈扈，谓大广。'郭注本郑义。"④ 又，《周礼·职方氏》："其利金锡竹箭。"注："锡，镴也。"⑤ 今《释器》："锡谓之钖。"郭注："白镴。"邵氏《正义·释器》："郑注'锡，镴也'，郭

---

① 《尔雅正义》卷14，第227页下栏。

② 《毛诗正义》卷9，第413页下栏。

③ 《礼记正义》卷6，第1278页中栏。

④ 《尔雅正义》卷12，第204页下栏。

⑤ 《周礼注疏》卷33，第862页上栏。

注与郑氏同。"①《释乐》："大籥谓之产。"郭注："籥，如笛，三孔而短小。"郝疏："《少仪》注：'籥如笛，三孔。'《笙师》注同，皆郭所本也。"②

邵晋涵《尔雅正义》及郝懿行《尔雅义疏》是清代《尔雅》注释研究的集大成之作，邵、郝二书奉郑玄《毛诗笺》《三礼注》为圭臬，或引之疏通文字，证成己说；或以之辨别名物，增广异训；或用之校版本用字，存疑待考。如《释地》："宋有孟诸。"邵氏《正义》："郑注《职方》云：'望诸，明都也。'《诗谱》作明猪，《左传》作孟诸，与《尔雅》同。……孟望、明盟、诸猪皆声之转。"③ 又，《释诂》："鲜，善也。"郝疏："斯、鲜古字通，故《诗》'有兔斯首'，郑笺读斯为鲜，而云鲜，齐鲁之间声近斯。是斯、鲜音转字通。"④ 又，《礼记·缁衣》："《太甲》曰：'天作孽，可违也。自作孽，不可以逭。'"注："逭，逃也。"⑤ 此《释言》文，郝疏："郭云'见《礼记》'者，《缁衣》引《大甲》文，郑注用《尔雅》。"⑥

（二）郑玄笺注丰富了雅学研究

《尔雅》所释词语虽然包罗广泛，举凡天地万物、古今语汇、人事制度靡不毕收，但因训释简练，很多词语茫昧难求，加之《尔雅》汉四家注早亡，郭璞注、陆德明《音义》过于简略，《尔雅》研究必须借助诸经之训诂，而郑玄笺注是汉魏最为丰富的训诂资料，时代早，学术价值高，是雅学研究首选的重要原料。另外，郑玄引《尔雅》遍注群经，架起了《尔雅》与诸经联系的桥梁，开创了经、雅互证的先例，启迪了清代学者经、雅互证的治学道路。同时，我们还可以通过郑玄笺注去考察《尔雅》词语的来源，了解《尔雅》所释词语的时代背景等。如《尔雅·释水》："天子造舟，诸侯维舟，大夫方舟，士特舟。"郭璞注"比船为桥"，义不

---

① 《尔雅正义》卷9，第184页上。

② 《尔雅郭注义疏》卷7，第550页。

③ 《尔雅正义》卷10，第187页下栏。又，《周礼注疏》卷33："正东曰青州，其山镇曰沂山，其泽薮曰望诸。"郑玄注："望诸明都也。"见第861页。

④ 《尔雅郭注义疏》卷1，第35页。

⑤ 《礼记正义》卷55，第1649页下栏。

⑥ 《尔雅郭注义疏》卷2，第378页。

甚了。《诗·大雅·大明》："造舟为梁，不显其光。"笺："迎大姒而更为梁者，欲其昭著，示后世敬昏礼也。不明乎其礼之有光辉，美之也。天子造舟，周制也，殷时未有等制。"① 据郑笺可知，"天子造舟"，即是文王迎太姒而造船为桥之义，此为周制，而非殷制。又如《尔雅·释天》："素锦绸杠，纁帛縿。"《礼记·檀弓》："绸练设旐，夏也。"注："绸练，以练绸旌之杠，此旌葬乘车所建也，旌之旒，缁布广充幅，长寻曰旐。《尔雅》说旌旗曰'素锦绸杠'。"《礼记》明"绸练设旐"为夏时制度，郑玄引《尔雅》详细说明了这种葬礼的形式。《正义》："案郑注……又引《尔雅》'素锦绸杠'者，亦《尔雅·释天》文，引之者，证经文绸练，练则素锦用以为绸杠也。"② 又，《尔雅·释宫》："堂上谓之行，堂下谓之步，门外谓之趋，中庭谓之走，大路谓之奔。"郭璞注："此皆人行步趋走之处，因以名云。"不甚明了，郑玄《周礼注》则详细交代了命名缘由、规制，如《周礼·乐师》："教乐仪，行以《肆夏》，趋以《采荠》，车亦如之。"注："玄谓：行者，谓于大寝之中；趋谓于朝廷。《尔雅》曰堂上谓之行，门外谓之趋。然则王出，既服至堂，而《肆夏》作，出路门而《采荠》作，其反入至应门、路门亦如之。"贾疏："玄谓引《尔雅》者，证行是门内，趋是门外之事也。……今总言行者，谓大寝之中，不言堂下步者，人之行必由堂下始，步与行小异大同，故略步而言其行也云。"③

（三）郑玄笺注的版本学价值

两汉时期，文字书体经历了由六国古文、周秦篆籀向隶书转变的复杂过程，出现了古文字和今文字之区分；《尔雅》大致成书于战国后期至汉初，在汉代也经历了古文向今文转变的历程；又由于《尔雅》作非一时，成非一人之手，汉代又迭经修订、注释，因此，至汉末，出现了不同的传本，传本间文字也有了差异。郑玄笺《诗》、注《礼》引《尔雅》也给我们透露了这方面的信息。如《诗·大雅·公刘》："止旅乃密，芮鞫之即。"笺："芮之言内也。水之内曰隩，水之外曰鞫。"今

---

① 《毛诗正义》卷16，第507页中栏。

② 《礼记正义》卷7，第1284页中栏。

③ 《周礼注疏》卷23，第793页下栏。

《释丘》有"隩、隈。厓内为隩，外为隈"，与郑笺引不同。笺正义：
"芮、鞫皆是水厓之名，鞫是其外，则芮是其内。故云芮之言内，谓厓
内隩隈之处，故即引《尔雅》以释之。《释丘》云：'隩，隈也。厓内
为隩，外为鞫。'李巡曰：'厓内近水为隩，其外为鞫。'孙炎曰：'内
曲里也，外曲表也。'是水之内曰隩，水之外曰鞫也。经言芮不言隩，
则经为互也，内则芮以明鞫为外，外有鞫名则内亦有内名，以此见其芮
为隩也。"①《释文》"隩""隈""鞫"三字依次而处，可知陆所据之本
为"隩、隈。厓内为隩，外为鞫"，与郑笺同，唐石经亦与郑笺同。因
此，郝氏认为："今作隈者，以上方云'隩，隈'，下即云'厓内为隩，
外为隈'，文义相承，故《说文》澳字解云'澳，隈，崖也；其内曰
澳，其外曰隈'，义本《尔雅》。《释文》本作鞫，而云今作本隈，《左
氏·闵二年》正义引《尔雅》亦作隈，是唐初二本并行，故陆、孔两存
其旧，后写石经作鞫，然作隈之本，仍存不废，故南宋雪窗本及明吴元
恭本并仍作隈，邢疏亦是作隈之本，而云隈当作鞫，盖作鞫者古
本也。"②

　　《周礼·职方氏》："职方氏掌天下之图，以掌天下之地，辨其邦
国、都鄙、四夷、八蛮、七闽、九貉、五戎、六狄之人民与其财用。"
注："《尔雅》曰：'九夷、八蛮、六戎、五狄谓之四海。'"③《职方
氏》注、《布宪》注引同。今本《尔雅·释地》："九夷、八狄、七
戎、六蛮谓之四海。"又与郑玄《诗》笺同，对此孔颖达在《笺正
义》中作了详细说明。《诗·蓼萧》"泽及四海也"，笺正义："'九
夷、八狄、七戎、六蛮谓之四海'，《释地》文。李巡曰：'九夷在东
方，八狄在北方，七戎在西方，六蛮在南方。'……《职方氏》及
《布宪》注亦引《尔雅》云'九夷、八蛮、六戎、五狄谓之四海'，
数既不同，而俱云《尔雅》，则《尔雅》本有两文，今李巡所注'谓
之四海'之下，更三句云'八蛮在南方，六戎在西方，五狄在北方'，
此三句唯李巡有之，孙炎、郭璞诸本皆无也。李巡与郑同时，郑读
《尔雅》盖与巡同，故或取上文，或取下文也。《尔雅》本有二文者，

由王所服国数不同故异文耳，亦不知'九夷、八狄、七戎、六蛮'正据何时也。"① 从孔氏所述看，孔氏认为《尔雅》传本不同，并倾向于郑玄注《礼》所引之《尔雅》文。

---

① 《毛诗正义》卷10，第420页上栏。

第三章

《经典释文》引雅书研究

一 概述

　　魏晋六朝至陈隋时期，雅学发展兴盛，研究范围广，研究方法多样，成就较大，出现了郭璞《尔雅注》、陆德明《经典释文》两部雅学研究巨著。郭璞《尔雅注》借鉴了"注者十余"家的研究成果，但多不言明。而陆氏《经典释文》不但最早为我们介绍了汉魏六朝重要的雅学注家，而且保留了他们的一些注释成果，为后人研究这一时期雅学的发展提供了弥足珍贵的史料，也为雅学史、雅学文献学研究做出了贡献。

　　陆德明，名元朗，苏州吴（今江苏吴县）人，一生历仕陈、隋、唐三朝。关于陆德明的生卒年及《经典释文》撰作时间，据《旧唐书》本传，"陈太建中，太子征四方名儒讲于承光殿，德明年始弱冠，往参焉"①。太建（569—582）是陈宣帝年号，太子为陈叔宝，生于553年，569年被立为太子，时年16岁，按常理，太子有能力"征四方名儒"，亦当在其加冠之后，即572年以后，德明时"始弱冠"，则德明大约生于550年以后。又本传称"贞观初，拜国子博士，封吴县男，寻卒"，则德明大约卒于630年，大概70岁以上。那么，唐朝立国时，德明已经60岁以上。又据《经典释文自序》称："癸卯之岁，承乏上庠，循省旧音，苦其太简，况微言久绝，大义愈乖，攻乎异端，竞生穿凿。不在其位，不谋其政，既职司其忧，宁可视成而已。遂因暇景，救其不逮。研精六籍，采摭九流，搜访异同，校之《苍》《雅》。辄撰集五典、《孝经》《论语》及老、庄、《尔雅》等音，合为三袟三十卷，号曰《经典释文》。"② 经钱大

---

① （后晋）刘昫等：《旧唐书》卷189上，第15册，中华书局1975年点校本，第4944页。

② 《经典释文》序录，第1页。

昕等人推算和考证，"癸卯之岁"当为陈后主至德元年（583）①，此时，德明为国子博士，正是"职司其忧"之际。综上所述，《经典释文》大致完成于唐建立之前，在唐初已经流行，德明逝世后，太宗"后尝阅德明《经典释文》，甚嘉之，赐其家束帛二百段"②。《五经正义》大致编成于贞观十六年（642），则《释文》早《正义》至少二三十年。

陆德明撰《经典释文》主要是为了保存汉魏以来经典的权威音、注，解决当时经典研究"或专出己意，或祖述旧音，各师成心，制作如面""后学钻仰，罕逢指要"的混乱现象，出于对中国学术发展的强烈忧患意识及历史责任感，欲传一家之学，用贻后嗣。于是广采汉魏六朝音切凡230余家，对当时通行的14部经典著作摘字音、定纰缪，"经注毕详，训义兼辩"，成《经典释文》30卷，主要有《周易》《尚书》《诗经》《周礼》《仪礼》《礼记》《春秋左氏传》《春秋公羊传》《春秋谷梁传》《孝经》《论语》《老子》《庄子》《尔雅》14种，分称《音义》，如《周易音义》《尚书音义》等，合则称为《释文》。其中《序录》和《尔雅音义》分别是《释文》首卷和最后两卷，陆德明雅学研究成果主要在这三卷之中。除此之外，陆德明在其他13种经典《音义》中还广泛征引了《尔雅》及其汉魏六朝旧注，成为魏晋六朝征引雅书的渊薮。

二 《释文序录》与雅学

《释文序录》关于《尔雅》的文字虽然不多，但涉及了《尔雅》的撰人、时代、性质、流传、经典地位等诸多问题，这些问题在雅学发展史上

---

① （清）钱大昕《跋经典释文》："陆氏自序云：'粤以癸卯之岁，承乏上庠。'考《唐书·儒学传》，秦王平王世充，辟为文学馆学士，补太学博士。高祖释奠，赐帛五十匹，迁国子博士，封吴县男，卒。是元朗于高祖朝已任博士，史虽不言其卒年，大约在太宗贞观之初，若癸卯岁，则贞观十七年也，恐元朗已先卒，即或尚存，亦年近九十，不复能著书矣。且在国学久次，不当始云'承乏'，窃意'癸卯'乃是陈后主至德元年，元朗尝受业周宏正，宏正卒于太建中，则至德癸卯，元朗年已非少。本传但云'解褐始兴国左常侍'，不言为博士，恐是史家脱漏，细检此书所述近代儒家，惟及梁、陈而止，若周、隋人撰音疏，绝不一及，又可证其撰述必在陈时也。"见《潜研堂文集》，江苏古籍出版社1989年点校本，第466页。

② 《旧唐书》卷189上，第15册，第4945页。

大多都是首次论及。

（一）关于《尔雅》的性质

陆氏在《序录》中阐述了纂集 14 种经典音、注资料的原因，关于《尔雅》，他认为"《尔雅》之作，本释五经，既解者不同，故亦略存其异"①。认为《尔雅》的性质是训释五经，地位重要，因为"解者"有分歧，因此收入《释文》中。陆德明关于《尔雅》性质的论说与汉魏六朝人大致相同，如东汉王充认为《尔雅》是"五经之训诂"、郑玄认为《尔雅》"以释《六艺》之言"、刘勰认为"《尔雅》者，《诗》《书》之襟带也"，陆德明在先儒认识的基础上，对《尔雅》名物训诂功能作了精确的概括，他说："《尔雅》者，所以训释五经，辩章同异，实九流之通路，百氏之指南，多识鸟兽草木之名，博览而不惑者也。"②

（二）关于《尔雅》流传的问题

魏晋六朝时期，社会动乱，南北学术纷争，语言文字发展也进入古今、正借并存时期，更加切合时代文化发展、交际需要的今字、本字层出不穷，直接冲击古字、借字较多的经典，尤其是《尔雅》这类专收经典词语的训诂工具书，首当其冲。正如陆氏《序录》所言："《尔雅》本释坟典，字读须逐五经，而近代学徒，好生异见，改音易字，皆采杂书，唯止信其所闻，不复考其本末。且六文八体，各有其义，形声、会意宁拘一揆？岂必飞禽即须安鸟，水族便应著鱼，虫属要作虫旁，草类皆以两中。如此之类，实不可依。"③ 陆氏对当时以今字擅改《尔雅》经字现象予以批判。清钱大昕对魏晋时期擅改经字现象也提出批评，他在《十驾斋养新录》中称："上帝板板，当从《尔雅》作版版。《说文》只有版字，无板字。……魏晋儒师强立偏旁，妄生分别，故有从金从木之别。"④ 事实上，从语言文字发展来说，对经典中大量的借字重新审视、构造符合语言交际实际需要的今字、形声字，是语言文字发展的必

---

① 《经典释文》条例，第 2 页。

② 同上书，第 28—29 页。

③ 同上书，第 4 页。

④ （清）钱大昕：《十驾斋养新录》，见朱祖延《尔雅诂林叙录》，湖北教育出版社 1998 年版，第 1208—1209 页。

然，今字、本字大大降低了人们阅读典籍的难度，有利于语言交际的顺利进行。

（三）关于《尔雅》的经典地位

陆氏《释文》收录了当时最重要的 14 种经典，而《尔雅》列于最末，个中原因，陆氏在《序录》中阐明："《尔雅》，周公，复为后人所益。既释于经，又非记传之次，故殿末焉。众家皆以《尔雅》居经典之后，在诸子之前，今微为异。"① 据陆氏所言可知，汉魏晋以来，在史志、公私目录中，都把《尔雅》附于儒家经典之后，处于经之副，诸子之上。陆氏把《尔雅》置于《老》《庄》之后，既与《老》《庄》是魏晋时期的玄学纲领有关，也与《尔雅》贯通九流百家，开放的博物功能有关。陆氏对《尔雅》性质的看法及其次序的界定，是《尔雅》历史地位的真实体现。

（四）关于《尔雅》的时代、作者

关于《尔雅》的撰人，三国魏张揖在《上〈广雅〉表》中提出周公"六年制礼，以导天下，著《尔雅》一篇，以释其义"②，认为周公著《尔雅》一篇，为释礼而作。又言："鲁人叔孙通撰置《礼记》，文不违古，今俗所传三篇《尔雅》，或言仲尼所增，或言子夏所益，或言叔孙通所补，或言沛郡梁文所考，皆解家所说，诂师口传，既无正验圣人所言，是故疑不能明也。"③ 对于存世《尔雅》三篇，张揖也不能道其来源，也只是听闻"解家所说，诂师口传"，有孔子、子夏、叔孙通、梁文等人，"疑不能明"。陆氏赞同《尔雅》周公作说，并对张揖说作了补充，他在《序录》中提出："《释诂》一篇，盖周公所作。《释言》以下，或言仲尼所增，子夏所足，叔孙通所益，梁文所补，张楫论之详矣。"④ 陆氏明确提出张揖之"一篇"为《释诂》，《释言》以下为孔子等增补。陆氏并未为其说提出有力的证据，然后世也有附和者，如清江藩《尔雅小笺序》：

---

① 《经典释文》卷1，第6页。

② （清）王念孙：《广雅疏证》，《小学名著六种》，中华书局1998年缩印本，第2页。

③ 同上。

④ 《经典释文》卷1，第29页。

"《释诂》一篇为周公所著无疑，《释言》以下则秦汉儒生递相增益之文矣。"① 邵晋涵赞同周公作《尔雅》说，认为"《尔雅》者，始于周公，成于孔子门人，斯为定论"②，但对陆德明"周公作《释诂》一篇"说予以否定，他在《尔雅序》正义中说："张揖谓周公著《尔雅》一篇，今所传三篇为后人增补。是张揖所谓篇，即后人所谓卷，犹云周公之所作只一卷，后人增补乃有三卷耳。陆氏乃以张揖所谓篇，即班固所谓篇，遂以周公所作者为二十篇之一，殆考之不审，以致斯误。其实诸篇之目，皆周公所定，七十子之徒每篇有增益也。"③

（五）关于《尔雅》"注解传述人"问题

《汉书·艺文志》著录《尔雅》三卷二十篇及《小雅》一篇，《后汉书》无艺文志，魏晋六朝史志、官私目录皆已经失传，关于《尔雅》及注家情况，仅郭璞《尔雅注》有"注者十余""错综樊孙"的记载。郭璞之后为《尔雅》音、注、图赞者亦有七八家，都已失传，关于《尔雅》注家的大致情况仅见于《释文序录》。因此，《序录》是继《汉志》之后著录《尔雅》注家最多、最早的文献。《序录·尔雅》"注解传述人"共收录了注者、音者十家，依次有：汉犍为文学、刘歆、樊光、李巡四家注，魏孙炎注兼音，晋郭璞注并音图，梁沈旋集注，陈施乾、谢峤、顾野王音。《序录》一般是先列卷数，后列注者简介，间或论及注本的流传和注者的真伪，如"犍为文学注三卷，一云犍为郡文学卒史臣舍人，汉武帝时待诏，阙中卷。刘歆注三卷，与李巡注正同，疑非歆注。樊光注六卷，京兆人，后汉中散大夫，沈旋疑非光注"④。《序录》之后，《隋书·经籍志》《旧唐书·经籍志》《新唐书·艺文志》等所著录的汉魏六朝雅书，宏纲大旨不出《序录》之外，因此，《释文序录》开创了雅学目录体的先河，是我们研究雅学文献流传的重要参考资料。

---

① （清）江藩：《尔雅小笺》序，《续修四库全书》第 188 册，上海古籍出版社 1995 年影印本，第 21 页。

② 《尔雅正义》，第 39 页上栏。

③ 同上。

④ 《经典释文》卷 1，第 29 页。

三　《经典释文》引旧注和《尔雅》研究

（一）犍为舍人注

《释文》引舍人注共 58 处，其中《尔雅音义》引 54 处（1 处称犍为舍人），其他经典引 4 处。从《释文》征引可见，舍人注释义丰富、文字古朴，多假借字，马国翰在《尔雅犍为文学注自序》中说："舍人在汉武帝时释经之最古者，本多异字，尤可与后改者参校而得《尔雅》之初义。"①

1. 释义丰富，形式多样。舍人注有下定义式，《毛诗音义·泮水》："其琛，犍为舍人云：'美宝曰琛。'"② 有释以方言，《毛诗音义·皇矣》："栭，舍人注《尔雅》云：'江淮之间呼小栗为栭栗。'"③ 有确指义，《春秋左氏音义》卷二十："尾鬣，《尔雅》舍人注云：马鬣也。"④《释文·释训》："斤斤，舍人云：'明明，甚明也；斤斤，物精详之察。'"⑤ 有连类而释，《释文·释诂》："瘽，舍人云：瘽、瘰、瘴、痒，皆心忧之病也。"⑥ 舍人注多用声训，《释文·释言》："宵，舍人云：阳气消也。"⑦《释文·释言》："僻也，舍人云：廪少鲜也。"⑧

2. 舍人注多古字。《释文·释言》："原，舍人本作𣂖。"⑨ "渝，音榆。舍人作𦼮，同。"⑩《释文·释训》："傲，舍人本傲作毁，释云：謷謷，众口毁人之貌。"⑪《释文·释兽》："貁众家作肆，又作隶，舍人本作

　① （清）马国翰辑：《尔雅犍为文学注自序》，见朱祖延主编《尔雅诂林序录》，湖北教育出版社 1998 年版，第 219 页。

　② 《经典释文》卷 7，第 234 页。

　③ 同上书，第 207 页。

　④ 《经典释文》卷 20，第 605 页。

　⑤ 《经典释文》卷 29，第 859 页。

　⑥ 同上书，第 837 页。

　⑦ 同上书，第 854 页。

　⑧ 同上。

　⑨ 同上书，第 850 页。

　⑩ 同上书，第 853 页。

　⑪ 《经典释文》卷 29，第 860 页。

貇。"① 舍人本所出现的古僻字，有些诸如邵晋涵、臧庸、郝懿行、严元照等亦疑不能明。

舍人注与今本文字多假借关系。如《释文·释言》："盖，舍人本作害。"② 今《释言》："盖、割，裂也。"《校勘记》："《释文》：'盖，古害反，舍人本作害。'按《书·吕刑》'鳏寡无盖'，盖即害字之借，言尧时鳏寡无害也。《释名》'害，割也'，《书·尧典》'洪水方割'、《大诰》'天降割'之类皆害字之借。"③《释文·释训》："洸洸，舍人本作儚。"④ 臧庸《汉注》："按《盐铁论·徭役》篇引《诗》'武夫潢潢'，与舍人本正合，注《尔雅》者如樊光当于此引《诗》云：'武夫儚儚。'后人见《毛诗》作洸洸，因改《尔雅》，犹'横充也'，或作'桄充也'，而孙本改作光光为是。"⑤ 可见，舍人本作儚，本字，《尔雅》作洸为借字。

舍人本用字有与今本互为异体字者。如《释文·释木》："榎，舍人本又作槚。"⑥《说文·木部》："槚，楸也。"段注："《释木》：'槐小叶曰榎。'郭云：'槐当为楸，楸细叶者为榎。'……榎者，槚之或字。《左传》《孟子》作槚。《尔雅》别言之，许浑言之。"郝疏："榎与槚同字之或体。"⑦ 则槚与榎为异体字。

（二）樊光注

关于樊光，史书记载较少，《释文序录·注解传述人》有"樊光注六卷，京兆人，后汉中散大夫。沈旋疑非光注"⑧。由此可知，樊光是东汉京兆（今陕西西安）人，做过中散大夫，此官西汉末或东汉初置，掌论议政事，也就是说樊光曾参议朝政。樊光《尔雅注》共6卷，注文较详

① 《经典释文》卷30，第941页。

② 《经典释文》卷29，第851页。

③ （清）阮元：《尔雅注疏校勘记》，《续修四库全书》第183册，上海古籍出版社1995年影印本，第344页上栏。

④ 《经典释文》，第859页。

⑤ （清）臧庸：《尔雅汉注》，《丛书集成初编》本，商务印书馆1936年影印本，第1140册，第36页。

⑥ 《经典释文》卷30，第910页

⑦ 《尔雅郭注义疏》卷13，第860页。

⑧ 《尔雅郭注义疏》卷1，第29页。

备，因此梁沈旋曾怀疑非樊光注。吴承仕在《经典释文序录疏证》中也认为：“按《尔雅》本三卷，樊光汉人，经、传犹当别行，而作注乃及六卷，草创之世，不应详备若此，沈旋疑之是也。”① 关于樊光注的卷数，《隋志》著录三卷、两《唐志》著录六卷，多寡不一。东晋郭璞注《尔雅》“错综樊孙”，明引樊光注2处。梁孝元皇帝撰《金楼子》，其卷二“聚书篇六”称：“往往未渡江时书，或是此间制作，甚新奇。张湘州缵经饷书，如樊光注《尔雅》之例是也。张豫章绾经饷书，如《高僧传》之例是也。”②“缵经饷书”，盖为抄书送人之义，由此可知，樊光注《尔雅》定有一番故事，为后人所仿效。清人从六朝、唐宋人征引中辑佚樊光《尔雅注》，黄奭辑79条，马国翰辑114条。从存世佚文看，学术价值较高，对此，黄侃先生论之较详：“樊氏之学，兼通古今，故常引《周礼》《左氏传》为说，而引《诗》民之攸呬、攸攸我里、有蒲与茄、譬彼瘣木、其麎孔有诸条，又与毛、韩不同，盖本鲁诗。至《本草》始见《楼护传》，而樊注引两条，皆今本所无，可知今本《本草》，屡经后人窜易也。反语之起，旧云自孙炎。今观樊注中反切，塙为注文，非依义作切者，如：‘尸，寀也’，寀，七在反。‘明明、斤斤，察也’，斤，居亲反，可知反语在后汉时，已多用之，特自孙氏始大备耳。”③《经典释文》保留樊光注46处，有反切注音，有版本文字异同，有释义，有引文。

1. 樊光注有反切注音。颜之推《颜氏家训》认为反切创始于三国魏孙炎，但孙炎《尔雅音义》已经广泛使用反切注音，则反切当早于孙炎《尔雅音义》产生。《释文》引樊光注中反切6处，如“殷，樊光于谨反”“汽，樊孙虚乞反”“儴，樊孙如羊反”“斤斤，樊居觐反”，表明东汉中后期，反切已经出现。

2. 樊光本多异文。《释文》著录樊光注文字与他本不同者20处，如《释文·释诂》：“释诂第一，音古，又音故。樊光、李巡本作故。”④ 又，《释文·释草》：“购，舍人云：‘购，九叶。九枚共一茎。’樊本购字作駮，释云：‘駮也。一名九叶。’”⑤《释文·释训》：“儵儵，樊本作攸，

① 吴承仕著，秦青点校：《经典释文序录疏证》，中华书局2008年版，第169页。

② 梁元帝：《金楼子》卷2，中华书局1985年版，第33页。

③ 《黄侃论学杂著》，第371页。

④ 《经典释文》卷29，第834页

⑤ 《经典释文》卷30，第901页。

引《诗》云：攸攸我思。"①

3. 樊注的影响。郭璞注《尔雅》，称"错综樊孙"，主要借鉴了樊光、孙炎注，然而我们从《释文》所引多处"樊孙"并称，也可考见孙炎在释义、注音等方面对樊光注的借鉴。如《毛诗音义·駉》："骆，白马黑鬛曰骆。樊、孙《尔雅》并作'白马、黑髦、鬛尾也'。"②《释文·释诂》："汽，樊孙虚乞反。"③"儴，樊孙如羊反。引《论语》'其父攘羊'释之，作攘，注云：'因来而盗曰攘。'"④《释文·释鸟》："与，樊孙本作鸒。"⑤

（三）李巡注

李巡是后汉桓帝、灵帝时期人。《后汉书·宦者吕强传》载李巡的事迹，称："时宦者济阴丁肃、下邳徐衍、南阳郭耽、汝阳李巡、北海赵佑等五人，称为清忠，皆在里巷，不争威权。巡以为：诸博士试甲乙科，争第高下，更相告言，至有行赂定兰台漆书经字以合其私文者，乃白帝，与诸儒共刻五经文于石。于是诏蔡邕等正其文字，自后五经一定，争者用息。"⑥由此可知，李巡是一位清廉自守，有学术威望，对时政、教育及选拔人才极为关注的忠贞正直之士。"与诸儒共刻五经文"，又精通五经。《序录》称"汝南人，后汉中黄门"⑦，则李巡又是一位随侍皇帝身边的宦官。李巡《尔雅注》是汉四家注保留最多的一位，《隋志》著录五卷、《唐志》著录三卷。李巡注大约亡于唐以后，从清人黄奭、马国翰所辑300余条看，训释内容比较丰富。

《尔雅音义》共引李巡注87处，其中反切注音6处，直音2处。黄侃在《尔雅略说》中评述李巡注说："其本亦有与他本绝异者，如《释地》'九夷八狄七戎六蛮谓之四海'下更有三句⑧，其注文亦多同古文，故释

---

① 《经典释文》卷29，第861页。

② 《经典释文》卷7，第233页。

③ 《经典释文》卷29，第838页。

④ 同上书，第840页。

⑤ 《经典释文》卷30，第931页。

⑥ 《后汉书》卷78《吕强传》第9册，第2533页。

⑦ 《经典释文》序录，第29页。

⑧ 关于此句，后人引李巡注有两种情况，详见第四章"二、《五经正义》引《尔雅》研究"。

俘之义同于贾逵，释狙落之义同于《说文》，其余异文殊义，不可胜数。郭序但云'错综樊孙'，其实袭取李注亦不少也。"① 《释文》所引李巡注，大概涉及以下几方面问题。其一，注音方面，李巡反切注音6处，直音2处，如《释文·释诂》："尸寀，李孙郭并七代反。""驰，施李音尸纸反。"其二，在版本方面，李巡本与他本文字不同者13处，如《释文·释器》："毕，如字。《礼记》云：'呻其佔毕。'谓呻吟佔视简毕之文也。李本作筚，同。"② 郝疏："毕，李本作筚。毕用竹，故李巡从竹。"③ 又，《释文·释水》："般，步干反。本又作盘。李本作股，云：'水曲如钩，折如人股，故曰钩股。'孙郭同，云：'水曲如钩流盘桓不直前也。'"④ 《尔雅》有作盘、般者，无作股者，对此清人亦有赞成者，如《校勘记》云："钱大昕云：'李巡在孙郭之前，当以股为正，钩股双声，与胡苏叠韵正相类也。'"⑤ 其三，李巡注与其他旧注的关系，《释文》以李孙、李郭、李孙郭并称者16处，如《释训》："夸毗，夸毗体柔也。"《释文》："夸毗，舍人曰：'卑身屈已。'李孙郭云：'屈己卑身以柔顺人也。'"⑥ 从《释文》所引，可见李巡发展了舍人之说，而孙、郭却是全用李巡注。又，《释文·释言》："燬，李寻云：'燬一音火。'孙炎云：'方言有轻重，故谓火为燬。'郭云：'燬，齐人语。'"⑦ 李巡注指明燬与火的音义关系，孙炎继之指明燬与火为方言问题，郭璞注更加明确"燬"为齐方言。

（四）孙炎注

孙炎，字叔然，三国魏乐安（今山东博兴）人。《魏志·王肃传》称："受郑玄之门，人称东州大儒，征为秘书监，不就。"⑧ 曾为《毛诗》《礼记》《春秋三传》《国语》《尔雅》等书作注。据《序录》著录："孙

---

① 《黄侃论学杂著》，第371页。

② 《经典释文》卷29，第874页。

③ 《尔雅郭注义疏》卷6，第529页。

④ 《经典释文》卷29，第892页。

⑤ 《尔雅注疏校勘记》，第402页上栏。

⑥ 《经典释文》卷29，第862—863页。

⑦ 同上书，第854页。

⑧ （晋）陈寿：《三国志》卷13《王肃传》第2册，中华书局1982年点校本，第419页。

炎注三卷，音一卷。"① 黄奭辑有 469 条，马国翰辑有 422 条。

《释文》引孙炎《尔雅音》53 处，其中反切 33 处，直音 20 处；引孙炎《尔雅注》161 处。与《释文》所引舍人、樊光、李巡注相比，除了也涉及版本、释义、注音等方面，孙炎注多指出《尔雅》古字、方言等问题。

1. 指出《尔雅》用古字。《释文·释诂》："艐，郭音届，孙云古'届'字。"②《说文·舟部》："艐，船著不行也。"本义是船搁浅，引申为到、至，即《释诂》："艐，至也。"届，《说文》："届，行不便也。"引申为到、至。孙炎云艐为古届字，表明今届的到、至义古多用艐表示。《释文·释诂》："遹，孙云古述字。"③《说文·辵部》："遹，回避也。"引申为遵循；《说文·辵部》："述，循也。"今述之遵循义，古多用遹表示。

2. 指出《尔雅》有方言词。《释文·释言》："诶，孙云：'楚人曰誺，秦人曰诶。'"④ 可见，誺、诶是方言同义词。孙炎注《尔雅》能够揭示《尔雅》所涉及的方言现象，拓展了《尔雅》语词注释的方面，对郭璞以晋代活语音注释《尔雅》极富启发意义。

3. 孙炎注与旧注之关系。《释文》多以孙郭、李孙郭、樊孙、沈孙、李孙顾等并举，表明他们的一致性，显而易见，孙炎注在继承汉代四家注，开启郭璞、沈旋、顾野王等两晋六朝《尔雅注》上具有承前启后的重要作用。如《释文·释训》："篏篿，舍人云：'篏篿，巧言也。'李云：'篏篿，巧言辞以饶人，谓之口柔。'孙、郭并云：'篏篿之疾不能俯口柔之人，视人颜色，常亦不伏，因以名云。'"⑤ 可见，孙注即继承汉注，又规模郭注。又，《释文·释水》："徒骇，李云：'禹疏九河，以徒众起，故曰徒骇。'孙云：'禹疏九河，此河功难，众惧不成，故曰徒骇。'"⑥ 孙炎注较李巡注更加明晰、合理。

---

① 《经典释文》卷 1，第 29 页。
② 《经典释文》卷 29，第 834 页。
③ 同上。
④ 同上书，第 851 页。
⑤ 同上书，第 862 页。
⑥ 同上书，第 892 页。

（五）沈旋《尔雅集注》

沈旋，字士规，吴兴武康（今浙江德清县）人，南朝著名文学家沈约（441—513）之子，旋子沈重亦为南朝齐梁间著名学者。《南史·沈约传》载旋事，旋受父荫，位司徒右长史，太子仆射，以孝闻名，卒谥恭，集注《迩言》行于世。今史传无载其集注《尔雅》之事，《序录》始载"梁有沈旋，约之子，集众家之注"语，其后《隋志》、两《唐志》均著录沈旋《集注尔雅》十卷，宋高似孙《纬略》称沈旋《尔雅集注》已不可复见。则其书宋时已佚。黄奭辑53条，马国翰辑57条。黄、马所辑多为注音，陆氏《尔雅音义》引56处，基本上都是注音，由此可见，沈旋集注可能主要集《尔雅》诸注之音。总而言之，沈旋《集注尔雅》是最早的集注体雅书注释之作，开创了集注雅书之先河。

从《释文》所引，也可考见沈旋集注的一些特点，如《释文·释诂》："畈，沈旋蒲板反，此依《诗》读也。"① 而孙、郭《尔雅音》作"方满反"，与沈音有清浊之异。又，《释文·释兽》："鼩，郭音雀，将略反。《字林》音灼，云'鼩鼠，出胡地'。郭注本雀字或误为瞿字，沈旋因云'郭以为鼩鼠'，音求于反，非也。"② 今《尔雅》无鼩鼠，而沈旋本与郭本不同。又，《释文·释言》："驵，在鲁反，又子朗反。沈集注本作奘，音同。孙樊二本并作将且，而无奘驵，沈集众本，合为一字。"③《匡名》云："《诗·邶风·简兮》：'方将万舞。'笺：'将，且。'又《小雅·谷风》：'将恐将惧。'笺：'将，且也。'正用此训④，沈本驵作奘，奘不成字。"⑤ 可见，樊光、郑玄、孙炎作将且，沈旋误合之。又，《释文·释诂》："鲜，沈云古斯字，郭《音义》云本或作尠，非古斯字。"⑥ 今《释诂》："鲜，善也。"鲜、斯古声母相同，音相近通用，可见，沈揭明鲜、斯通用之道。

---

① 《经典释文》卷29，第834页。

② 《经典释文》卷30，第944页。

③ 《经典释文》卷29，第852页。

④ 钱大昕《十驾斋养新录》："笺皆训将为且，正用此文，是郑所见《尔雅》与樊孙本同。"见《尔雅诂林叙录》第1209页。

⑤ 《尔雅匡名》卷2，第35页下栏。

⑥ 《经典释文》卷29，第834页。

沈旋《集注》盖宋时亡佚，在唐时曾传到日本，据日本平安时代的藤原佐世于785年编的日本官藏书目——《本朝见在书目录》著录"《尔雅集注》10卷，沈旋撰"①。

（六）顾野王《尔雅音义》

顾野王（519—581），字希冯，出生于南朝梁陈间吴郡（今江苏吴县）的名门望族，父、祖皆以儒术知名当世。据《陈史》本传记载，野王幼好学，7岁读五经，略知大旨，9岁能属文，12岁时撰《建安地记》两篇。长而遍观经史，博闻强识，于天文地理、蓍龟占候、虫篆奇字无所不通。梁时为太学博士，入陈任撰史博士，官至黄门侍郎、光禄卿。野王一生著述甚丰，有《玉篇》三十卷、《符瑞图》十卷、《顾野王集》十九卷、《陈书》三卷、《舆地志》三十卷、《十国都城记》十卷等。《释文序录》称"舍人顾野王"为《尔雅》撰音。《尔雅音义》引或称顾野王，或称顾舍人，或称顾，共计60处，其中反切注音43处，直音8处，释义9处。可见，顾野王之撰亦为"音义"之作。我们通过对陆德明《尔雅音义》所引顾音与顾氏《玉篇》的对比，发现二书所用反切或直音基本不同，如《释文·释山》："厜，顾视规反。㕒，鱼奇反。"② 《玉篇·厂部》："厜，是规切。㕒，牛奇切。"③ 视、是均为禅母，鱼、牛同为疑母，二书对这两个字注音相同，只是反切上字取字不同。又，《释文·释山》："隒，本或作嵰字，同，郭鱼检反。顾力俭、力俨二反。"④ 《玉篇·阜部》："隒，鱼检切，重甗也。"⑤ 顾《尔雅音》与《玉篇》为"隒"所注音不同。《毛诗音义·葛藟》："隒，鱼检反，何音检。《尔雅》云：'重甗隒。'李巡云：'隒，阪也。'《诗》本又作水旁兼者，字书音吕恬、理染二反，《广雅》云：'㵸，清也。'与此义乖。"⑥ 则顾氏《尔雅》当为㵸之音注音，与《诗》合。

陆氏《尔雅音义》除引顾野王注音材料外，还有释义，如《释文·

---

① 参见严绍璗编著《日藏汉籍善本书录》，中华书局2007年版，第250页。

② 《经典释文》卷29，第887页。

③ 《大广益会玉篇》卷22，第104页下栏。

④ 《经典释文》卷29，第887页。

⑤ 《大广益会玉篇》卷22，第106页下栏

⑥ 《经典释文》卷5，第145页。

释训》："訰訰，顾舍人云：'梦梦訰訰，烦懑乱也。'"① 《释文·释草》："薇，顾云：'水滨生，故曰垂水。'"② 也有明顾氏所用《尔雅》版本与诸家异同的，如《释文·释训》："薨薨，顾舍人本作雄雄。"③

（七）施乾、谢峤《尔雅音》

施乾，生卒年不详。《序录》称"陈博士施乾"撰《尔雅音》，亦是"名家"。

谢峤，会稽山阴（今浙江绍兴）人，生卒年不详。《陈书·谢岐传》称："弟峤笃学，为世通儒。"④《隋书·经籍志》"礼类"有"《丧服义》十卷，陈国子祭酒谢峤撰"⑤。唐杜佑《通典》、宋章如愚《群书考索》等均称谢峤为陈礼学名家。《序录》称"陈国子祭酒谢峤"撰《尔雅音》，隋唐史志未见著录，宋王应麟《玉海》："《隋志》梁黄门郎沈琁《集注》十卷，及施乾、谢峤、顾野王四家在郭氏后。"⑥

今陆氏《尔雅音义》引施乾、谢峤二家均为音注，其中引施乾音86处，谢峤音116处。施乾与谢峤《尔雅音》也有各自的特点。

1. 施乾音。《释文·释诂》："昄，施乾蒲满反。"⑦《释文·释水》："鬲，音革。施力的反，与今注不同。"⑧ 从今本郭注"水多阨狭，可隔以为津而横渡"看，则施乾是为"鬲"之本义注音。《释文·释草》："蕵，字或作薻，谢先老反，沈施所留反。"⑨ 蕵与薻为异体字，《广韵》苏老切，又所鸠切，则有二音。先老反与苏老切音同，所留反与所鸠切音同。谢与施分别注了蕵（薻）的两个音。

2. 谢峤音。《释文·释训》："慝，谢切得反，诸儒并女陟反，言隐匿

<hr />

① 《经典释文》卷29，第860页。

② 《经典释文》卷30，第902页。

③ 《经典释文》卷29，第859页。

④ （唐）姚思廉：《陈书》卷16，第1册，中华书局1972年点校本，第232页。

⑤ （唐）魏征等：《隋书》卷32，第4册，中华书局1982年点校本，第920页。

⑥ （宋）王应麟：《玉海》卷44，第2册，江苏古籍出版社、上海书店1987年影印本，第824页下栏。

⑦ 《经典释文》卷29，第834页。

⑧ 同上书，第892页。

⑨ 《经典释文》卷30，第898页。

其情以饰非。"① 可见，谢音有与众家不同之处。又，《释文·释虫》："蠡
丑蝎，李孙郭并阙读，而谢孚逢反，施作螽，音终。案上有螽丑奋，依谢
为得。蝎亦作蝼，羊朱反，《说文》云：垂腴。"② 从《释文》所引看，此
处谢作蠡、施作螽，陆氏联系上下文，认为谢本是，施本非。《说文》：
"蝎，螽丑蝎，垂腴也。"段注："《释虫》曰：蠡丑蝎，《音义》曰'蠡，
施乾作螽'，施所据与许合。"

（八）《经典释文》遵从《尔雅》

陆氏《尔雅音义》外，其他 13 种经典释文引用《尔雅》200 余处，
他在注释、纂集 13 种经典《音义》时，以《尔雅》为准的，比勘核对，
对经典释义多指明"见《尔雅》""《尔雅》云"，而且陆氏在征引《尔
雅》时也表现出遵从《尔雅》的鲜明态度。

1. 引《尔雅》补释。如《毛诗音义·召旻》："皋皋，音羔，顽不知
道也。《尔雅》云：'刺素食也。'""訿訿，音紫，窳不供事也。《尔雅》
云：'莫供职也。'"③

2. 依《尔雅》为解。如《毛诗音义·维天之命》："溢，慎也。市震
反，本或作顺。案：《尔雅》云'谧、神、溢，慎也'，不作顺字，王肃
及崔申毛，并作顺解也。"④ 又，《春秋左传音义·襄公》："闳，获耕反，
杜云'门也'。《尔雅》云'衖门谓之闳'是也。《尔雅》又云'所以止
扉谓之闳'，然《尔雅》本止扉之名，或作阁字，读者因考《左传》，皆
作各音。案：下文云'门不容车'，此云高其闳闳，俱谓门耳，于义自
通，无为穿凿。"⑤ 陆氏把"或作阁"，与《尔雅》异者，斥为"穿凿"。

3. 依《尔雅》读。如《周礼音义·秋官司寇下》："至荼，刘沈音
余，李音舒，又音徒。案：《尔雅》'正月为陬'，即《离骚》所云'摄
提贞于孟陬'，皆侧留反，又子侯反。《尔雅》又云'十二月为涂'，音
徒，今注作娵、荼二字，是假借耳，当依《尔雅》读。"⑥ 又，《周礼音

---

① 《经典释文》卷 29，第 861 页。

② 《经典释文》卷 30，第 902 页。

③ 《经典释文》卷 7，第 225 页。

④ 同上书，第 226 页。

⑤ 《经典释文》卷 18，第 559 页。

⑥ 《经典释文》卷 9，第 295 页。

义·冬官考工记下》："祈沈，如字，刘居绮反。《小尔雅》曰：'祭山川曰祈沈。'案：《尔雅》：'祭山曰庪县，祭川曰浮沈。'祈音九委反，今读宜依《尔雅》音。"①《春秋左传音义·昭公》："观兵，旧音官，注云示也。读《尔雅》者皆官奂反，注同。"②指出"观"应依《尔雅》读去声音。

4. 引《尔雅》疏证。如《尚书音义·盘庚上》："昏，马同，本或作暋，音敏，《尔雅》昏、暋皆训强，故两存。"③《尔雅·释诂》："昏、暋，强也。"《尚书》传本昏有作暋者，《尔雅》主释经，二字皆收。又，《尚书音义·无逸》："诪，竹求反，马本作辀。《尔雅》及《诗》作侜，同，'侜张，诳也'。"④陆氏引《尔雅》指明《书》与《尔雅》文字不同，并引《尔雅》释义为证，对此，邵氏《正义·释训》云："《说文》云：'诪，詶也。《书》曰无或诪张为幻。'是《说文》所引《书》与今本俱作诪张，郭引《书》作侜张，所见本异。侜、诪因声相近而转也。《释文》引马融本作辀，《后汉书·皇后纪》云：'汝今辀张。'是侜又通作辀矣。"⑤可见，诪与侜皆有欺诳之义，辀，《说文》："辀，辕也。"则马融本作辀为借字。

四 《经典释文》的文献学价值

魏晋六朝时期是汉字形体变动时期，《尔雅》作为解读经典、博物致知的百科词典，应用广泛，人们在传抄、研究过程中，多求便俗，改易较多，渐失本原，"《尔雅》所载草木鱼鸟之名，肆意增益，不可观矣。诸儒传释，亦非精究小学之徒，莫能矫正"⑥。因此，底本的选择尤其重要，《释文》所收诸经之底本皆选取当时通用、名家之注本，关于《尔雅音义》的底本，陆氏在《注解撰述人》中说："前汉终军始受豹鼠之赐，自兹迄今，斯文盛矣。先儒多为臆必之说，乖盖阙之义，唯郭景纯洽闻强

---

① 《经典释文》卷9，第305页。

② 《经典释文》卷19，第570页。

③ 《经典释文》卷3，第96页。

④ 《经典释文》卷4，第109页。

⑤ 《尔雅正义》卷4，第114页下栏。

⑥ 《说文解字》后序增释，第320页。

识，详悉古今，作《尔雅注》，为世所重。今依郭本为正。"① 关于经、注之音的选择，《释文》主要选用"会理合时"的正音，但对其他家注、音也兼容并包，正如陆氏在《序录》中所说："余既撰音，须定纰谬，若两本俱用，二理兼通，今并出之，以明同异；其泾渭相乱，朱紫可分，亦悉书之，随加刊正。复有他经、别本，词反义乖，而又存之者，示博异闻耳。"② 可见，《释文》罗列了当时能见到的《尔雅》各种版本，而且也收当时"字书"通行之音，以示甄别。因此说，汉魏六朝《尔雅》注家的重要研究成果、版本用字不同皆见于《释文》，研究雅学版本、校勘雅学著作必以《释文》为指麾。严元照撰《匡名》，"存古本之异同，则以《释文》为主。《释文》于异字、异义载之甚详，其称'樊光作某''孙炎作某'者，他家之异于郭者也；其称'本亦作某'者，即郭本而传写互异者也；其称'字亦作某'者，则专就字论，虽书无此本，而字有此体，亦并载之，于六义之旨多资考证"③。

《经典释文》所引《尔雅》注本，文字多有不同，其中舍人本、樊光本文字与众本不同之处尤多④，如《释文·释训》："委委，於危反，《诗》云'委委佗佗，如山如河'是也。诸儒本并作祎，於宜反，舍人云'祎祎者，心之美'，引《诗》云亦作祎。"⑤ 今《尔雅》皆作委委，无作祎者，个中原因，据臧庸《汉注》："按《说文》引《尔雅》云禕禕褽褽。祎即禕之省。《尔雅》出于汉世，今文之学也，三家诗必作祎字，孙郭等据毛诗改之。又《隶释》八载《卫尉衡方碑》云：祎隋在公。此即用《羔羊》'退食自公，委蛇委蛇'之文，而委字作祎，与《君子偕老》篇正合。余昨以《尔雅》所载皆鲁诗，于此尤信。韩诗《羔羊》作透迤，有《释文》可证。洪适以祎隋为韩诗，予向辩其非，然虽知出三家，而不能定其为鲁也。今以《尔雅》《君子偕老》篇证之，信为鲁诗矣。……此《尔雅》是鲁诗之明证。"⑥ 则舍人注或为三家诗。

《释文·尔雅音义》也保留了《尔雅》其他注家版本用字，如《释

---

① 《经典释文》卷1，第29页。

② 《经典释文》序，第3页。

③ 《尔雅匡名》徐养原序，第3页上栏。

④ 《释文·尔雅音义》引舍人注用字不同的32处，樊光19处。

⑤ 《经典释文》卷29，第859页。

⑥ 《尔雅汉注》，第36页。

文·释草》："舆，字或作萸，音余，唯郭谢及舍人本同，众家并作蒢。"①
《音义》以郭注为底本，也对郭本与他本用字的不同予以指出，如《释文·释草》："不荣而实者谓之秀，众家并无不字，郭虽不注，而《音义》引不荣之物证之，则郭本有不字。"② 又，《释文·释鱼》："果，众家作裹，唯郭作此字。"③《音义》中也有校俗本之误的，如《释文·释鸟》："斯，本多无此字。案：斯是诗人协句之言，后人因将添此字也，而俗本遂斯旁作鸟，谬甚。"④

根据《经典释文》，还可以考见《尔雅》版本异文。《毛诗音义·生民之什》："穈，音门，赤苗也。《尔雅》作蘼同。"⑤ 今《尔雅》作"蘼，赤苗"，陆氏《释文·释草》亦作蘼，云："《诗》作穈，本亦作蘼。"⑥ 可见，陆氏所据郭注本作蘼，其他传本有作蘼者。《集韵·魂韵》："蘼，《说文》：赤苗嘉谷也。或作蘼。"⑦《匡名·释草》："蘼之俗体为蘼。"⑧ 又，《礼记音义·中庸》："蒲卢，并如字。《尔雅》云：'蜾蠃，蒲卢。'即今之细腰蜂也，一名蠮螉。"⑨《校勘记》："果蠃，唐石经、单疏本、正德本同，《石经考文提要》引至善堂九经本亦作蠃，雪窗本、闽本、监本、毛本蠃改蠃。蠃，蜾蠃也。作蠃为俗字。《五经文字》'蠃，鲁果反，见《尔雅》'为胜于开成石经，当本之《释文》，今《释文》亦改蠃矣。"⑩《释文·释虫》作果蠃，又"果，本又作蜾"。从《释文》前后著录及阮校看，当时《尔雅》本有：果又作蜾、蠃又作蠃者。《释文·释诂》："壃，字又作畺，音姜，经典作疆，假借字。"⑪《校勘记》："疆，唐石经、单疏本、雪窗本同。《释文》'壃，字又作畺，经典作疆，假借

---

① 《经典释文》卷30，第901页。

② 同上书，第905页。

③ 同上书，第927页。

④ 同上书，第932页。

⑤ 《经典释文》卷7，第210页。

⑥ 《经典释文》卷30，第898页。

⑦ （宋）丁度等撰：《集韵》卷2，《小学名著六种》，中华书局1998年影印本，第122页下栏。

⑧ 《尔雅匡名》卷13，第97页下栏。

⑨ 《经典释文》卷14，第443页。

⑩ 《尔雅注疏校勘记》，第432页上栏。

⑪ 《经典释文》卷29，第839页。

字’，惠栋云：‘据此知《尔雅》不作疆也，当改正。’按《说文》：‘畺，界也。字作畺，或作疆。’此当经作畺，注作疆。尝谓《尔雅》之文有较经典独得其正者，此类是也。”[①] 据《释文》，《尔雅》经文当作壃、畺，壃为畺的区别字。今诸本及经典作疆者，疆亦为畺后起的区别字。

根据《经典释文》，可以考见《尔雅》与诸经文字之关系。《毛诗音义·雀巢》：“秸，古八反，又音吉，《尔雅》作鴶。鞠，音菊，《尔雅》作鵴。”[②] 毛传作秸鞠，《尔雅》云：“鸤鸠，鴶鵴也。”《释文》引《尔雅》明毛传用借字，《尔雅》用本字。又，《毛诗音义·生民之什》：“叟叟，所留反，字又作溲，涛米声也。《尔雅》作溞，音同。”[③]《集韵·尤韵》：“叟，叟叟，淅米声，通作溲。”[④] 今《尔雅·释训》：“溞溞，淅也。”郭注：“洮米声。”陆氏明《诗》用古字，而溲为本字，《尔雅》与《诗》不同，所用当为“溲”之或体。对此，郝疏作了解释：“溞者，《诗》作叟。《毛传》：‘叟叟，声也。’《释文》：‘叟，字又作溲，涛米声也。’然则《诗》及《尔雅》正文当作溲，《毛诗》古文省作叟，《尔雅》今文变作溞耳。”[⑤] 黄焯《经典释文汇校》：“溲，正字；溞，后出字。”[⑥] 亦本郝说。又，《毛诗音义·周颂·潜》：“糁也，素感反，旧《诗》传及《尔雅》本并作米傍参，《小尔雅》云：‘鱼之所息谓之橬。橬，糁也。’谓积柴水中，令鱼依之止息，因而取之也。郭景纯因改《尔雅》从《小尔雅》作木傍参。”[⑦] 据陆说，则《尔雅》与毛传同，本作糁，郭景纯始改为槮。又据孔颖达《诗·周颂·潜》传正义：“《释器》云：‘槮谓之涔。’李巡曰：‘今以木投水中养鱼曰涔。’孙炎曰：‘积柴养鱼曰槮。’郭璞曰：‘今之作槮者，聚积柴木于水中，鱼得寒，入其里藏隐，因以簿围捕取之。’槮字，诸家本作米边，《尔雅》作木边，积柴之义也。然则槮用木，不用米，当从木为正也。涔、潜古今字。”[⑧] 则孙炎已作槮，郭当

① 《尔雅注疏校勘记》，第 335 页上栏。

② 《经典释文》卷 5，第 152 页。

③ 《经典释文》卷 7，第 211 页。

④ 《集韵》卷 4，第 62 页下栏。

⑤ 《尔雅郭注义疏》卷 3，第 414 页。

⑥ 《经典释文》卷 29，第 862 页下栏。

⑦ 《经典释文》卷 7，第 229 页。

⑧ 《毛诗正义》卷 19，第 595 页下栏。

依孙炎注改，陆氏《尔雅音义》用郭璞注，尚能理清槮、橬之因由，至孔颖达，《尔雅》传本皆已作木边橬。按，槮、橬皆罧之借字，《说文》："罧，积柴水中以聚鱼也。"

《经典释文》在雅书校勘方面的成就是巨大的，它保留了唐以前汉魏注家关于《尔雅》经注异读、或体等语言文字现象，为后人研究校订《尔雅》版本提供了珍贵的资料。如《尔雅·释言》"粲，餐也"，《释文》："飧，谢素昆反。《说文》云餔也。《字林》云'水浇饭也'。本又作餐，施七丹反。《字林》云吞食。"①《校勘记》："盖《尔雅》作飧，为正字，《毛诗传》作餐，为假借字，当从陆本。"② 又《释言》："滷矜醎，苦也。"唐石经、雪窗本、注疏本均作矜，独陆氏《释文》作䶂，《广雅·释诂一》"䶂，哀也"、《玉篇·卤部》"䶂，苦也"，皆与陆本同，于是《校勘记》称"盖经作䶂，注作矜，后人转写乱之也"③，赞同陆本。

总之，陆德明《经典释文》是第一部综合研究《尔雅》的著作，它不但对《尔雅》的地位、撰人、注家等作了记录，而且保存了唐以前失传的诸家《尔雅》音释，记录了唐以前《尔雅》诸家版本文字的差异，成为后人研究唐以前雅学发展的主要史料。关于《经典释文》在雅学发展史上承前启后、继往开来的巨大作用，黄侃先生有高度的评价："详陆书体例，可谓闳美，虽尚有漏阙，待后来之补苴。要之治《尔雅》者，必以此为先导矣。"④《四库全书总目提要》评论说："所采汉魏六朝音切，凡二百三十余家，又兼载诸儒之训诂，证各本之异同，后来得以考见古义者，注疏以外，惟赖此书以存。真所谓残膏剩馥，沾溉无穷者也。"⑤

---

① 《经典释文》卷29，第853页。

② 《尔雅注疏校勘记》，第439页上栏。

③ 同上书，第343页上栏。

④ 《黄侃论学杂著》，第378页。

⑤ （清）永瑢等：《四库全书总目提要》卷32，中华书局1995年影印本，第270页中栏。

第四章

《五经正义》引雅书研究

一 概述

自东汉末至唐朝统一，近 400 年间，中国长期处于分裂状态，战乱频仍，南北对峙，经籍散落，经学也形成了南学与北学的对立，儒学内部宗派林立，师说各异，争论不休。唐朝建立后，出于维护封建政权的统治和加强中央集权的需要，整顿混乱的经学、结束章句杂乱的局面，由朝廷出面，修撰、颁布统一经义的权威典籍势在必行。于是，唐太宗下令召集当时一些著名人士共同修撰《五经正义》，由国子祭酒孔颖达总成其事。

孔颖达（574—648），字冲远，又字仲达，隋末唐初著名学者，五经皆通，兼善算历，解属文，历任国子博士、国子司业、国子祭酒等职。贞观初，孔颖达与魏征、颜师古同修隋史，太宗"锐意经术"，"又以儒学多门，章句繁杂"，诏请孔颖达与颜师古、杨士勋、贾公彦、马嘉运、司马才、王德韶、朱长才、朱子奢等统一五经的注释。魏晋六朝至唐初，对五经注释疏通的著作较多，孔颖达等对各家义疏进行比对，选择优秀的底本，又融会众家之说，剪裁删替，折中以己意，撰定《五经正义》。自《五经正义》出，结束了众说纷纭的局面，经学诠释定于一统，遂成为学校学习、科举考试的标准，也成为唐至清末士人学习、遵从的法式，直至现在，同样是人们研究儒家文化、中国古代历史文化、语言文化的渊薮和史料权威。

《五经正义》共一百八十卷，其中《周易正义》十四卷，采用魏王弼、晋韩康伯注；《尚书正义》二十卷，采用东晋梅赜本、汉孔安国传；《毛诗正义》四十卷，采用汉毛亨传、郑玄笺；《礼记正义》七十卷，采用郑玄注；《春秋左传正义》三十六卷，用晋杜预注。所谓"正义"，就是对经作注，对传注进行疏解、发挥。因此，正义的撰写体例是：先经文，用"【疏】"的形式标示，然后或用摘句标目式，或用"某某"至"某某"的形式标明疏通的经文范围，再用"正义曰"进行疏解。其次注文，用"〇注"的形式标示，然后用"某某"至"某某"式标明疏通的范围，再用"正义曰"进行疏解。《毛诗诂训传》有毛传、郑笺，所以又分"传正义""笺正义"两种形式。《五经正义》对于经、传的疏通，综合古今、考订异说，大致包括解释疑难词语、疏通章句、讲明语法修辞、考证名物礼制、阐发义理等方面。

《尔雅》主要汇释儒家经典，是治经必备的工具书，汉魏晋六朝时与三苍等成为一门显学——苍雅之学，学者治经"悉符雅义"，广泛征引《尔雅》。至唐初孔颖达等撰《正义》，或以《尔雅》等雅书厘定诸家注释之是非，或指明诸家注释之与雅相符；同时，《正义》也间接地涉猎了《尔雅》撰人、序篇、篇名含义等问题。

二 《五经正义》引《尔雅》研究①

《正义》引小学著作近 30 种，其中引《尔雅》约 2500 例，引《说文》300 余例，还广泛援引了《小尔雅》《广雅》《尔雅》旧注，可见，雅书是《正义》重要的训诂依据和标准。《正义》所引或单称《尔雅》有400 多例；或只称各篇名有 2000 多例。《释诂》849 例、《释言》332 例、《释训》142 例、《释亲》35 例、《释宫》60 例、《释器》81 例、《释乐》25 例、《释天》89 例、《释地》49 例、《释丘》20 例、《释山》29 例、《释水》44 例、《释草》94 例、《释木》44 例、《释虫》32 例、《释鱼》18 例、《释鸟》55 例、《释兽》36 例、《释畜》35 例。在十九篇中，前三篇引用最多，约 1300 多例，其中《释诂》800 多例；后十六篇较少，600多例。五经中以《毛诗正义》征引最多，约 1300 余例，占征引总量的 1/2。

（一）《正义》引《尔雅》的方式

《正义》引《尔雅》：一是自引；二是明确他引，即指明五经注家

---

① 此节为笔者主持的山东省社科项目《〈五经正义〉引〈尔雅〉研究》（项目编号：08JDC115）的主要成果，其中"《五经正义》与《尔雅》学研究"一文发表在《井冈山大学学报》2010 年第 3 期。

所引。

1. 《正义》自引《尔雅》。《正义》自引《尔雅》，大致有三种形式：《尔雅》云、《尔雅·释X》（X，代指《尔雅》篇名）云、《释X》云。具体称引又可分为以下几种情况：

（1）不具体引《尔雅》内容，只是用《尔雅》作为立论依据。如《诗·小雅·常棣》："兄弟阋于墙，外御其务。"正义："定本经御作禦，训为禁，《集注》亦然，俗本以传禦为御，《尔雅》无训，疑俗本误也。"①

（2）引《尔雅》疏通并补充经注。如《礼记·文王世子》："武王帅而行之，不敢有加焉。"注："庶几程式之。帅，循也。"正义："案，《尔雅·释言》云：'庶几，尚也。'是庶几为慕尚之义。"② 又，《礼记·王制》："天子将出，类乎上帝，宜乎社，造乎祢。"注："类、宜、造，皆祭名，其礼亡。"正义："案，《尔雅·释天》云：'起大事，动大众，必先有事乎社，而后出谓之宜。'"③

（3）揭明五经注家用《尔雅》之例。如《礼记·月令》："先立春三日，大史谒之天子。"注："谒，告也。"④ 正义："案，《释言》云：'告、谒，请也。'同训为请，是谒为告也。"⑤ 又，《礼记·经解》："昏姻之礼，所以明男女之别也。"注："昏姻谓嫁取也。婿曰昏，妻曰姻。"正义："案，《尔雅·释亲》云：'婿之父为姻，妇之父为婚。'此云'婿曰昏，妻曰姻'者，《尔雅》据男女父母，此据男女之身，婿则昏时而迎妇，则因而随之，故云'婿曰昏，妻曰姻'。"⑥

2. 《正义》明确他引《尔雅》。《正义》注文多选用汉魏名家之作，这些注家在征引《尔雅》解释词语、说解名物制度时多不明引，《正义》一一为之指出其引自《尔雅》何篇，这类情况大约有1600例。从表述上看，大致为：《尔雅·释X》文，或《释X》文。如《礼记·月令》"周

---

① 《毛诗正义》卷9，第408页下栏。

② 《礼记正义》卷20，第1404页上栏、中栏。

③ 《礼记正义》卷12，第1332页中栏。

④ 《礼记正义》卷14，第1355页下栏。

⑤ 同上书，第1356页上栏。

⑥ 《礼记正义》卷50，第1610页下栏。

视原野",注:"广平曰原。"① 正义:"'广平曰原',《尔雅·释地》文。"② 又,《礼记·表记》:"《大雅》曰:德輶如毛,民鲜克举之。"注:"輶,轻也。图,谋也。"正义:"'輶,轻也',《尔雅·释言》文。'图,谋也',《释诂》文。"③

(二)《正义》自引、他引所涉及的问题

1. 关于"《尔雅》无文"说。《正义》疏解经、传一以《尔雅》为圭臬,其中最能体现其遵从《尔雅》者就是"《尔雅》无文"说。《正义》或以"《尔雅》无文",或"《释X》无文"形式表述,共有十余例,大多集中于《毛诗正义》中。《正义》所谓"《尔雅》无文",主要指毛传、郑笺、先儒所释不见于《尔雅》,因"《尔雅》无文",其结果是"各以义言之",或是"先儒传说",或是"相传说"等。如《诗·唐风·山有枢》:"宛其死矣,他人是保。"传:"保,安也。"笺:"保,居也。"正义:"保安、保居,二者皆《尔雅》无文,传、笺各以义言之。"④ 又,《诗·郑风·山有扶苏》:"山有扶苏,隰有荷华。"传:"扶苏,扶胥,小木也。"正义:"毛以下章'山有乔松'是木,则扶苏是木可知,而《释木》无文。传言'扶胥,小木'者,毛当有以知之,未详其所出也。"⑤ 又,《左传·昭公十七年》:"青鸟氏,司启者也。"注:"青鸟,鸧鴳也,以立春鸣,立夏止。"《释文》鴳亦作鸴。正义:"青鸟,鸧鴳。《尔雅》无文,先儒相说耳。"⑥ 又,《左传·昭公二十五年》:"昏媾姻娅。"注:"妻父曰昏,重昏曰媾,壻父曰姻,两壻相谓曰亚。"正义:"'妻父为昏,壻父为姻,两壻相谓曰亚',皆《释亲》文也。'重昏曰媾',《尔雅》无文,相传说耳。"⑦

2. 《正义》寓考辩于征引之中。孔颖达等人在引用《尔雅》及其注

---

① 《礼记正义》卷15,第1363 页中栏。

② 同上书,第1363 页下栏。

③ 《礼记正义》卷54,第1640 中栏。

④ 《毛诗正义》卷6,第362 页上栏。

⑤ 《毛诗正义》卷4,第341 页下栏。

⑥ (晋)杜预注,(唐)孔颖达正义:《春秋左传正义》卷48,中华书局1980 年影印本,第2083 页中栏。

⑦ 《春秋左传正义》卷51,第2108 页中栏。

文疏通经传语词、证明名物典章制度时，还常常对《尔雅》及其注文进行疏解和补充。如《左传·昭公十七年》"桑扈窃脂"，正义："李巡云：'窃脂，一名桑扈。'郭璞曰：'俗谓之青雀，觜曲，食肉，好盗脂膏，因名云。'郑玄诗笺云：'窃脂，肉食。'陆玑《毛诗义疏》云：'窃脂，青雀也。好窃人脯肉及筒中膏，故以名窃脂也。'诸儒说'窃脂'皆谓盗人脂膏也，即如此言，窃玄、窃黄者，岂复盗窃玄、黄乎？《尔雅·释兽》云：'虎窃毛谓之虦猫。魋，如小熊，窃毛而黄。'窃毛皆谓浅毛，窃即古之浅字。但此鸟其色不纯。窃玄，浅黑也。窃蓝，浅青也。窃黄，浅黄也。窃丹，浅赤也。四色皆具，则窃脂为浅白也。"①《正义》否定郭璞、郑玄、陆玑说窃脂以好盗脂膏为名之说，并引《释兽》"虎窃毛谓之虦猫。魋，如小熊，窃毛而黄"为证。《说文·虎部》虦下"窃，浅也"，可以佐证《正义》之说。邢昺认为"而诸儒必为盗窃脂膏者，以此经下别云桑扈与窃玄、窃黄等并列，则为浅白者也。……且郑玄、郭璞、陆玑皆当世名儒，无容不知窃为浅义，脂为白色，而待后人驳正也？后人不达此旨，妄说异端，非也"②。

3. 涉及《尔雅》版本流传的有关问题。从《正义》所征引的《尔雅》与诸经、注相较，我们发现，经、注、雅之间文字复杂，古今、正借、正或、正俗间而有之。如《尚书·禹贡》："东过洛汭，至于大伾。"正义："《释山》云：'再成英，一成坯。'李巡曰：'山再重曰英，一重曰坯。'传：'再成曰伾。'与《尔雅》不同，盖所见异也。"③从《正义》看，孔安国《尚书传》本与《尔雅》及李巡注本皆不同，或孔安国尊经改雅，或孔颖达所见《尔雅》版本与《正义》本不同。又，《尚书·尧典》："使敬顺昊天。"正义："昊天者，混元之气昊然广大，故谓之昊天也。《释天》云：'春为苍天，夏为昊天，秋为旻天，冬为上天。'……郑玄读《尔雅》云'春为昊天，夏为苍天'，故驳《异义》云：'春气博施，故以广大言之；夏气高明，故以远言之；秋气或生或杀，故以闵下言之；冬气闭藏而清察，故以监下言之。'"④从《正义》看，郑玄所读

①　（晋）杜预注，（唐）孔颖达正义：《春秋左传正义》卷48，中华书局1980年影印本，第2084页上栏。

②　《尔雅注疏》卷10，第2648页中栏。

③　《尚书正义》卷6，第151页下栏。

④　《尚书正义》卷2，第120页中栏—下栏。

《尔雅》本与孔所见《尔雅》本不同。又，《诗·卫风·硕人》："葭菼揭揭。"正义："'葭，芦；菼，薍'，《释草》文。"① 《诗·王风·大车》："毳衣如菼。"正义："《释草》云：'葭，芦；菼，薍。'孙炎、郭璞皆以芦薍为二草。"笺正义："'菼，薍'，《释草》文。以传解菼色，未辨草名，故取《尔雅》以定之。"② 今本"菼，薍也"，《释言》《释草》两见，而《正义》均称之为《释草》文。《校勘记》："唐石经、雪窗本同。按此系《释草》文，误入。郭氏言'菼，草色如骓'云云，本上文'菼，骓也'之注，而在此下可证。《诗·大车》：'毳衣如菼。'毛传：'菼，骓也。'笺云：'菼，薍也。'《正义》曰：'菼，骓'，《释言》文；'菼，薍'，《释草》文，分析最清。《释文》薍字音亦后人窜入。"③

4. 以声求义法的运用。清人段玉裁在为王念孙《广雅疏证》作序时，总结了清代训诂学取得的卓越成就，其中重要的原因就是训诂理念、训诂方法上的重大突破，段氏认为文字有形、音、义，"三者互相求，举一可得其二，有古形有今形，有古音有今音，有古义有今义，六者互相求，举一可得其五，古今者不定之名也。……圣人之制字，有义而后有音，有音而后有形。学者之考字，因形以得其音，因音以得其义。治经莫重于得义，得义莫切于得音"④，"尤能以古音得经义"者，盖天下王怀祖氏一人而已矣。清代段、王、邵、郝等人广泛运用因声求义之法门，在考释疑难词语方面卓有成效。严元照在《尔雅匡名自序》中指出："吾读《毛诗》传笺，往往有不见于《尔雅》，而循其形声以求其义，焯然知即今本之某字者，然而唐人之为义疏者，忽然而弗省，则其假借贯通之故久已失其传矣。"⑤ 严氏指出《毛诗》传笺与雅训声义之间的密切关系，也指出唐人《五经正义》尚未注意到经传、雅训"假借贯通"的意蕴。严氏此论有失详考，我们从《五经正义》中，能够感受到唐人对语言现象的理论思考已经比较深入，《正义》多从声音角度探讨词语声、义关系，其实质就是清人推崇的因声求义之训诂方法。

（1）对《尔雅》声训法的揭示。作为我国现存最早的训诂工具书，

---

① 《毛诗正义》卷3，第323页上栏。

② 《毛诗正义》卷4，第333页中栏。

③ 《尔雅注疏校勘记》，第349页上栏。

④ 《广雅疏证》段序，第1页。

⑤ 《尔雅匡名》自序，第3页。

《尔雅》汇释词语主要采用义训法，同时对声训法也有所运用，如《释诂》："叙，绪也。""绩、系，继也。""诰，告也。"《释言》："孺，属也。""幕，暮也。""恫，痛也。"《释训》："鬼之为言归也。"等等。《正义》中对《尔雅》声训之法作了揭示。如《尚书·尧典》："允厘百工，庶绩咸熙。"传："允，信；厘，治；工，官；绩，功；咸，皆；熙，广也。"正义："《释训》云：'鬼之为言归也。'《乡饮酒义》云：'春之为言蠢也。'然则《释训》之例，有以声相近而训其义者，厘、治，工、官，皆以声近为训，他皆仿此类也。"① 又，《左传·文公六年》："有此四德者，难必抒矣。"注："抒，除也。"正义："字有声相近而为训者，'鬼之为言归也'，'春之为言蠢也'，其类多矣。抒声近除，故为除也。服虔作纾，'纾，缓也'。"② 孔颖达对前人鬼归、春蠢之声训法进行了揭示，阐明了"字有声相近而为训"的规律，表明了声近义通的理念。

（2）字异音义同或字异义同。《正义》对一些异形词之间的音、义关系作了探讨，多归纳为"字异，音义同"。如《诗·周南·关雎》："窈窕淑女，君子好逑。"传："逑，匹也。"正义："逑，匹。《释诂》文。孙炎云：'相求之匹。'《诗》本作逑，《尔雅》多作仇，字异，音义同也。"③《说文·人部》："仇，雠也。"本义配偶。《说文·辵部》："逑，敛聚也。"本义是集合，引申为配偶。逑、仇古音相同，都有配偶之义，因此孔氏称"字异，音义同"。又，《诗·大雅·云汉》："饥馑荐臻。"传："荐，重；臻，至也。"正义："《释言》云：'荐，再也。'《僖十三年左传》曰：'晋荐饥。'《释天》云：'仍饥为荐。'此薦与荐，字异义同，故为重也。"④《说文》："荐，薦席也。""薦，兽之所食艸。"二字皆为艸，可以为荐席，后都引申为进荐之意。荐从母谆部，薦精母元部，二字准双声旁转，音近，古多通用。

（3）音同、音近而义通。《诗·齐风·敝笱》："敝笱在梁，其鱼鲂鳏。"传："鳏，大鱼。"笺："鳏，鱼子也。"笺正义："'鳏，鱼子'，《释鱼》文。李巡曰：'凡鱼之子总名鲲也。'鲲、鳏字异，盖古字通用，

---

① 《尚书正义》卷 2，第 120 页上栏。

② 《春秋左传正义》卷 19，第 1844 页下栏。

③ 《毛诗正义》卷 1，第 273 页下栏。

④ 《毛诗正义》卷 18，第 561 页中栏。

或郑本作鲲也。"①《音义》："鳏，毛古顽反，大鱼也；郑古魂反，鱼子也。"② 则郑玄本当为鲲，此处郑作鳏，遵经改雅，但郑改前提是鲲、鳏古字通用。鲲、鳏古音皆见母谆部，音同而通用。又，《诗·卫风·硕人》："齿如瓠犀。"传："瓠犀，瓠瓣。"正义："《释草》云'瓠棲，瓣也'，今定本亦然。孙炎曰：'棲，瓠中瓣也。'棲与犀，字异音同。"③《说文》："棲，鸟在巢上。"犀、棲古音皆心母脂部，犀为正字，棲为借字。又，《易·大畜》："六五，豶豕之牙，吉。"注："豕牙横猾、刚暴，难制之物。"正义："注意则豶是禁制损去之名。褚氏云：'豶，除也。'除其牙也，然豶之为除，《尔雅》无训。案，《尔雅》云：'坟，大防。'则坟是堤防之义。此'豶其牙'谓防止其牙。古字假借，虽豕傍、土边之异，其义亦通。豶其牙，谓止其牙也。"④ 孔颖达以"《尔雅》无训"，怀疑诸家去势、除去等训，于是根据《尔雅》"坟，大防"，提出豶有提防之义，认为二字义通。其理论根据是：豶、坟，形旁虽不同，然声旁同为贲，因此"义亦通"。孔颖达从声符表义角度探求文字之间的意义联系，这种思想上承许慎"亦声"理论，下开段玉裁"同谐声者必同部"之学说。

（4）对上古声母的认识。在孔颖达等学者头脑中有较清晰的语音发展观，比较明了古音与时音的差异，如《诗·陈风·宛丘》："陈者太皞虙戏氏之墟。"正义："虙戏，即伏羲，字异音义同也。"⑤ 此论实开清人钱大昕上古音"轻唇归重唇"理论之先河，且早于钱氏千年。同样，《正义》能够根据古音声母的变化，揭示出《尔雅》用字问题。如《尚书·禹贡》："导菏泽，被孟猪。"传："孟猪，泽名，在菏东北，水流溢覆被之。"正义："于此作孟猪，《左传》《尔雅》作孟诸，《周礼》作望诸，声转字异，正是一地也。"⑥ 实际上猪、诸都是假借字，本字作都。《说文·邑部》："都，有先君之旧宗庙曰都。"引申为聚集之地，又《礼记·

---

① 《毛诗正义》卷5，第353页下栏—第354页上栏。

② 《经典释文》卷5，第152页。

③ 《毛诗正义》卷3，第322页中栏。

④ （魏）王弼，（晋）韩康伯注，（唐）孔颖达正义：《周易正义》卷2，中华书局1980年影印本，第40页。

⑤ 《毛诗正义》卷7，第375页下栏。

⑥ 《尚书正义》卷6，第150页上栏。

檀弓》："杀其人，坏其室，洿其宫而猪焉。"注："南方谓都为猪。"① 正义："'猪，都也'者，案孔注《尚书》云：'都谓所聚也。'此经云：'洿其宫而猪焉。'谓掘洿其宫，使水之聚积焉，故云'猪，都也'。郑恐猪不得为都，故引南方之人谓都为猪，则'彭蠡既猪'，猪是水聚之名也。"② 都，古音端母鱼部；猪，古音知母鱼部，舌上音猪（知母）在上古读作舌头音都（端母），都、猪古音相同而借用，孔氏所论正与钱大昕古音"舌上归舌头"之说合。同样，诸，古音章母鱼部，据黄侃先生的"照三归端"说，则诸与都古音亦相同，诸亦为借字。孟明母字，望微母字，轻唇音望（微母）上古读重唇音孟（明母），孟为本字，望为音同借用字。因此，孟诸、孟猪、望诸均当为孟都；《诗·陈风·宛丘》："西望外方东不及明猪。"正义："明猪，《尚书》作盟猪，即《左传》称'孟诸之麋'，《尔雅》云'宋有孟诸'是也。但声讹字变耳。"③ 明和孟皆明母阳部，亦属于轻唇归重唇。孔颖达深明诸字古音之间关系密切，因此总结为"声转字异，正是一地"。又，《礼记·月令》："田鼠化为鴽。"注："鴽，母无。"正义："'鴽，母无'，《尔雅·释鸟》文。某氏云'谓鴽也'。李巡云：'鴽鴾，一名牟母。'郭景纯云：'鴾也，青州呼鴾母。'舍人云：'母作无。'今此注母无，母当作牟，谓牟无也，声转字误，牟字作母。"④

三 《五经正义》引《尔雅》旧注研究

由于郭璞《尔雅注》是魏晋六朝集大成之作，陆德明《经典释文》又广引《尔雅》音、注，因此，汉魏旧注逐渐亡佚。陆氏《释文》摘字为音，择善而从，简约疏阔，后人欲知旧注情况，还必须从经典注释征引中求得。孔颖达等人撰《五经正义》，不仅大量征引唐以前经籍和训诂著作，而且把《尔雅》及其旧注作为重要依据，征引《尔雅》及其旧注最多。据粗略统计，《五经正义》中除援引《尔雅》近 2500 例外，还征引

---

① 《礼记正义》卷 10，第 1314 页下栏

② 同上书，第 1315 页上栏。

③ 《毛诗正义》卷 7，第 375 页下栏。

④ 《礼记正义》卷 15，第 1363 页上栏。

舍人注 160 多例、樊光注 40 余例、李巡注 270 余例、孙炎注近 360 例、
某氏注近 70 例、郭璞注及音义近 400 例、刘歆注 2 例。余萧客、臧庸、
严可均、叶蕙心、马国翰、黄奭等清代辑佚家都以《正义》为辑佚源，
如臧庸《尔雅汉注》811 个词条下辑出汉四家注及无名氏注约 1085 条
（包括注音），所辑《五经正义》《经典释文》两见者约 33 条，而首见于
《五经正义》并去掉重复引用者则约有 687 条①，也就是说，汉四家注、
孙炎注主要见于《五经正义》。

（一）《正义》引舍人注

《正义》引舍人注 160 余例，从《正义》引用看，舍人《尔雅注》有
如下特点：

1. 释义明确。如《尚书·立政》："自一话一言，我则末惟成德之彦，
以乂我受民。"正义："《释诂》云：'话，言也。'舍人曰：'话，政之善
言也。'"② 又，《尚书·牧誓》"如虎如貔"，传："貔，执夷。"正义：
"《释兽》云：'貔，白狐。其子，豰。'舍人曰：'貔名白狐，其子
名豰。'"③

2. 用声训。如《尚书·太甲上》："旁求俊彦，启迪后人。"正义：
"'美士曰彦'，《释训》文。舍人曰：'国有美士，为人所言道也。'"④ 用
同音字"言"为关键词以释，许慎《说文》"彦，美士有文，人所言也"，
与舍人注通。

3. 申明语法关系。如《诗·周南·葛覃》："是刈是濩，为絺为绤，
服之无斁。"正义："《释训》云：'是刈是濩。濩，煮之也。'舍人曰：
'是刈，刈取之；是濩，煮治之。'"⑤ 刈取之、煮治之，是申明刈、濩为
动词。

4. 以时验注《尔雅》。如《诗·周南·螽斯》："螽斯羽诜诜兮。"
传："螽斯，蚣蝑。"正义："《释虫》云：'蜇螽，蚣蝑。'舍人曰：'今

---

① 重复引用约 131 处。
② 《尚书正义》卷 17，第 232 页上栏。
③ 《尚书正义》卷 11，第 183 页下栏。
④ 《尚书正义》卷 8，第 164 页中栏。
⑤ 《毛诗正义》卷 1，第 276 页下栏。

所谓春黍也。’”①

（二）《正义》引樊光注

《正义》引樊光注 40 余例，从《正义》所引看，樊光注《尔雅》多引《诗》，而《正义》也多用樊光注引《诗》来证《诗》。如《诗·陈风·泽陂》：“彼泽之陂，有蒲与荷。”笺：“芙蕖之茎曰荷。”笺正义：“如《尔雅》②，则芙蕖之茎曰茄，此言荷者，意欲取茎为喻，亦以荷为大名，故言荷耳。樊光注《尔雅》引《诗》有‘蒲与茄’，然则《诗》本有作‘茄’字者也。”③ 又，《诗·鲁颂·駉》：“有驔有骆，有驑有雒，以车绎绎。”传：“骊，黑身白鬣曰雒。”传正义：“‘黑身白鬣曰雒’，则未知所出，检定本集注及徐音皆作骆字，而俗本多作驳字。《尔雅》有‘骊白驳’，谓赤白杂色，驳而不纯，非黑身白鬣也。《东山》传曰：‘骊白曰驳。’谓赤白，杂取《尔雅》为说，若此亦为驳，不应传与彼异，且注《尔雅》者樊光、孙炎于‘骊白驳’下乃引《易》‘乾为驳马’，引《东山》‘皇驳其马’，皆不引此文，明此非驳也，其字定当为雒。但不知‘黑身白鬣’何所出耳。”④

（三）《正义》引李巡注

汉代四家注，李巡注存世最多，《正义》引 270 余处。从《正义》征引看，李巡注较舍人注、樊光注详明，郭璞注似乎更多地借鉴了李巡注。如《尚书·说命上》传“使百”至“之溪”，正义：“《释水》云：‘水注川曰溪。’李巡曰：‘水出于山、入于川曰溪。’然则溪是水流之处，岩是山崖之名。”⑤ 李巡注释更加详细，为《正义》所援引。又，《尚书·禹贡》：“济河惟兖州。”传：“东南据济，西北距河。”传正义：“李巡注《尔雅》解州名云：‘两河间，其气清，性相近，故曰冀；冀，近也。济河间，其气专质，性信谦，故云兖；兖，信也。淮海间，其气宽舒，禀性安徐，故曰徐；徐，舒也。江南，其气燥劲，厥性轻扬，故曰扬；扬，轻

---

① 《毛诗正义》卷 1，第 279 页上栏。
② 《尔雅·释草》：“荷芙渠，其茎茄，其叶蕸，其本蔤。”
③ 《毛诗正义》卷 7，第 379 页中栏。
④ 《毛诗正义》卷 20，第 610 页上栏。
⑤ 《尚书正义》卷 10，第 174 页中栏。

也。荆州，其气燥刚，禀性强梁，故曰荆；荆，强也。河南，其气著密，厥性安舒，故曰豫；豫，舒也。河西，其气蔽壅，受性急凶，故云雍；雍，壅也。'《尔雅》九州无梁青，故李巡不释，所言未必得其本也。"①从《正义》所引可见，李巡注探讨了气候与地域的关系，并使用声训法探究九州命名之理据。又，《尚书·泰誓上》："惟宫室、台榭、陂池、侈服，以残害于尔万姓。"传："土高曰台，有木曰榭，泽障曰陂，停水曰池，侈谓服饰过制。言匮民财力为奢丽。"正义："《释宫》云：'宫谓之室，室谓之宫。'李巡曰：'所以古今通语，明实同而两名。'此传不解宫室义，当然也。《释宫》又云：'阇谓之台，有木者谓之榭。'李巡曰：'台积土为之，所以观望也。台上有屋谓之榭。'又云：'无室曰榭，四方而高曰台。'……然则榭是台上之屋，歇前无室，今之厅是也。"②从李巡注可知，宫、室为从古至今通用语，异名同实，因此孔安国不做解释。关于榭，据李注可知，类似于厅堂，与室不同，在台的上面。

（四）《正义》引孙炎注

孙炎有《尔雅注》《尔雅音义》，《正义》引孙炎音、注近360处，在汉魏五家《尔雅注》中，郭璞注《尔雅》主要参考了孙炎注。从《正义》征引可知，孙炎注主要注释词语、名物训诂外，还涉及制度考释。如《尚书·舜典》："肇十有二州。"传："禹治水之后，舜分冀州为幽州、并州，分青州为营州，始置十二州。"传正义："《尔雅·释地》九州之名，于《禹贡》无梁青而有幽营，云'燕曰幽州，齐曰营州'，孙炎以《尔雅》之文与《职方》《禹贡》并皆不同，疑是殷制。"③孔颖达等在《诗·周南召南谱》正义中又详细地解释："《尔雅·释地》九州之名有冀、豫、雍、荆、扬、兖、徐、幽、营，孙炎曰：'此盖殷制。'《禹贡》有梁青，无幽营，《周礼》有幽并，无徐营，然则此说不同，不言殷周九州，而远指禹世者，孙炎以《尔雅》之文与《禹贡》不同，于《周礼》又异，故疑为殷制耳。"④

---

① 《尚书正义》卷6，第147页中栏。
② 《尚书正义》卷11，第180页中栏。
③ 《尚书正义》卷3，第129页上栏。
④ 《毛诗正义》卷1，第264页。

（五）《正义》引郭璞注

郭璞《尔雅注》是汉魏晋《尔雅》注释集大成之作，魏晋六朝征引郭注较多，其与今注同或不同者，对于雅学研究都有重要意义。《正义》引郭注、音 400 余例，是古籍征引郭注最多者。

郭璞《尔雅注序》称"错综樊孙"，从《正义》引可以考见郭璞注用孙炎注的情况。如《左传·僖公三十三年》："且使遽告于郑。"注："遽，传车。"正义："《释言》云：'驲、遽，传也。'孙炎曰：'传车驿马也。'"① 又，《左传·文公十六年》："楚子乘驲，会师于临品。"注："驲，传车也。"正义："《释言》云：'驲，传也。'舍人曰：'驲，尊者之传也。'郭璞曰：'传车，驿马之名也。'"② 又，《诗·鲁颂·駉》："有驔有骆。"传："青骊驎曰驔。"正义："《释畜》云：'青骊驎驔。'孙炎云：'色有浅深，似鱼鳞也。'郭璞曰：'色有深浅斑驳隐鄰，今之连钱骢也。'"③

补辑郭注佚文。郭璞《尔雅音义》早已失传，但从《正义》征引，我们还能略知一二。如《尚书·禹贡》："沱潜既道。"传："沱，江别名；潜，水名。皆复其故道。"正义："郭璞《尔雅音义》云：'沱水自蜀郡都水县揗山与江别而更流。'璞又云：'有水从汉中沔阳县南流，至梓潼汉寿入大穴中，通峒山下西南潜出，一名沔水。旧俗云既《禹贡》潜也。'郭璞此言亦解梁州沱潜，与郑又异。"④

关于郭璞霍山、衡山之辩。在《左传正义》卷四十二、《礼记正义》卷十一、《尚书正义》卷二、《毛诗正义》卷廿五、《周礼注疏》卷十八卷廿二都有论述。《尔雅·释山》："河南华，河东岱，河北恒，江南衡。"又"霍山为南岳"，郭璞注："即天柱山，潜水所出也。"《左传·昭公四年》"四岳"，正义："《释山》又云：'泰山为东岳，华山为西岳，霍山为南岳，恒山为北岳。'……郭璞注《尔雅》云：'霍山今庐江潜县灊水出焉，别名天柱山。汉武帝以衡山辽旷，故移其神于此，今其土俗人皆呼

---

① 《春秋左传正义》卷 17，第 1833 页上栏。

② 《春秋左传正义》卷 20，第 1859 页中栏。

③ 《毛诗正义》卷 20，第 610 页上栏。

④ 《尚书正义》卷 6，第 149 页上栏。

之为南岳。岳本自以两山为名，非从近来也，而学者多以霍山不得为南岳，又云从汉武帝来始有名，即如此言，为武帝在《尔雅》之前乎？斯不然也。'是解衡、霍二名之山也。"① 这百余字，今本《尔雅》郭注无，邵晋涵将此补入郭璞注文，郝懿行考证其为郭璞《尔雅音义》之文，何九盈又认为"霍山为南岳"，"即汉初传《尔雅》者加上去的"②。

（六）《正义》引旧注的价值

1. 从《正义》征引可以考见诸家训释逐渐完备。《诗·小雅·大东》："睆彼牵牛，不以服箱。"传："何鼓谓之牵牛。"正义："'何鼓谓之牵牛'，《释天》文也。李巡曰：'何鼓、牵牛皆二十八宿名也。'孙炎曰：'何鼓之旗十二星在牵牛之北也，或名为何鼓，亦名为牵牛。'如《尔雅》之文，则牵牛、何鼓一星也。如李巡、孙炎之意，则二星，今不知其同异也。"③ 又，《诗·王风·大车》："大车槛槛，毳衣如菼。"传："菼，雜也。芦之初生者也。"正义："《释草》云：'葭芦菼薍。'孙炎、郭璞皆以芦、薍为二草，李巡、舍人、樊光以蘆薍为一草。此传菼为芦之初生，则意同李巡之辈以芦、菼为一也。"④ 又，《尚书·泰誓》："播弃犂老，昵比罪人。"传："鮐背之耇称犂老。"正义："《释诂》云：'鮐背、耇、老，寿也。'舍人曰：'鮐背，老人气衰，皮肤消瘠，背若鮐鱼也。'孙炎曰：'耇面冻犂色，似浮垢也。'然则老人背皮似鮐，面色似犂，故鮐背之耇称犂老。"⑤

2. 从《正义》征引可以考见诸家版本异同。《礼记·内则》："鱼曰作之。"正义："'鱼曰作之'者，皇氏云：'作，谓动摇也。凡取鱼，摇动之，视其鲜餒，餒者不食。'李巡注《尔雅》云：'作之，鱼骨小，无所去。'郭氏《尔雅》今本作'斮之'，注云'谓削鳞也'。"⑥ 又，《诗·小雅·蓼萧序》："《蓼萧》，泽及四海也。"笺："九夷、八狄、七戎、六蛮，谓之四海。"正义："'九夷、八狄、七戎、六蛮谓之四海'，《释地》

---

① 《春秋左传正义》卷42，第2033页中栏。

② 参见何九盈《中国古代语言学史》，广东教育出版社2005年版，第26—27页。

③ 《毛诗正义》卷13，第461页下栏。

④ 《毛诗正义》卷4，第333页中栏。

⑤ 《尚书正义》卷11，第181页中栏。

⑥ 《礼记正义》卷28，第1467页上栏。

文。李巡曰：'九夷在东方，八狄在北方，七戎在西方，六蛮在南方。'孙炎曰：'海之言晦，晦暗于礼仪也。'《雒师谋》《我应》注皆与此同。《职方氏》及《布宪》注亦引《尔雅》云：'九夷、八蛮、六戎、五狄谓之四海。'① 数既不同，而俱云《尔雅》，则《尔雅》本有两文。今李巡所注'谓之四海'之下更三句云'八蛮在南方，六戎在西方，五狄在北方'，此三句唯李巡有之，孙炎、郭璞诸本皆无也。李巡与郑同时，郑读《尔雅》盖与巡同，故或取上文或取下文也。《尔雅》本有二文者，由王所服国数不同，故异文耳。亦不知'九夷、八狄、七戎、六蛮'正据何时也。"② 《校勘记》："按《周礼·职方》及《布宪》注皆引《尔雅》曰：'九夷、八蛮、六戎、五狄谓之四海。'与李本合。"③ 又，《左传·昭公十七年》："九扈，为九农正。"注正义："《释鸟》又云：'鶔，鵙老。扈，鷃。桑扈，窃脂。'注《尔雅》者舍人、李巡、孙炎、郭璞皆断老上属，鷃下属，解云：'鶔，一名鵙老。鷃，一名鳸。鳸，雀也。'唯樊光断'鶔，鵙'为句，以老下属，注云：'《春秋》云：九扈为九农正。九扈者，春扈、夏扈、秋扈、冬扈、棘扈、行扈、宵扈、桑扈、老扈。'是以老为下属。"④ 据《正义》所言，此句今本标点皆用舍人、李巡、孙炎、郭璞之句读，而樊光本句读为"鶔，鵙。老扈，鷃。桑扈，窃脂"，与众本及今本不同。

四　《五经正义》涉及的雅学理论问题

（一）最早转引郑玄的《尔雅》撰人之说

宋以前关于《尔雅》撰人主要有周公作后人增补说和孔子门徒所作说。周公作说见于张揖《上广雅表》，上文已经论及，关于孔门所作说最早见于《正义》所引郑玄的《驳五经异义》中。《驳五经异义》在唐以后失传，因此，今天我们所能见到的记载郑玄此说的文献就是《正义》。

---

① 郑玄《周礼·校人注》《秋官注》亦与此同。

② 《毛诗正义》卷10，第420页上栏。

③ 《尔雅注疏校勘记》，第390页上栏。

④ 《春秋左传正义》卷48，第2084页上栏。

《毛诗·黍离》正义引郑玄《驳五经异义》云："玄之闻也，《尔雅》者，孔子门人所作，以释六艺之言，盖不误也。"① 此句又见于贾公彦《周礼·大宗伯》疏。《毛诗·凫鹥》正义又引《郑志》郑玄答张逸曰："《尔雅》之文杂，非一家之注，不可尽据以难《周礼》。"② 则郑玄既认为《尔雅》作于孔门，又看到了《尔雅》杂纂的性质。通过《正义》所引，郑玄之说得以流传后世，由于郑玄崇高的学术地位，此说对后世影响颇大，即使当代也有不少学者赞同此说。

（二）关于《尔雅》分篇等问题

关于《尔雅》十九篇篇名含义及分篇问题，一直是雅学研究的焦点问题之一。而在《释文》和《正义》之前，尚未见到关于此问题的论说。孔颖达在《毛诗正义》中论及了《尔雅》分篇等问题，如《周南·关雎序》传正义："《尔雅》所释十有九篇，独云诂、训者：诂者，古也，古今异言，通之使人知也；训者，道也，道物之貌以告人也。《释言》则《释诂》之别，故《尔雅序》篇云：《释诂》《释言》，通古今之字，古与今异言也；《释训》言形貌也。然则诂训者，释古今之异辞，辨物之形貌，则解释之义，尽归于此。《释亲》已下，皆指体而释其别，亦是诂训之义。"③ 由此可知：第一，《释诂》《释言》《释训》三篇篇名含义及三篇内容有区别；第二，《尔雅》有《序》篇，而且《序》篇的大致内容有关于《尔雅》立篇的标准问题。这两点从清代至今，一直为大多数学者所遵奉。关于《释畜》《释兽》分篇的问题，《左传·昭公二十五年》"为六畜"，注："马、牛、羊、鸡、犬、豕。"正义："《尔雅·释畜》马牛羊犬鸡五者之名，其豕在《释兽》之篇。畜，养也。家养谓之畜，野生谓之兽。豕有野豕，故因记之于《释兽》耳。又《释畜》之末别释马牛羊豕犬鸡六者之名，其下题曰六畜，谓此是也。《周礼·膳夫》云'膳用六牲'，是庖用六牲也。'庖人掌共六畜'，郑玄云：'六牲，马牛羊豕犬鸡。'六畜即六牲也。始养之曰畜，将用之曰牲，是畜牲一也。"④ 又，

---

① 《毛诗正义》卷4，第330页下栏。
② 《毛诗正义》卷17，第538页中栏。
③ 《毛诗正义》卷1，第269页上栏。
④ 《春秋左传正义》卷51，第2107页下栏。

《尚书·武成》"往伐归兽",传正义:"《尔雅》有《释兽》《释畜》,畜、兽形相类也,在野自生为兽,人家養之为畜。"① 《正义》认为《释兽》《释畜》二篇是以家养和野生来划分的。

此外,关于《尔雅》的性质问题,汉唐以来大多数学者认为《尔雅》训释五经,或主为释《诗》。《正义》主《尔雅》释《诗》,书中论述较多,如《诗·小雅·渐渐之石》:"有豕白蹢。"传:"豕,猪也。蹢,蹄也。"笺:"四蹄皆白曰骇。"正义:"《释兽》释豕云'四蹢皆白豥',孙炎曰'蹢,蹄也',传已训蹢为蹄,故笺即以蹄言之。经直云白蹢,不云豥,则白豥亦不知几蹄白。而笺引此者,以《尔雅》主为释《诗》,《诗》中言'豕白蹢',唯此而已,故知本以训此。"②

(三) 关于先儒引《尔雅》问题

《正义》多征引汉魏六朝学者经学研究成果,称之为"先儒",如"先儒马融""先儒王肃""先儒郑玄"等,其中《正义》也论及了先儒与《尔雅》问题,如《左传正义》卷二正义:"故先儒皆依《周礼》《左传》《尔雅》之文而为之说,其名亦有意焉。"③ 又,《左传正义》卷六注正义:"《尔雅·释畜》于马牛羊豕狗鸡之下题曰'六畜',故郑众、服虔皆以六畜为马牛羊豕犬鸡。《周礼》'牧人掌牧六牲',郑玄亦以马牛等六者为之。"④ 又,《尚书正义》卷十三传正义:"遍检经传,四夷之数参差不同,先儒旧解此《尔雅》殷制,《明堂位》及《职方》并《尔雅》下文云八蛮在南、六戎在西、五狄在北,皆为周制,义或当然。"⑤ 从《正义》所述,表明《尔雅》与经传平等的地位,是先儒取舍的标准。严元照在《尔雅匡名自序》中说:"尝考汉儒之训诂,大半出于《尔雅》,而《毛诗》之传、笺,用雅训者尤多。然而毛郑所读之《尔雅》,视晋唐人之所读者,盖大不同矣。"⑥ 故在诸先儒中,《正义》重在对毛亨、郑玄、杜预等与《尔雅》关系的揭示。

---

① 《尚书正义》卷11,第183页下栏。

② 《毛诗正义》卷15,第500页中栏。

③ 《春秋左传正义》卷3,第1726页下栏。

④ 《春秋左传正义》卷6,第1751页中栏。

⑤ 《尚书正义》卷13,第194页下栏。

⑥ 《尔雅匡名》自序,第3页。

1. 关于《毛传》引《尔雅》。首先，《正义》认为《尔雅》先于《毛传》。关于《毛传》与《尔雅》孰先孰后，自宋代以来争论不休，而宋以前，学者多认为《尔雅》在《毛传》前，毛公作《诗故训传》多用雅训。作为学校教育教材及科举考试定本，《五经正义》自始至终贯穿着《尔雅》早于《毛诗诂训传》、毛公用雅训的思想，这对当时及后世影响很大。如《诗·小雅·十月之交》正义："作诂训传者，毛公也，毛公汉初时人，故谱云'汉兴之初，师移其第，作诂训传'，时是汉初也。"① 指出毛公是汉初人，则《尔雅》早于汉初。又《诗·周南·关雎》传正义："诂训传者，注解之别名。毛以《尔雅》之作，多为释《诗》，而篇有《释诂》《释训》，故依《尔雅》训而为《诗》立传。"② 此又明毛公依《尔雅》作《诂训传》。又，《诗·大雅·绵》正义："'绳谓之缩'，出于《释器》。《释器》作绳，而《传》作乘，故为声之误，毛公后人，写之误耳。"③ 明确指出"毛公后人"，可见《尔雅》其由来已久。

其次，《正义》对《毛传》引《尔雅》予以指明，其中，对毛公解释的 464 句诗，指明引用《尔雅》628 例；而《毛传》引用《尔雅》而《正义》未言明者，尚有 40 句诗，引用《尔雅》42 例；《正义》指明《毛传》释语与《尔雅》相似者，175 句诗，引用《尔雅》208 例。总计毛氏释《诗》引《尔雅》878 例，释语与《尔雅》之文基本相同者 663 例。毛公引用《尔雅》以《诂》《言》《训》前三篇为多，计有 600 例，占总引用量的 2/3；后十六篇引用次数虽没有前三篇多，但前三篇多词共训，而后十六篇诠释名物释义明确，相比之下后十六篇所引之文更容易确定④。如《诗·周南·关雎》"在河之洲"，传："水中可居者曰洲。"正义："'水中可居者曰洲'，《释水》文也。……《江有渚》传曰：'渚，

---

① 《毛诗正义》卷12，第445页中栏。《诗·陈风·东门之杨》正义："荀卿书云：'霜降逆女，冰泮杀止。'霜降，九月也；冰泮，二月也。然则荀卿之意，自九月至于正月，于礼皆可为昏。荀在焚书之前，必当有所凭信，毛公亲事荀卿，故亦以为秋冬。"提出毛公为荀子之弟子。见《毛诗正义》卷7，第377页下栏。

② 《毛诗正义》卷1，第269页上栏。

③ 《毛诗正义》卷16，第511页下栏。

④ 以上数据参见徐文贤《〈毛诗正义〉引〈尔雅〉研究》，硕士学位论文，青岛大学，2011年，第19—20页。

小洲也。'《蒹葭》传、《谷风》笺竝云：小渚曰沚。皆依《尔雅》为说也。"① 又，《诗·召南》"唐棣之华"，传："唐棣，栘也。"正义："《释木》文。"② 又，《诗·小雅·小旻》："潝潝訿訿，亦孔之哀。"传："潝潝然患其上，訿訿然思不称乎上。"正义："《释训》云：'潝潝訿訿，莫供职也。'……潝潝为小人之势，是作威福也；訿訿者自营之状，是求私利也。自作威福，竞营私利，是不供君职也。此《传》亦唯《尔雅》文，径解其意。"③

2. 关于郑玄笺注引《尔雅》。郑玄笺注引《尔雅》研究已见上文，而《正义》对郑玄笺注暗引《尔雅》揭示颇多，主要有两种情况：《正义》指出郑笺引用《尔雅》351 例；《正义》指明《郑笺》释语与《尔雅》相似者 72 例。另外，郑笺确实引用了《尔雅》，而《正义》未言明者 23 例④。《正义》对郑玄笺注引《尔雅》情况作了分析和揭示，大致有以下几种情形：

（1）《正义》指明笺注引《尔雅》。如《诗·小雅·我行其野》："昏姻之故，言就尔居。"笺："妇之父、婿之父，相谓昏姻。"《正义》："'妇之父、婿之父，相谓为昏姻'，《释亲》文也。"⑤ 又，《礼记·檀弓》："绸练设旐。"注："绸练，以练绸旐之杠。……《尔雅》说旌旗曰'素锦绸杠'。"正义："又引《尔雅》'素锦绸杠'者，亦《尔雅·释天》文。引之者，证经文绸练，练则素锦，用以为绸杠也。"⑥

（2）《正义》指明笺注以《尔雅》补正经、传。如《诗·豳风·七月》："言私其豵，献豜于公。"传："豕一岁曰豵，三岁曰豜。大兽公之，小兽私之。"笺："豕生三曰豵。"正义："'豕生三曰豵'，《释兽》文。笺既易传，不以豵为一岁之名，则豜亦非三岁之称。"⑦ 又，《诗·大雅·行苇》："黄耇台背，以引以翼。"传："台背，大老也。"笺："台之言鲐也，大老则背有鲐文。"传正义："《尔雅》作鲐，以其似鲐鱼，而此经作

① 《毛诗正义》卷1，第 372 页下栏。
② 同上书，第 293 页下栏。
③ 《毛诗正义》卷12，第 449 页上栏。
④ 以上数据参见徐文贤《〈毛诗正义〉引〈尔雅〉研究》，第 35 页。
⑤ 《毛诗正义》卷11，第 435 页下栏。
⑥ 《礼记正义》卷7，第 1284 页中栏、下栏。
⑦ 《毛诗正义》卷8，第 391 上栏。

台，故笺申之云：'台之言鲐也，大老则背有鲐文'，是依《尔雅》为说也。"①

（3）《正义》指明郑玄引《尔雅》与他本不同。如《诗·王风·黍离》："悠悠苍天，此何人哉！"笺："远乎苍天，仰愬欲其察己言也。"正义："如《尔雅·释天》以四时异名，此传言天，各用所宜为称，郑君和合二说，故《异义·天号》：'《今尚书》欧阳说：春曰昊天，夏曰苍天，秋曰旻天，冬曰上天。《尔雅》亦云。《古尚书》说与毛同。'……《尔雅》'春为苍天，夏为昊天'，欧阳说'春为昊天，夏为苍天'，郑既言《尔雅》不误，当从《尔雅》，而又从欧阳之说以春昊、夏苍者，郑《尔雅》与孙、郭本异，故许慎既载《今尚书》说，即言'《尔雅》亦云'，明见《尔雅》与欧阳说同。虽苍、昊有春、夏之殊，则未知孰是，要二物理相符合，故郑和而释之。"② 又，《礼记·檀弓上》"椑棺一"，注："所谓椑棺也。《尔雅》曰：'椴，杝。'"正义："'椑棺一'者，椴，杝，材亦能湿，故次皮也。……杝即椴木，郑引《尔雅》曰：'椴，杝'，一物二名，名椴，又名杝也。"③ 郑玄引《尔雅》"椴"，正义作"椴"，据《校勘记》："椴，杝。雪窗本、注疏本同。《释文》、单疏本椴作椵，唐石经作椵。此与下櫬椴之椴相涉乱耳。徒乱切。"④ 则郑玄引《尔雅》本已误。又，《礼记·檀弓上》："戎事乘骊。"注："马黑色曰骊。《尔雅》曰：'騋牝骊牡玄。'"正义："引《尔雅·释畜》文。騋牝骊牡玄，谓七尺曰騋。牝者色骊，牡者色玄，引之者证骊是玄之类也。"⑤ 据《正义》，郑玄引《尔雅》作"騋，牝骊牡玄"，与郭璞注本稍异。《校勘记》："雪窗本作'騋牝骊牝'，《经义杂记》曰：'郑康成、孙叔然本作騋牝骊牡玄，郭景纯本作騋牝骊牝……'"⑥ 则郑玄引《尔雅》与魏晋时不同。又，《诗·小雅·楚茨》"为豆孔庶"，笺："庶，胓也。"正义："'庶，胓也'，《释言》文。舍人曰：'庶，众也。胓，多也。'孙炎曰：'庶丰多也。'云胓，然则丰胓亦肥多之义，《尔雅》既有此释，且以'为俎孔硕'

---

① 《毛诗正义》卷17，第535页下栏。

② 《毛诗正义》卷4，第330页下栏。

③ 《礼记正义》卷8，第1293页中栏、下栏。

④ 《尔雅注疏校勘记》，第419页下栏。

⑤ 《礼记正义》卷6，第1276页上栏、中栏。

⑥ 《尔雅注疏校勘记》，第454页上栏。

类之宜为肉，甚肥脙，故易传也。"① 脙，《释文》、唐石经、《校勘记》及今本《尔雅》皆作脙。从《正义》所述看，或者郑玄所用《尔雅》本作脙。

从《正义》的揭示中我们看到，郑玄笺、注经典多以《尔雅》为据，但郑玄并非盲从《尔雅》，据《毛诗正义》卷十七笺正义："《释天》云：'祭山曰庪悬。'不言埋。张逸亦引以问，而郑答曰：'《尔雅》之文杂，非一家之注，不可尽据以难《周礼》。'"②

3. 关于杜预《左传注》引《尔雅》。杜预注《左传》亦广引《尔雅》，除两处明引之外，均为暗用。《正义》对杜注引《尔雅》的情形予以揭示。

（1）指明杜注用《尔雅》。如《左传·桓公四年》："春正月，公狩于郎。"注："冬猎曰狩。"正义："冬猎曰狩，《尔雅·释天》文也。"③

（2）指出杜注依经义用《尔雅》。如《左传·隐公五年》："故春蒐，夏苗，秋狝，冬狩。"注："蒐，索择取不孕者。苗为苗除害也。狝，杀也，以杀为名，顺秋气也。狩，围守也，冬物毕成获则取之无所择也。"正义："《尔雅·释天》四时之猎名与此同，说者皆如此注，故杜依用之。"④ 又，《左传·僖公九年》："天子使孔曰：'以伯舅耋老，加劳，赐一级，无下拜。'"注："七十曰耋。"正义："《释言》云：'耋，老也。'……杜云'七十曰耋'者，耋之年齿既无明文，《曲礼》云：'七十曰老。'《尔雅》以耋为老，故以为七十。"⑤

（3）指明杜注与《尔雅》不同。如《左传·成公六年》："郇瑕氏土薄水浅，其恶易覯。"注："恶，疾疢。覯，成也。"正义："此云土薄水浅，必居之，多疾，以此知恶是疾疢也。《尔雅》训覯为见，杜以恶为疾疢，疾疢非难见之物，唯苦其病成耳，故训覯为成，言其病易成，由水土恶故也。"⑥

（4）以《尔雅》明杜注有误。如《左传·隐公元年》："有蜚，不为

---

① 《毛诗正义》卷13，第468页下栏、第469页上栏。
② 《毛诗正义》卷17，第538页中栏。
③ 《春秋左传正义》卷6，第1747页上栏。
④ 《春秋左传正义》卷3，第1726页下栏。
⑤ 《春秋左传正义》卷13，第1800页下栏。
⑥ 《春秋左传正义》卷26，第1902页下栏。

灾，亦不书。"注："蜚，负蠜也。"正义："《释虫》云：'蜚，蠦蜰。'舍人、李巡皆云：'蜚蠦，一名蜰。'郭璞云：'蜚即负盘，臭虫。'《洪范·五行传》云：'蜚，负蠜，夷狄之物，越之所生。其为虫臭恶，南方淫女气之所生也。'《本草》曰：'蜚，厉虫也。'然则蜚是臭恶之虫，害人之物，故或为灾，或不为灾也。经、传皆云有蜚，则此虫直名蜚耳，不名蜚蠦。《尔雅》所释当言'蜚，一名蠦蜰'。说《尔雅》者言'蜚蠦，一名蜰'，非也。此虫一名负盘，《汉书》及此注多作'负蠜'者，《释虫》云：'草螽，负蠜。'彼则岁时常有，非灾虫也，盖相涉误为蠜耳。"①据《春秋左传》经及杜预注、《洪范传》《本草》等单称蜚，纠正舍人、李巡《尔雅》"蜚蠦，一名蜰"之讹误，断"蜚蠦，蜰"为"蜚，蠦蜰"，一名负盘。《正义》纠正杜注"蜚，负蠜也"是涉下文"草螽，负蠜"而误。

（5）杜注引《尔雅》，刘炫"规过"杜引。刘炫是隋代大儒，孔颖达的启蒙恩师，他的《春秋左传规过》专门规杜预《春秋左传集解》之过，影响极大。孔颖达《左传正义》引刘炫之说300多处，或称刘炫，或称刘君。《规过》规杜预注之过，涉及《尔雅》。如《左传·定公元年》："而田於大陆。"注："《尔雅》：广平曰陆。"正义："（注）引《尔雅》以证平地皆名陆也。案《尔雅》'高平曰陆'，杜言广平者，以吴泽之地，地下宽平，故以广平言之，非是不见《尔雅》。刘君（炫）以《尔雅》'高平曰陆'而规杜氏，非。"②又，《左传·襄公二十五年》"町原防"，注："广平曰原。防，隄也。隄防间，地不得方正如井田，别为小顷町。"正义："'广平曰原'，《释地》文。……谓'广平为原'者因《尔雅》之文，其实此原谓隄防之间也。刘炫云：'广平曰原，土地宽平，当与隰相配，非是不得为井田也。'"③

五 《五经正义》征引雅书存在的问题

《五经正义》汇辑了汉魏两晋南北朝时期学者的研究成果，涉及了雅

---

① 《春秋左传正义》卷2，第1718页上栏。
② 《春秋左传正义》卷54，第2131页中栏。
③ 《春秋左传正义》卷36，第1986页上栏。

学多方面问题，具有很高的学术价值。然而，《正义》在取得巨大成就的同时，也存在一些问题。

（一）顺经改雅及注

《五经正义》以汉至隋唐五经名家名注为底本，坚持"疏不破注"的原则，对经义疏通整理。"疏不破注"的优点是为我们保留了先儒成果的原貌，但有时难免将错就错，贻误后学，就《正义》征引雅书看，为了与经、注一致，维护经传的权威性，《正义》有时改《雅》以从之。

1. 顺经传改雅。如《诗·秦风·驷驖》："輶车鸾镳，载猃歇骄。"传："猃、歇骄，田犬也。长喙曰猃，短喙曰歇骄。"正义："此说猎事，故知猃与歇骄皆田犬，非守犬也，故辨之。'长喙猃、短喙歇骄'，《释畜》文。李巡曰：'分别犬喙长短之名。'"①歇骄，今《释畜》作獢獢，与《诗经》、毛传皆不同，《校勘记》："唐石经、单疏本、雪窗本同。《释文》'獥，许谒反'。《字林》作獢。按，《玉篇》：'獥，许谒切，獥獢，犬短喙也。亦作獢。'……陆氏既云《字林》作獢，知《尔雅》不作獢矣。《释文》作獥者，獢之讹。今本作獢者，据《字林》所改。《毛诗》作歇骄者，通借字。《说文》亦作獢。"②可见，《诗经》《毛传》用古字，《尔雅》用今字，正义只言出自《尔雅》，未明其不同，是附和经、传。又，《诗·周颂·执竞》："钟鼓喤喤，磬筦将将。"正义："《释训》云：喤喤，乐也；穰穰，福也。舍人曰：'喤喤锺鼓之乐也。'"③《校勘记》："鍠鍠，唐石经、单疏本、雪窗本同。"④不作喤。郝疏："《释训》'鍠鍠，乐也'，《正义》引舍人曰'喤喤钟鼓之乐也'。按舍人喤当作鍠，毛诗借作喤。"⑤臧庸《汉注》与郝疏同。《匡名》："案：《诗》作喤者，假借字。《正义》引此文亦作喤。"⑥指明《诗》用借字，则《正义》尊经改雅。又，《诗·召南·鹊巢》："维鹊有巢，维鸠居之。"传："鸠，鳲

---

①《毛诗正义》卷6，第369页下栏。

②《尔雅注疏校勘记》，第456页。

③《毛诗正义》卷19，第589页下栏。

④《尔雅注疏校勘记》，第358页下栏。

⑤《尔雅郭注义疏》卷3，第415页。

⑥《尔雅匡名》卷5，第47页下栏。

鸠，秸鞠也。"正义："《释鸟》云：'鸤鸠，秸鞠。'"① 唐石经、《释文》、今本《尔雅》皆作"鸤鸠，鴶鵴"。

2. 顺经传改郭注。如《诗·大雅·崧高》："崧高维岳，骏极于天。"传："崧高貌，山大而高曰崧。"正义："山大而高曰崧，《释山》文。李巡曰高大曰崧。郭璞曰：'今中岳崧高山，盖依此名是也。'"② 今本《尔雅》"山大而高，崧"，郭注："今中岳嵩高山，盖依此名。"《校勘记》："此经作崧，注作嵩，为经注异文之明证。……《诗正义》引郭氏曰'今中岳崧高山'，此顺经改注也。"③

（二）征引前后不一

《左传·襄公二十四年》："若夫保姓受氏，以守宗祊。"注："祊，庙门。"正义："《释宫》云：'祊谓之门。'李巡曰：'祊，故庙门名也。'孙炎曰：'《诗》云祝祭于祊。'谓庙门也。"④ 而《礼记·礼器》"为祊乎外"，注："祊，祭，明日之绎祭也。谓之祊者，於庙门之旁因名焉。"正义："祊，谓明日绎祭在庙门之旁谓之祊，言为此祊祭在於庙门外之西也。……以《释宫》云'庙门谓之祊'。"⑤ 《礼记·郊特牲》"索祭祝于祊"，注："庙门曰祊。"正义："'庙门曰祊'，《尔雅·释宫》文。"⑥ 又《礼记·郊特牲》"祊之于东方"，正义："《释宫》云：'閍谓之门。'孙炎云：'谓庙门外。'"⑦

《正义》广泛征引《尔雅》及其旧注疏通五经传注，同时还涉及了《尔雅》作者、篇卷、旧注特点、经注异同等许多雅学问题，极大地丰富了雅学研究的内容，为清以后雅学研究提供了丰富的资料和有力的证据，可以说，乾嘉时期的雅书注释及有清一代的雅学辑佚、校勘、版本考证等无一不以《正义》为旨归。但由于《五经正义》的颁行，使经义有了定说，科举考试有了定本，因此，有唐一代，《尔雅》注释、研究进入低迷状态。

---

① 《毛诗正义》卷1，第283页下栏、第284页上栏。

② 《毛诗正义》卷18，第566页上栏。

③ 《尔雅注疏校勘记》，第394页下栏。

④ 《春秋左传正义》卷35，第1979页中栏。

⑤ 《礼记正义》卷24，第1441页下栏。

⑥ 《礼记正义》卷26，第1458页中栏。

⑦ 《礼记正义》卷25，第1449页上栏。

第五章

《文选注》引雅书研究

一　概说

《文选》是我国最早的诗文总集，由梁昭明太子萧统主持编选，自问世以后，备受世人青睐，隋唐时期对《文选》的学习、注释研究已经形成一门学问——选学。《文选》所收诗文赋作多以讴歌山水、寄兴草木鸟兽虫鱼为主，而《尔雅》是"通诂训之指归，叙诗人之兴咏，揔绝代之离词，辩同实而殊号者也。诚九流之津涉，六艺之钤键，学览者之潭奥，摛翰者之华苑也"①，是赋家骚人学习、取材的渊薮，正如阮元在《扬州隋文选楼记》中所说："古人古文小学，与辞赋同源共流，汉之相如、子云，无不深通古文、雅训。至隋时，曹宪在江、淮间，其道大明。马、扬之学，传于《文选》，故曹宪既精雅驯，又精选学，传于一郡。"② 阮氏所称誉的曹宪（541—645），扬州江都人，是文选学的开派者，天下选学名士多出其门，又"精诸家文字之书，自汉代杜林卫宏之后古文泯绝，由宪，此学复兴"③，"训注张揖所撰《博雅》，分为十卷，炀帝令藏于秘阁"④，语言学著作有《尔雅音义》《博雅音》《文字指归》《小学总录》《古今字图杂录》《文选音义》等。李善是曹宪得意门生，也是唐初选学大家，亦通晓文字、训诂，精于雅学。李善以讲授说解《文选》为业，号"文选学"，"诸生多自远方而至"。李善注《文选》之初，就是由曹宪多方指导的，李善注音也多用《博雅音》《尔雅音义》。其《文选注》征

---

① 《尔雅注疏》郭序，第 2567 页上栏。
② （清）阮元撰，邓经元点校：《研经堂二集》卷 2，中华书局 1993 年版，第 388—389 页。
③ 《旧唐书》卷 189 上，第 15 册，第 4945 页。
④ 同上。

引古籍 1600 余部，其中小学著作近 40 余部，在所征引的小学著作中也主要以《尔雅》等雅书为主。《文选注》引《尔雅》700 多例，引犍为文学、樊光、李巡、孙炎等汉魏旧注 17 例①。李善注所引《尔雅》均不指出篇名，经过对其引文与今本《尔雅》逐一核对发现，由于《释诂》主要是多词共释，被训词数量较多，所以《文选注》所引，《释诂》仍然是最多的一篇，其次是《释言》。又由于《文选》是文学作品集，草木鸟兽虫鱼，题材广泛，因此《文选注》征引《尔雅》后七篇也相对较多，从中可以看出文学作品与经史传注的不同。我们对《文选注》所征引《尔雅》及其旧注进行了研究，大致可以归纳为以下几个方面。

二 《文选注》引《尔雅》研究

(一)《文选注》征引《尔雅》的方式和特点②

《文选注》征引《尔雅》各篇数量大致如下：《释诂》254 例，《释言》80 例，《释训》27 例，《释亲》7 例，《释宫》46 例，《释器》37 例，《释乐》8 例，《释天》69 例，《释地》36 例，《释丘》12 例，《释山》45 例，《释水》32 例，《释草》34 例，《释木》15 例，《释虫》5 例，《释鱼》11 例，《释鸟》25 例，《释兽》14 例，共 757 例，其中偶有重复者。《文选注》为儒家经典、正史之外的集部诗文赋作之注，与经史传注相比，其注释的规范性、严谨性相对要弱一些，突出体现在其对《尔雅》词条的改变上。

1. 变动训诂术语，如以"曰"易"谓之"、以"曰"易"为"等。《魏都赋》注引"《尔雅》曰：'两阶间曰閾。'"③ 今本《释宫》："两阶间谓之乡。"

2. 增加训诂术语，如增加"曰"，共有 20 余例。《招隐诗》注："《尔雅》曰：'山脊曰冈。'"④ 今本《释山》作"山脊，冈"。

① 参见《中国雅学史》，齐鲁书社 2009 年版，第 40—45 页。
② 参见于珊珊《李善注引〈尔雅〉及其旧注研究》，硕士学位论文，青岛大学，2012 年。
③ （梁）萧统编，（唐）李善注：《文选注》卷 6，中华书局 1990 年影印本，第 102 页下栏。
④ 《文选注》卷 22，第 309 页下栏。

3. 略引，即简省引文，只引注释所需之语词。如《景福殿赋》注引"《尔雅》曰：'荷，芙蕖，其茎茄，其本蔤。'"① 今本《释草》："荷，芙蕖。其茎茄，其叶蕸，其本蔤，其华菡萏，其实莲，其根藕，其中的，的中薏。"

4. 析《尔雅》之叠音词而释《文选》文之单音节词。在《尔雅·释训》中一些被训词是双音节叠音词，为形容写貌之词，多出自《诗》中，大多单用时，词义亦同，因此，李善拆分之以释《文选》单音节词。如张衡《东京赋》："兆民劝於疆场，感懋力以耘耔。"注："《尔雅》曰：'懋，勉也。'"② 今本《释训》："懋懋，勉也。"又，《答苏武书》："异方之乐，秖令人悲，增忉怛耳。"注："《尔雅》曰：'忉，忧也。'"③ 今本《释训》："忉忉，忧也。"

5. 以同义词易《尔雅》训词。《西都赋》："图皇基于亿载，度宏规而大起。"注："《尔雅》曰：'载，年也。'"④ 今本《释天》："载，岁也。夏曰岁，商曰祀，周曰年，唐虞曰载。"又，《赠张徐州谡》注："《尔雅》曰：'疵，痛也。'"⑤ 今本《释诂》："疵，病也。"

6. 化用《尔雅》之文，即根据注释需要，对《尔雅》训词或被训词重新组合，灵活运用。《西都赋》注："《尔雅》曰：'羆，似熊而黄色。'"⑥ 今本《释兽》："羆，如熊，黄白文。"又，《鲁灵光殿赋》："规矩应天，上宪觜陬。"注："《尔雅》曰：'觜陬之星，营室东壁也。'"⑦ 今《释天》："娵觜之口，营室东壁也。"

（二）《文选注》引与今本《尔雅》文字不同

1. 《文选注》引与《尔雅》互为异体字

《西都赋》注："《尔雅》曰：'狻猊，如虥猫，食虎豹。'郭璞曰：'即

---

① （梁）萧统编，（唐）李善注：《文选注》卷11，中华书局1990年影印本，第175页上栏。

② 《文选注》卷3，第60页下栏。

③ 《文选注》卷41，第573页下栏。

④ 《文选注》卷1，第23页上栏。

⑤ 《文选注》卷26，第372页上栏。

⑥ 《文选注》卷1，第29页上栏。

⑦ 《文选注》卷11，第170页上栏。

师子也。'"① 唐石经、今本《尔雅》"猊"作"麑",郭注引《穆天子传》作"猊"。《释文》:"麑,字又作猊。"② 《集韵·齐韵》:"麑,《说文》:'狻麑,兽也。'或从犬。"③ 可见,麑、猊互为异体字。又,《西都赋》注:"《尔雅》曰:'鹭,舂锄。'"④ 唐石经、今本《尔雅》作鉏。《释文》:"锄,字又作鉏。"⑤ 《说文·金部》:"鉏,立薅所用也。"《集韵·语韵》:"鉏,或从助。"⑥ 则《尔雅》与《文选注》所用互为异体。

《文选注》用俗异体字。《西征赋》:"匪择木以栖集,尠林焚而鸟存。"注引"《尔雅》曰:'尠,寡也。'"⑦ 今《释诂》:"鲜,寡也。"鲜,《说文·鱼部》:"鲜,鱼名。出貉国。从鱼,羴省声。"引申为新鲜;寡少。《广韵·狝韵》:"鲜,少也。尠,俗。"⑧ 则尠为鲜的俗异体字。又,《长笛赋》注:"《尔雅》曰:'焚轮谓之颓。'"⑨ 今《释天》:"焚轮谓之穨。"穨,头发脱落,秃貌。《说文·秃部》:"穨,秃皃。从秃,贵声。"段注:"此从贵声,今俗字作颓,失其声矣。"则李善用俗颓字代穨字。

2. 《文选注》引与《尔雅》互为正借字

《文选注》引《尔雅》用正字,今本用借字。如《长门赋》:"观众星之行列兮,毕昴出於东方。"⑩ 注:"《尔雅》曰:'噣谓之毕。'"⑪ 今《释天》作"浊谓之毕"。噣,《说文·口部》:"噣,喙也。"本义是鸟嘴,因其形状与毕网相似,所以又代指毕星。《校勘记》:"《诗序》卢令,

---

① (梁)萧统编,(唐)李善注:《文选注》卷1,中华书局1990年影印本,第28页下栏。

② 《经典释文》卷30,第942页。

③ 《集韵》卷2,《小学名著六种》,第24页下栏。

④ 《文选注》卷1,第29页上栏。

⑤ 《经典释文》卷30,第934页。

⑥ 《集韵》卷5,《小学名著六种》,第77页下栏。

⑦ 《文选注》卷10,第147页下栏。

⑧ (宋)陈彭年等修:《广韵》卷3,《小学名著六种》,中华书局1998年影印本,第73页上栏。

⑨ 《文选注》卷18,第251页上栏。

⑩ 《文选注》卷16,第229页上栏。

⑪ 《诗·卢令序》正义:"《释天》云:'噣谓之毕。'李巡曰:'噣,阴气独起,阳气必止,故曰毕。毕,止也。'孙炎曰:'掩兔之毕或谓之噣,因名星云。'郭璞曰:'掩兔之毕,或呼为噣,因星形以名之。'"(《毛诗正义》卷5,第353页)据《尔雅校勘记》,唐石经、单疏本、雪窗本皆作"浊",然据孔正义与李善注,则传本中有作"噣"者。

注：'毕，噮也。'正义曰：'《释天》云：噮谓之毕。'引李巡、孙炎、郭氏注皆作噮。"① 濁，《说文·水部》："濁，水。出齐郡厉妫山，东北入钜定。"本水名。显而易见，作噮，本字，作浊，借字。又，《思玄赋》注："《尔雅》曰：'妇人之帗谓之繡。'今之香囊，在男曰帗，在女曰繡。"② 唐石经、今本作袆。《校笺》："《释文》袆作帗，云：'本或作袆，又作徽，同。'案：原本《玉篇》徽下引作徽，繡下引作袆，《文选·思玄赋》注引作帗。是旧本传写各有不同。《校勘记》云：'《说文》袆，蔽膝也；帗，囊也。孙炎注以袆为帨巾，郭注以为香缨，义并当从巾。'案：从巾、从衣，义实相通，帗或作袆，犹幨或作襜，阮氏但凭《说文》，未免拘泥。"③ 周氏认为袆、帗义通，因此，或旧本传写不同，不同意阮氏"义并当从巾"之说。《匡名》："《释文》云：'帗本或作袆'，……石经、单疏本作袆，《诗正义·豳风·东山》引作袆，《文选注》十五引'妇人之袆谓之繡'，……《说文·巾部》：'帗，囊也。从巾韦声。'又《衣部》：'袆，蔽膝也。从衣韦声。'郭训帗为香缨，则从巾者为正，衣、巾偏旁通借，故又作袆耳。"④ 严氏与阮氏所论相同，认为《文选注》所引帗为正字，他本袆为借字。

　　《文选注》引《尔雅》用借字，今本用本字。《西都赋》注："《尔雅》曰：'惇，勉也。'"⑤ 今《释诂》作"敦，勉也"。敦，《说文·攴部》："敦，怒也，诋也。"引申有勉义。惇，《说文·心部》："惇，厚也。"王筠《说文句读》："经典多借敦为之。"⑥ 则敦为正字，惇为借字。又，《杂诗》："二别阻汉坻，双崿望河澳。"注："《尔雅》曰：小沚曰泜。"⑦ 今本《释水》《诗正义》《左传正义》、唐石经皆作"小沚曰坻"。《左传·昭公十二年》："有酒如淮，有肉如坻。"注："淮，水名。坻，山名。"正义："案《尔雅》'小洲曰陼，小陼曰沚，小沚曰坻'，何得以坻之小地对淮之大水？故杜以坻为山名，刘炫又以山无名坻者。案，楚子观

---

① 《尔雅注疏校勘记》，第 382 页下栏。

② 《文选注》卷 15，第 213 页下栏。

③ 周祖谟：《尔雅校笺》，云南人民出版社 2004 年版，第 217 页。

④ 《尔雅匡名》卷 6，第 63 页上栏。

⑤ 《文选注》卷 1，第 26 页下栏。

⑥ 《说文句读》，中国书店 1983 年影印本（据 1882 年尊经书局刊本）。

⑦ 《文选注》卷 30，第 432 页上栏。

兵于坻箕之山，坻非山乎？刘以此规杜失，非也。"①《释文》："坻，本又作泜。"② 则《尔雅》古本正作坻，他本又有作泜者，李善因以为训。二字古音皆澄母脂部，音同而借，坻为正字，泜为借字。

3.《文选注》引与《尔雅》互为古今字

（1）《文选注》引《尔雅》用古字，今本用今字。《西京赋》："草则葳莎菅蒯，薇蕨荔芋。"注："《尔雅》曰：'蕨，鳖也。'"③ 今本《尔雅》、唐石经作鳖。《释文》："鳖，字亦作鳖。案此即今蕨菜也，叶初出鳖蕨，因以名云。"④ 则鳖为鳖的后起区别字。又《广韵·薛韵》："鳖，俗作鳖。"⑤ 则鳖为俗字，鳖为正字。又，《子虚赋》注："《尔雅》曰：'騊，如马，一角，不角者骐。'"⑥ 唐石经、今本《释兽》及《公羊传疏》引舍人注皆作驒。《史记集解》《汉书注》引与《文选注》同，作騊。《释文》："驒，本又作騊，同。"⑦ 郝疏："《王会》篇云：'俞人虽马。'孔晁注：'虽马，騊如马，一角；不角者曰骐。'《子虚赋》云：'射游骐。'张揖注引《尔雅》曰：'騊如马，一角，不角者骐。'是张、孔所见魏晋古本驒俱作騊。《释文》'驒，本又作騊'是也。"⑧ 騊，古字；驒今字。

（2）《文选注》引用今字，今本用古字。《东都赋》注："《尔雅》曰：'盘，乐也。'"⑨ 唐石经、今本《释诂》《释文》皆作"般"。《尚书正义》《汉书注》《后汉书注》引皆作盘。《说文·舟部》："般，辟也。象舟之旋，从舟，从殳。殳所以旋也。"甲骨文、金文所从之字非舟，乃盘之象形字，以手旋盘，引申为快乐，安乐，则般为盘的古字。《说文》："槃，承槃也。从木，般声。鎜，古文从金。盘，籀文从皿。"可见，盘与槃异体，段注："今字皆作盘。"则盘为后起通用字。又，《蜀都赋》

① 《春秋左传正义》卷45，第2062页中栏。

② 《经典释文》卷29，第891页。

③ 《文选注》卷2，第44页上栏。

④ 《文选注》卷30，第903页。

⑤ 《广韵》卷5，第127页下栏。

⑥ 《文选注》卷7，第121页上栏。

⑦ 《经典释文》卷30，第942页。

⑧ 《尔雅郭注义疏》卷18，第1024页。

⑨ 《文选注》卷1，第33页上栏。

注："《尔雅》曰：'亢，鸟咙。'"① 唐石经、今本《尔雅》皆作亢。《释文》作亢，在咙下引李巡注亦作亢，可见，《尔雅》本作亢。《说文·亢部》："亢，人颈也。从大省，象颈脉形。"则亢本为人的喉咙，亦引申为鸟的喉咙，后来被吭替代，《玉篇·口部》："吭，鸟咙也。"② 可证。又《玉篇·口部》："咙，《尔雅》曰：'亢，鸟咙。'咙谓喉咙，亢即咽。"③ 由此可见，顾野王时亢已经为今字代替，顾氏引《尔雅》用古字，李善引《尔雅》改作今字。

（3）《文选》与今本皆用古字，《文选注》引《尔雅》为今字。如《长杨赋》："猋腾波流，机骇蜂轶。"注："《尔雅》曰：'扶摇谓之飚。'猋与飚古字通也。"④ 又，《赠徐干》："春鸠鸣飞栋，流猋激榴轩。"注："《尔雅》曰：'扶摇谓之飙。'猋与飙同，古字通。"⑤ 飙，《说文·风部》："飙，扶摇风也。"《广韵·宵韵》："飙，风也。俗作飚。"⑥ 飙为正体，飚为俗体，二字当时俱存。唐石经、今本《释天》《诗正义》引李巡、孙炎注并作猋。《说文·犬部》："猋，犬走皃。"引申作暴风、旋风，后来写作飙。当时古本有作猋者，唐石经、今本皆据古本。

三　《文选注》引《尔雅》旧注研究

《文选注》征引《尔雅》汉魏五家注（未见樊光注）17 处⑦，虽然数量远逊于《五经正义》和《经典释文》，然而也有诸家注文首见于《文选注》引者，而且还可以从一些旧注考见其与郭璞注的源流承继关系。

（一）《文选注》引犍为文学注

《文选注》引共 4 例，3 例称"犍为舍人"，1 例称"郭舍人"。关于舍人注问题，陆德明称犍为文学注（即舍人注）、孔颖达等称舍人注，至

---

① 《文选注》卷 4，第 78 页下栏。

② 《大广益会玉篇》卷 5，第 26 页下栏。

③ 同上书，第 24 页下栏。

④ 《文选注》卷 9，第 137 页下栏。

⑤ 《文选注》卷 24，第 339 页上栏。

⑥ 《广韵》卷 2，第 37 页下栏。

⑦ 据中华书局 1990 年本《文选注》及臧庸《尔雅汉注》（《丛书集成初编》本）统计。

李善注《文选》又有"郭舍人"之说。《羽猎赋》:"储积共偫,戍卒夹道。"注:"郭舍人《尔雅注》曰:'共,具物也。偫,具事也。'"①《释诂》:"供、峙、共,具也。"郭注:"皆谓备具。"郭舍人注与《尔雅》用字不同,盖舍人用"共、偫"为古字、本字,《尔雅》之"供、峙"为今字、借字。《说文》段注:"《周礼》《尚书》供给、供奉字,皆借共为之。"《周礼·天官·小宰》:"令百官府共其财用,治其施舍,听其治讼。"《释文》:"共音恭,《礼》本供字皆作共,可以意求之。"②"具物也"亦供给之意,则共、供为古今字。又,《说文》:"偫,待也。"段注:"储物以待用。"则储、偫同义。据《文选注》则舍人本《尔雅》作偫,经典多假借峙为之。

至于此郭舍人,郝疏称:"宋翔凤言郭舍人即与东方朔为射覆者,其说是也。"③则郝氏与宋氏皆认为舍人姓郭,与东方朔同时,邵晋涵、谢启昆、马国翰等均主此说。马国翰《尔雅犍为文学注》云:"《文选·羽猎赋》注引《尔雅》郭舍人注。张澍《蜀典》谓即与东方朔同时待诏,为隐语,被榜呼詈之郭舍人。又博考汉时官阶,云当是初为郡文学,后补太守卒史,以能诙谐,善投壶,入为待诏舍人也。引者或称文学,或称舍人,要之一人之言。"④叶蕙心《尔雅古注斠》认为郭舍人或即《西京杂记》所云郭威⑤。臧庸《汉注》认为"舍人上衍郭字"⑥。我们认为,舍人、郭舍人、犍为舍人或犍为文学,当为一人,具体姓氏已无可考。观"郭舍人"所释,以具体义界的方式释《尔雅》抽象、笼统的共义,与诸舍人注相同。

(二)《文选注》引李巡注

《文选注》引李巡《尔雅注》4例,有明《尔雅》、郭注句读问题。

---

① 《文选注》卷8,第131页下栏。

② 《周礼注疏》卷3,第654页下栏。

③ 《尔雅郭注义疏》卷1,第222页。

④ (清)马国翰:《玉函山房辑佚书·经编〈尔雅〉类》第五帙第6册《尔雅犍为文学注》卷上,光绪九年(1883)长沙娜嬛馆补校刊本。

⑤ (清)叶蕙心:《尔雅古注斠》,《续修四库全书》第188册,上海古籍出版社1995年影印本,第407页。

⑥ 《尔雅汉注》,第14页。

《伤歌行》："伫立吐高吟，舒愤诉穹苍。"注："李巡《尔雅注》曰：'仰视天形，穹隆而高，其色苍苍，故曰穹苍。'《尔雅》曰：'穹苍，苍天也。'"①《诗正义》两引李巡此注。据李注，《尔雅》"穹苍苍天也"可句读为"穹苍，苍天也"，而《释文·释天》"苍天也"下云"郭以穹及苍苍俱为天称，毛诗传则以苍天释穹苍"，可知郭注本句读应为"穹、苍苍，天也"，今本郭注"天形穹隆，其色苍苍，因名云"，似与李巡注句读同，且李之句读与下文"春为苍天"正合，则《释文》所云不得而知。

从《文选注》引李巡注看，李注有补正《尔雅》、郭注之功。《答客难》："犹是观之，譬由鼱鼩之袭狗，孤豚之咋虎，至则靡耳，何功之有？"注："李巡《尔雅注》曰：'鼱鼩，一名奚鼠。'"②今《尔雅》"鼩鼠"，郭注："小鼱鼩也，亦名鼨鼩。"可见，郭璞用李巡注，并作了补充。又，《过秦论》："秦无亡矢遗镞之费，而天下诸侯已困矣。"注："李巡《尔雅注》曰：'镞，以金为箭镞也。'"③今《释器》"金镞翦羽谓之镞"，李巡注对"镞"作了解释。《吊屈原文》："斡弃周鼎，宝康瓠兮。"注："《尔雅》：'康瓠谓之甄。'李巡曰：'大瓠瓢也。'"④

（三）《文选注》引孙炎注

《文选注》引孙炎《尔雅注》6 例（其中重复 1 例）、《尔雅音》1 例。从《文选注》引可见孙炎注解较汉四家注更为翔实，也可以考见郭璞注对孙炎注的继承与发展，如《蜀都赋》："外则轨躅八达，里闬对出，比屋连甍，千庑万室。"注："《尔雅》曰：'八达谓之崇期。'孙炎曰：'崇，多也。多道会期于此。'"⑤孙炎具体解释了"崇"和"崇期"，郭注作"四道交出"，则本孙炎为释。又，《江赋》："其羽族也，则有晨鹄天鸡，鸧鹒鸥鴔。"注："《尔雅》曰：'翰，天鸡。'孙炎曰：'黑身，一名莎鸡。'"⑥今郭注："小虫，黑身赤头，一名莎鸡，又曰樗鸡。"郭注用

---

① 《文选注》卷 27，第 389 页下栏。

② 《文选注》卷 45，第 629 页下栏。

③ 《文选注》卷 51，第 708 页下栏。

④ 《文选注》卷 60，第 732 页上栏。

⑤ 《文选注》卷 4，第 78 页下栏。

⑥ 《文选注》卷 12，第 187 页上栏。

孙炎注，并加详焉。又，《上林赋》："青龙蚴蟉於东箱，象舆婉僤於西清。"① 注："孙炎《尔雅注》曰：'箱，夹室前堂也。'"《尔雅·释宫》："室有东西厢曰庙。"郭注："夹室前堂。"从《文选注》引可见：其一，郭璞用孙炎注；其二，李善遵《文选》改《尔雅》，即李巡注之箱，《尔雅》诸本皆作厢，箱通作厢，由于《赋》文用箱字，李善引李巡注亦改厢为箱。

四 《文选注》引雅书的价值

从唐人征引雅书看，汉魏晋至唐不但注家较多，而且传本也较多，既有官刻、官藏，也有民间"流俗"本。李善《文选注》所引《尔雅》及其旧注保留了《尔雅》传本的异文情况，为清人厘清《尔雅》版本文字歧异现象提供了宝贵的资料。清代学者邵晋涵《尔雅正义》、郝懿行《尔雅义疏》、阮元《尔雅校勘记》、张宗泰《尔雅注疏本正误》等都征引《文选注》作为研究的依据，为此，我们对清人引用《文选注》的情况作了粗略的研究，大致有以下几种情况。

（一）据《文选注》引，证传本《尔雅》有衍文。《东都赋》："霆击昆阳，凭怒雷震。"注："《尔雅》曰：'疾雷为霆。'"② 今《释天》："疾雷为霆霓。"郝疏："霓字衍也，知者《文选·东都赋》注及《书钞》一百五十二、《类聚》二、《初学记》一、《御览》十三并引作'疾雷为霆'，无霓字，知今本衍也。"③ 周祖谟《校笺》："霓字盖因上文蜺字衍。案：慧琳《音义》卷八十七引亦作'疾雷为霆'，与《北堂书钞》《艺文类聚》等所引相同。《字镜》卷九之部'霆'下云：'疾雷为霆。'《字镜》训解多录自梁顾野王《玉篇》，是顾氏所据《尔雅》旧本并无霓字。今所见唐写本残卷亦误衍霓字。"④ 由此可见，今本《尔雅》"疾雷为霆霓"之霓字确为衍文。

（二）据《文选注》引，证传本《尔雅》为倒文。《为齐明帝让宣城

---

① 《文选注》卷5，第125页下栏。
② 《文选注》卷1，第30页下栏。
③ 《尔雅郭注义疏》卷8，第576页。
④ 《尔雅校笺》，第227页。

郡公第一表》："愚夫一至，偶识量已。"注："《尔雅》曰：'偶，遇也。'郭璞曰：'偶尔值也。'"① 又，《与山巨源绝交书》："吾直性狭中，多所不堪，偶与足下相知耳。"注："偶谓偶然，非本志也。《尔雅》曰：'偶，遇也。'郭璞曰：'偶，值也。'"② 今《释言》："遇，偶也。"郭注："偶尔相值遇。"从今本郭注看，《尔雅》当为"偶，遇也"，正与《文选注》引同。邵氏《正义》："《文选注》引《尔雅》：'偶，遇也。'《众经音义》亦引作'偶，遇也。'《文选注》引郭璞云：'遇，值也。'《众经音义》引郭注：'偶尔相值者矣。'与今本微异。"③ 邵氏指出《文选注》引《尔雅》及郭注与传本的不同，但未指明原因，阮元《校勘记》在一一列出《文选注》及《一切经音义》征引《尔雅》、郭注此条之后，云："据此知唐以前《尔雅》作'偶，遇也'，郭注作'偶尔相值'，值即释经之遇。今本经又误倒，注衍遇字。"④ 周祖谟《校笺》："案：阮元据李善《文选注》及玄应《音义》定《尔雅》'偶''遇'二字误倒，是也。《万象名义》及《字镜》亦云：'偶，遇也。'"⑤

（三）据《文选注》引，证《尔雅》有不同版本。《释宫》："东西墙谓之序。"《鲁灵光殿赋》："东序重深而奥祕。"注："《尔雅》曰：'东西厢谓之序。'"⑥ 今本《尔雅》作墙，《文选注》引作厢，郝疏："序者，《说文》云：'东西墙也。'《书·顾命》正义引孙炎曰：'堂东西墙，所以别序内外也。'《御览》一百八十五引舍人曰：'殿东西堂，序尊卑处。'按东西堂即东西厢，义见下文。舍人本墙，盖作厢，故《书正义》及《文选》《后汉书注》《御览》并引《尔雅》'东西厢'，从舍人本也。郭从孙炎本作墙，与《说文》合。"⑦ 臧庸《汉注》："案：孙郭皆作墙，《御览》引舍人《尔雅》作厢，则作厢疑即舍人本，郭从孙，不从舍人。"⑧ 可见，《尔雅》此句有两种版本。又，《补亡诗》："玉烛阳明，显

---

① 《文选注》卷38，第536页上栏。

② 《文选注》卷43，第601页上栏。

③ 《尔雅正义》卷3，第98页下栏。

④ 《尔雅注疏校勘记》，第352页上栏。

⑤ 《尔雅校笺》，第200页。

⑥ 《文选注》卷11，第169页下栏—第170页上栏。

⑦ 《尔雅郭注义疏》卷5，第465页。

⑧ 《尔雅汉注》卷上，第53页。

猷翼翼。"注:"《尔雅》曰:'四气和谓之玉烛。'"① 今《释天》:"四时和谓之玉烛。"《校勘记》:"四气和谓之玉烛,唐石经、单疏本、雪窗本同,注疏本作四时,非。按,邢疏引《尸子》云:'四气和为正光,此之谓玉烛。'此经无'为正光',故直言'谓之玉烛'。"②

(四)据《文选注》引,补今本之脱佚。《东都赋》:"西都宾矍然失容,逡巡降阶。"注:"郭璞《尔雅注》曰:'逡巡,却去也。'"③ 今《释言》"逡,退也"条,无郭注"逡巡,却去也"之文。邵氏《正义》曰:"《文选注》引郭璞《尔雅注》云:'逡巡,却去也。'监本阙,今据补。"④ 张宗泰《尔雅注疏本正误》(以下简称"《正误》")曰:"'逡,退也',按《文选·东都赋》注引郭璞《尔雅注》曰'逡巡,却去也',今本无之,当在'外传曰'之上。"⑤

(五)据《舍人注》引,正郭注之失。如贾谊《吊屈原赋》:"般纷纷其离此尤兮,亦夫子之故也。"注:"犍为舍人《尔雅注》曰:'尤,怨人也。'"⑥《尔雅》诸本皆作"邮,过也",郭注"道路所经过",与《文选注》引犍为舍人注不同。臧庸《汉注》:"《列子·杨朱》篇'矜清之邮,殷敬顺',《释文》引《尔雅》'尤,过也',是邮、尤通。郭读作邮驿字,误也。《宾之初筵》'不知其邮',笺'邮,过也'。"⑦ 臧氏指出《尔雅》邮为借字,郭注有误。郝懿行《义疏》直刺"郭缘词生训,以邮为邮驿之邮,误矣"⑧。

(六)《文选注》引《尔雅》亦有不见于今本者。《吴都赋》卷五:"斯实神妙之响象,嗟难得而觏缕。"注:"《尔雅》曰:嗟,楚人发语端也。"⑨ 今本《尔雅》无此句。又,《吴都赋》卷五:"其下则有枭羊、麝

① 《文选注》卷19,第237页上栏。

② 《尔雅注疏校勘记》,第379页下栏。

③ 《文选注》卷1,第35页上栏。

④ 《尔雅正义》卷3,第97页下栏。

⑤ (清)张宗泰:《尔雅注疏本正误》卷2,《续修四库全书》第187册,上海古籍出版社1995年版,第328页下栏。

⑥ 《文选注》卷60,第832页下栏。

⑦ 《尔雅汉注》,第28—29页。

⑧ 《尔雅郭注义疏》,第357页。

⑨ 《文选注》卷5,第84页下栏。

狼、猰貐、貜象、乌菟之族。”注：“《尔雅》曰：‘枭羊，一名万。’万如
人，面长唇黑，身有毛及踵，见人则笑，左手操管。”① 今本《尔雅》无，
而《释兽》有“狒狒如人，被发迅走，食人”，郭注：“枭羊也。”

五　《文选注》引雅书存在的问题

（一）遵从《文选》改《尔雅》文

　　《鲁灵光殿赋》：“规矩应天，上宪觜陬。”注：“《尔雅》曰：‘觜陬
之星，营室东壁也。’”② 今《释天》《诗正义》引孙炎、唐石经作“娵觜
之口”，郭注：“营室东壁星四方，似口，因名云。”可见，《文选注》引
因“上宪觜陬”，而改《尔雅》之文，并顺文义改“之口”为“之星”。
又，《为贾谧作赠陆机》：“廊庙惟清，俊乂是延。”注：“《尔雅》曰：
‘室有东西厢曰廊。’”③ 今《释宫》：“室有东西厢曰庙。”郝疏：“《文
选·为贾谧作赠陆机》诗注引《尔雅》庙作廊，盖字形之误。”④ 实则李
善遵从《文选》以改《尔雅》。
　　又，今本《尔雅》“玉谓之雕”，《文选注》5 次征引，皆顺赋文而为
释：其中 3 处为“琱”，其一，《南都赋》：“琢琱狎猎，金银琳琅。”注：
“《尔雅》曰：‘玉谓之琱。’琱与彫，古字通也。”⑤ 其二，《长杨赋》：
“却翡翠之饰，除彫琢之巧。”注曰：“《尔雅》曰：‘玉谓之琱。’”⑥ 其
三，《思玄赋》：“辚琱舆而树葩兮，扰应龙以服辂。”注：“《尔雅》曰：
‘玉谓之琱。’”⑦ 一处为“彫”，马融《长笛赋》：“丸梃彫琢，刻镂钻
筡。”注：“《尔雅》曰：‘玉谓之彫。’”⑧ 又顺赋文而为“彫”。一处为
“雕”，《西都赋》：“雕玉瑱以居楹，裁金璧以饰珰。”注：“《尔雅》：‘玉

① 《文选注》卷 5，第 86 页上栏。
② 《文选注》卷 11，第 170 页上栏。
③ 《文选注》卷 24，第 350 页下栏。
④ 《尔雅郭注义疏》，第 494 页。
⑤ 《文选注》卷 4，第 71 页下栏。
⑥ 《文选注》卷 9，第 137 页下栏。
⑦ 《文选注》卷 15，第 220 页下栏。
⑧ 《文选注》卷 18，第 254 页下栏。

谓之雕。'"① 则又作雕。严氏《匡名》："《文选注》四引（四，又九，又十五，又十八）皆作琱，唯第一卷引作雕，盖后人所改。"② 严氏所论非，是不明李善遵从《文选》改《尔雅》之例。

（二）有征引错误

《思玄赋》："云菲菲兮绕余轮，风眇眇兮震余旟。"注："《尔雅》曰：错鸟隼为旟，此谓合剥鸟皮毛，置之竿头，即《礼记》所谓载鸿及鸣鸢也。"③ 今本《尔雅》《毛传》《说文》《诗疏》引李巡、孙炎注、唐石经皆作"错革鸟曰旟"，郭注："此谓合剥鸟皮毛置之竿头，即《礼记》云载鸿及鸣鸢。"皆与李善所引不同。《周礼·司常》："熊虎为旗，鸟隼为旟。"④ 盖《文选注》引因《周礼》而误。

《文选注》也有误引他书为《尔雅》者，如《两都赋》："五谷垂颖桑麻铺棻。"注："《尔雅》曰：'铺，布也。'"⑤ 此为《广雅·释诂》文。又《文选》："爰有蓝田珍玉，是之自出。"注："《尔雅》曰：'爰有寒泉。'"⑥ 此为《诗·邶风·凯风》文。

---

① 《文选注》卷1，第25页上栏。
② 《尔雅匡名》卷6，第65页。
③ 《文选注》卷15，第222页上栏。
④ 《周礼注疏》卷27，第826页中栏。
⑤ 《文选注》卷1，第24页下栏。
⑥ 《文选注》卷2，第37页下栏。

第六章

《汉书注》引雅书研究

一 概述

班固《汉书》是继司马迁《史记》之后专记汉代历史的又一部重要史书,由于该书多古字古语,因此自问世至隋唐时期,注音、释义之作颇多,仅《隋志》就有20余家,然而"服应曩说,疏紊尚多;苏晋众家,剖断盖尟;蔡氏纂集,尤为牴牾"①,于是颜师古采摭众家之说,撰成《汉书注》。

据《旧唐书》本传,颜师古,名籀,雍州万年(今陕西西安)人,是齐黄门侍郎颜之推的孙子。其父颜思鲁亦以学艺称,武德初为秦王府记室参军。师古少传家学,博览群书,善属文,尤精诂训。高祖起兵之初,凡制诰皆出其手。后太宗以经籍去圣久远,文字讹谬,令师古于秘书省考订五经,师古多所厘正,撰成《五经定本》,"奏之,太宗复遣诸儒重加详议。于时诸儒传习已久,皆共非之。师古辄引晋宋已来古今本,随言晓答,援据详明,皆出其意表,诸儒莫不叹服"②。贞观七年(633)拜秘书少监,专典刊正所有奇书难字,众所共惑者,随宜剖析,曲尽其源。贞观十一年(637)撰定《五礼》后,奉太子承乾之命注《汉书》。师古精于三苍、《尔雅》之学,文字功底深厚,治学严谨,其注《汉书》:首先,订正《汉书》在流传中产生的文字讹误脱漏,恢复《汉书》旧貌;其次,阐明由于时代的推移所出现的语音、词义的变化,注音、释词、辨古今字、假借字;再次,阐明名物、典制、史实的不同等问题。可见,师古注

---

① (汉)班固撰,(唐)颜师古注:《汉书》第1册,中华书局1997年点校本,第1页。
② 《汉书》卷73,第8册,第2594页。

《汉书》极重训诂，"上考典谟，旁究苍雅，非苟臆说，皆有援据"①，解释详明，深为学者所重，成为《汉书》最优秀的古注。除《汉书注》外，颜师古还著有《急就章注》《匡谬正俗》，都是极见颜师古语言文字功力的力作，大显于时，又有文集四十卷传世。

颜师古注《汉书》引《尔雅》近40例，转引刘德、郑氏、应劭、服虔、如淳、臣瓒、邓展、苏林、张揖、文颖等汉魏六朝十位学者引《尔雅》之文14例，而舍人、樊光、李巡、孙炎等汉魏《尔雅》旧注却少见。尽管如此，颜师古所征引的《尔雅》还是给雅学研究带来了很多有益的资料和启示。

二 《汉书注》转引《尔雅》

（一）对前人征引《尔雅》予以肯定

1. 对前人注引《尔雅》释义的肯定。《汉书·昭帝纪》："栘中监苏武前使匈奴，留单于庭，十九岁乃还。"注："苏林曰：'栘音移，厩名也。'应劭曰：'栘，地名。监，其官也，掌鞍马鹰犬射猎之具。'如淳曰：'栘，《尔雅》唐棣，栘也。栘园之中有马厩也。'"②关于栘，苏林认为是马厩名，应劭认为是地名，而如淳引《释木》解栘为栘树，此指栘树之园，非厩名，亦非地名，师古认为"如说是"。又《汉书·元帝纪》："秋七月庚子，复太上皇寝庙园、原庙。"注："文颖曰：'高祖已自有庙，在长安城中，惠帝更于渭北作庙，谓之原庙。《尔雅》曰原者再，再作庙也。'晋灼曰：'原，本也。始祖之庙，故曰本也。'师古曰：'文说是。'"③又《汉书·礼乐志》："绳绳意变，备得其所。"注："应劭曰：'绳绳，谨敬更正意也。'孟康曰：'众多也。'臣瓒④曰：'《尔雅》绳绳，戒也。'师古曰：'瓒说是也。'"⑤

2. 对前人注引《尔雅》版本文字的肯定。《汉书·叙传》："守突奥之

---

① （汉）班固撰，（唐）颜师古注：《汉书》第1册，中华书局1997年点校本，第3页。

② 《汉书》卷7，第1册，第223—224页。

③ 《汉书》卷9，第1册，第297页。

④ 苏林、应劭、如淳、文颖、晋灼、孟康、臣瓒，皆为汉末魏晋时人，曾注《汉书》。

⑤ 《汉书》卷22，第4册，第1054页。

荧烛,未卬天庭而睹白日也。"注:"应劭曰:'《尔雅》东南隅谓之突,西南隅谓之奥。'师古曰:'突、奥,室中之二隅也。突音鸟了反,其字从穴夭声也。'"① 突,今《尔雅》作窔。师古对应劭所引《尔雅》之文进一步解释,并着重说明了"突"之字音、字形。《集韵·啸韵》:"窔,室中东南隅谓之窔。或作突。"② 周祖谟《校笺》:"突,《汉书·叙传》应劭注引作突。《汉书·扬雄传》残卷中日人引姚察《训纂》所引《尔雅》亦作突,……案:依音,此字当从穴从夭。"③ 可见,应劭所引当为《尔雅》古本,因此,师古注音并解说字形,以别于当时传本。又,《汉书·司马相如传》:"乘遗风,射游骐。"注:"张揖曰:《尔雅》曰:'觿,如马,一角;不角者曰骐。'师古曰:'觿音攜。'"④ 觿,今《释兽》作驨。郝疏:"《公羊·哀十四年》疏引舍人云:'驨,如马而有一角,不有角者名骐。'《王会》篇云:'俞人虽马。'孔晁注:'虽马,觿如马,一角,不角者曰骐。'《子虚赋》云:'射游骐。'张揖注引《尔雅》曰:'觿如马,一角,不角者曰骐。'是张、孔所见魏晋古本驨俱作觿,《释文》'驨,本又作觿'是也。"⑤ 据郝疏,魏晋时期的张揖、孔晁本作觿,与师古所引合,与舍人本、《释文》本异。

(二) 对前人注引《尔雅》予以补充说明

《汉书·百官公卿表上》:"又牧橐、昆蹏令丞,皆属焉。"注:"应劭曰:'昆蹏,好马名也。'如淳曰:'《尔雅》曰昆蹏研,善升甗者也,因以为厩名。'师古曰:'昆,兽名也。蹏研者,谓其蹏下平也。善升甗者,谓山形如甑,而能升之也。蹏,即古蹄字耳。'"⑥ 师古对如淳注引《尔雅》之文作了疏通,据师古注,《尔雅》此句当句读为"昆,蹏研",今注本作"昆蹏,研"。《释文》:"騉,本亦作昆;蹄,字或作蹏;研,本或作研。舍人云:'騉蹄者,阔蹄也;研,平也。谓蹄平正,善升甗者。'"

---

① 《汉书》卷100上,第12册,第4227—4228页。

② 《集韵》卷8,第133页下栏。

③ 《尔雅校笺》卷中,第210—211页。

④ 《汉书》卷57,第8册,第2539—2540页。

⑤ 《尔雅郭注义疏》卷18,第1024页。

⑥ 《汉书》卷19,第3册,第792页。

李云：'駬者，其蹄正坚而平，似研也。'"① 据《释文》可知，如淳注引《尔雅》本作"昆蹏研"，用字与舍人、李巡等传本不同。

（三）《汉书注》对前人注引《尔雅》予以订正

《汉书·叙传下》："万石温温，幼寱圣君。"注："邓展曰：'《尔雅》寱、逢，遇也。'师古曰：'此说非也。言万石幼而恭谨，感寱高祖，以见识拔也。《尔雅》云遻遇也，非谓寱也。'"② 今《释诂》："遇，遻也。"郝疏："遻，通作寱，《汉书叙传》云：'幼寱圣君。'集注邓展曰：'《尔雅》寱、逢，遇也。'"③《释文》："遻也，字又作迂，同，五故反。"则《汉书》用借字，邓展顺文改雅，颜师古以《尔雅》本字予以揭明。

就颜师古的学术成就看，他在语言文字训诂方面的贡献要高于他的经学成就，例如，《汉书注》虽然明引《尔雅》较少，但从他对转引汉魏六朝学者引《尔雅》的疏通看，颜氏既能从文字本身音、形、义角度予以疏通，也能从文字应用过程中产生的古今、假借、异体现象方面对《尔雅》传本文字异同予以揭示。这种透过现象挖掘深层原因的做法，已经涉及雅学研究、语言学研究较深层面，可以说，唐初大规模的经典训诂工作，促使经学家、小学家们对语言现象进行思考，并把他们的感悟反映在他们的注释之中。

三 《汉书注》直引《尔雅》

《汉书注》直接引用《尔雅》相对《五经正义》和《文选注》要少，但从颜师古所明引《尔雅》之文与今本相校，仍然可以发现一些问题。

（一）《汉书注》引《尔雅》与今本文字不同

1.《汉书注》所引《尔雅》有与传本《尔雅》不同者。如《汉书·地理志上》："薮曰扬纡。"注："《尔雅》曰：'秦有扬纡。'而此以为冀

---

① 《经典释文》卷30，第949页。

② 《汉书》卷100下，第12册，第4251页。

③ 《尔雅郭注义疏》卷又1，第166页。

州，未详其义及所在。”[①] 今本《释地》作“秦有杨陓”，与师古所引不同。《校勘记》：“陓，唐石经、雪窗本同。《释文》：‘陓，孙於于反；郭乌花反，本或作纡字，非也。’《经义杂记》曰：《周礼·职方氏》‘其泽薮曰杨纡’、《说文》云‘九州之薮，冀有杨纡’、《淮南·坠形》‘秦之杨纡’、《风俗通·山泽》引《尔雅》‘秦有阳纡’、刘昭注《续汉·郡国志》引《尔雅》‘秦有杨纡’，则《释地》旧本皆是纡字，郭本定为陓，陆反以纡为非，不知孙叔然‘於于反’，亦作纡也。”[②] 可见，《释文》认为《尔雅》他本作纡，非；虽阮氏引臧琳《经义杂记》明《周礼》《淮南》《说文》等均作纡，然师古注所引《尔雅》本不可轻易否定。周祖谟《校笺》：“《御览》卷七十二引亦作‘纡，音讴’。‘音讴’盖亦郭注原文。唐写本‘陓’字旁注‘乌侯’，即郭璞《音义》之音，‘乌侯反’与‘音讴’正合。”[③] 则纡与陓异文。又，《汉书·天文志》：“在酉曰作詻。”注：“《尔雅》作作噩。”[④]《隶释·汉殽阬君神祠碑》：“迄光和四年，作詻之岁。”洪适释：“此碑以作噩为作詻者，出《西汉·天文志》。”[⑤] 可见，《汉书》与师古所见《尔雅》文字已有不同，未知孰是。

2.《汉书注》引《尔雅》有与今本互为异体者。《汉书·高后纪》：“或以为不便，计犹豫，未有所决。”注：“《尔雅》曰：‘犹如麐，善登木。’”[⑥] 今《释兽》麐作麂。《集韵·旨韵》麂同麐[⑦]，则麐与麂为异体字，《汉书注》引为正体，今本《尔雅》为或体。又，《汉书·司马相如传》：“于是乎玄猨素雌，蜼玃飞蠝。”注：“《尔雅》曰‘玃父善顾也。’”[⑧] 今《尔雅》玃作貜。郝疏：“貜，当作玃。”[⑨]《释文》：“貜，字亦作玃。”[⑩] 则貜与玃互为异体。又，《汉书·贾邹枚路传》：“是以申徒狄

① 《汉书》卷28上，第6册，第1541页。
② 《尔雅注疏校勘记》，第387页上栏。
③ 《尔雅校笺》，第237页。
④ 《汉书》卷26，第5册，第1290页。
⑤ （宋）洪适：《隶释》卷2，《四部丛刊》三编史部，商务印书馆1935年影印本。
⑥ 《汉书》卷3，第1册，第101页
⑦ 《集韵》卷3，第62页下栏。
⑧ 《汉书》卷57上，第8册，第2562页。
⑨ 《尔雅郭注义疏》卷18，第1031页。
⑩ 《经典释文》卷30，第934页。

蹈雍之河。"注:"《尔雅》曰:'江有沱,河有雍。'"① 沱,今《释水》作沱。《集韵·戈韵》:"沱,或作沱。"②《文选·江赋》:"疏之以沱汜,鼓之以朝夕。"注:"《尚书》曰:'沱潜既导。'孔安国曰:'沱,江别名也。'"③ 则师古所引沱与沱异体。又,《汉书·西域传》:"皆与罽宾同,而有桃拔、师子、犀牛。"注:"孟康曰:'师子似虎,正黄,有髯耏,尾端茸毛大如斗。'师古曰:'师子即《尔雅》所谓狻猊也。狻音酸,猊音倪。'"④ 今《释兽》:"狻麑如虦猫,食虎豹。"《释文》:"麑,字又作猊,牛奚反。"⑤《校勘记》对经、注异文情况多有揭示,云:"狻猊日走五百里,单疏本、雪窗本同。《释文》音经'麑字又作猊'。按,此经作麑,注作猊。"⑥ 严氏《匡名》:"卢学士曰:'《汉书注》九十六、《初学记》廿九、《文选注》一引《尔雅》皆作猊,但《说文》无此字,作麑为正。'"⑦《集韵·齐韵》:"麑,《说文》:'狻麑,兽也。'或从犬。"⑧ 可见,师古引《尔雅》为或体,今本《尔雅》为正体。

3. 《汉书注》引《尔雅》有与今本互为通假字者。《汉书注》引《尔雅》用本字,如《汉书·叙传上》:"侯屮木之区别兮,苟能实而必荣。"注:"应劭曰:'侯,维也。'师古曰:'侯,发语辞也。《尔雅》曰伊、惟,侯也。'"⑨ 应劭"侯,维也"是本《尔雅》为训,今《释诂》"伊、维,侯也"。师古引《尔雅》补证应劭注,所引又与今本不同。郝疏:"维者,惟之假音也。《玉篇》云:'惟,有也,辞也,伊也。'《离骚》云:'惟庚寅吾以降。'王逸注:'惟,辞也。'《文选·羽猎赋》注引《韩诗章句》亦云:'惟,辞也。'《东京赋》及《甘泉赋》注并云:'惟,有也。'《东征赋》注又云:'惟,是也。'是与有亦皆语词也。通作

① 《汉书》卷51,第8册,第2346—2347页。

② 《集韵》卷3,第49页上栏。

③ 《文选注》卷12,第189页上栏。

④ 《汉书》卷96上,第12册,第3889页。

⑤ 《经典释文》卷30,第924页。

⑥ 《尔雅注疏校勘记》,第449页下栏。

⑦ 《尔雅匡名》卷18,第135页下栏。

⑧ 《集韵》卷2,《小学名著六种》,第24页下栏。

⑨ 《汉书》卷100上,第12册,第4233页。

维。"① 则《汉书注》引惟为本字，今《尔雅》作维，借字。

《汉书注》引《尔雅》用借字。如《汉书·司马相如传》："左苍梧，右西极。"注："《尔雅》曰'西至于幽国'为西极，在长安西，故言右也。"② 今《释地》幽作邠。郝疏："《释文》云：'邠，本或作幽。'《说文》作汃，云'西极之水也'，引《尔雅》曰：'西至汃国谓四极。'《文选·上林赋》注文颖引《尔雅》曰：'至于幽国为西极。'"③ 严氏《匡名》："经典相承，邠、幽同用，然此字当作汃，《说文·水部》：'汃，西极之水也。从水八声。'《尔雅》曰：'西至汃国谓四极。'案：汃，从八声，分亦从八声，声相近，故汃讹为邠，邠地近在扶风，何极之可言？"④ 据此，本作汃，邠、幽皆借字。

4.《汉书注》引《尔雅》有与今本互为古今字者。《汉书注》引《尔雅》用古字，如《汉书·刑法志》："定出赋六千四百井，戎马四百匹，兵车百乘，此卿大夫采地之大者也。"注："采，官也。因官食地，故曰采地。《尔雅》曰：'采、寮，官也。'说者不晓采地之义，因谓菜地，云以种菜，非也。"⑤ 采，今《释诂》作寀。郑珍《新附考》："诸经子史'采地'字止作采，唯《尔雅·释诂》'寀、寮，官也'作寀。……知古本原是采字，后人涉寮加宀，已后字书遂本之。"⑥ 又，《汉书·贾邹枚路传》："是以申徒狄蹈雍之河。"注："《尔雅》曰'水自河出为雍'，又曰：'江有沱，河有雍。'"⑦ 雍，今《尔雅》作灉。《说文》段注："灉，隶作雍。"灉又为灉的古字，可见，师古顺文改雅，灉亦为雍之今字。又，《汉书·地理志上》："平原郡，般。"注："如淳曰：'般音如面般之般。'韦昭曰：'音逋垣反。'师古曰：'《尔雅》说九河云：钩般，郭璞以为水曲如钩，流般桓也。然今其土俗用如、韦之音。'"⑧ 今《释水》般作

① 《尔雅郭注义疏》卷2，第262页。

② 《汉书》卷57上，第8册，第2547—2548页。

③ 《尔雅郭注义疏》卷9，第649页。

④ 《尔雅匡名》卷9，第83页上栏。

⑤ 《汉书》卷23，第4册，第1082—1083页。

⑥ 转引自《汉语大字典》，第940页左栏。

⑦ 《汉书》卷51，第8册，第2346页。

⑧ 《汉书》卷28上，第6册，第1579—1580页。

盘，周祖谟《校笺》："盤，唐写本作般，注文同。"①《释文》："般，步干反。本又作盤。"② 则唐以前本主要作般。郝疏："《后汉书·公孙瓒传》'遂出军，屯槃河'、《袁绍传》'还屯槃河'，章怀注：'槃，即《尔雅》九河钩槃之河也。'"③ 则又作槃。严氏《匡名》云："石经、单疏本作盤，《广韵》引亦作盤。《后汉书注》七十三、又七十四上引作槃。案：《说文·木部》：'槃，承槃也。从木般声。古文从金作鎜，籀文从皿作盤。'"④ 槃与盤异体字，均为般的后起区别字。颜师古注引《尔雅》用古字，与今本不同。

（二）《汉书注》征引《尔雅》的特点

1. 以《尔雅》明《汉书》多古语。《汉书·惠帝纪》："上造以上及内外公孙、耳孙有罪当刑及当为城旦舂者。"注："应劭曰：'耳孙者，玄孙之子也。言去其曾高益远，但耳闻之也。'晋灼曰：'耳孙，玄孙之曾孙也。《诸侯王表》在八世。'……耳孙，诸说不同……耳音仍……据《尔雅》'曾孙之子为玄孙，玄孙之子为来孙，来孙之子为昆孙，昆孙之子为仍孙'，从己而数，共为八叶，则与晋说相同。仍、耳声相近，盖一号也。但班氏唯存古名，而计其叶数，则错也。"⑤《类篇·耳部》："昆孙之子为耳孙。"⑥ 后多以"耳孙"引申泛指远代子孙。师古以《尔雅》等典籍证晋灼之说是，又从声音角度明仍、耳声近义通，据《尔雅》当作仍孙，并指出班固《汉书》用耳孙之称，是存古名而已。又，《汉书·郊祀志上》："留二日，湛祠而去。"注："湛读曰沈。谓沈祭具于水中也。《尔雅》曰：'祭川曰浮沈。'"⑦《说文·水部》："湛，没也。"段注："古书浮沈字多作湛。湛、沈，古今字，沉又沈之俗也。"颜氏以"湛读曰沈"及引《尔雅》为证，表明《汉书》用古字，《尔雅》用今字。

2. 关于"尔雅"之名义。关于"尔雅"的名义，最早作出明确解释

---

① 《尔雅校笺》，第258页。

② 《经典释文》卷29，第892页。

③ 《尔雅郭注义疏》卷12，第718页。

④ 《尔雅匡名》卷12，第93页上栏。

⑤ 《汉书》卷2，第1册，第85、87—88页。

⑥ （宋）司马光等：《类篇》卷12上，中华书局2003年影印本，第439页下栏。

⑦ 《汉书》卷25上，第4册，第1237页。

的是汉末刘熙的《释名》。《释名·释典艺》："《尔雅》，尔，昵也；昵，近也。雅，义也；义，正也。五方之言不同，皆以近正为主也。"① 与刘熙同时代的学者魏张晏对《尔雅》也有类似的解释。《汉书·艺文志》："《尔雅》三卷二十篇。"注："张晏曰：'尔，近也。雅，正也。'"② 颜师古注引张晏关于"尔雅"名义的训释，间接地表明师古遵从前贤的态度。

"尔雅"既是一部经学训释词典的名称，同时也是先秦两汉时通行的一个普通褒义词语，多见于《史记》《汉书》中，颜师古一一为之训释。《汉书·儒林传》："明天人分际，通古今之谊，文章尔雅，训辞深厚。"注："尔雅，近正也，言诏辞雅正而深厚也。"③ 又，《汉书·公孙弘传》："齐相雅行躬耕。"注："晋灼曰：'雅，正也。'师古曰：'晋说是也。言其行雅正，又躬耕也。'"④ 颜师古所释，正是继承了刘熙、张晏、晋灼等人对书名"尔雅"的解释。《汉书·王莽传》："其文尔雅依托，皆为作说。"注："尔雅，近正也。谓近于正经，依古义而为之说。"⑤ 显然这是在解释书名"尔雅"的含义、性质。

3.《汉书注》引《尔雅》广异名。《汉书·武帝纪》："三年春二月，御史大夫王卿有罪，自杀。初榷酒酤。"注："榷者，步渡桥，《尔雅》谓之石杠，今之略彴是也。"⑥ 从颜注可见，《汉书》之榷与《尔雅》之石杠为异名，略彴为今称名。又，《汉书·司马相如传》："樱桃蒲陶。"注："樱桃，即今之朱樱也。《礼记》谓含桃，《尔雅》谓之荆桃。"⑦

4.《汉书注》为《尔雅》注音。《汉书·郊祀志上》："东海致比目之鱼。"注："《尔雅》云：'东方有比目鱼焉，不比不行，其名谓之鲽。'音土盍反。"⑧ 不但引《尔雅》证明，而且为鲽注了音。又，《汉书·五行志》："宣公十五年'冬，蝝生'。"注："《尔雅》曰：'蝝，蝮蜪。'说者

---

① （汉）刘熙：《释名》卷6，《中华汉语工具书书库》第51册，安徽教育出版社2002年影印本，第477页上栏。

② 《汉书》卷30，第1718—1719页。

③ 《汉书》卷88，第11册，第3594—3595页。

④ 《汉书》卷58，第9册，第2627页。

⑤ 《汉书》卷99，第12册，第4112—4114页。

⑥ 《汉书》卷6，第1册，第204页。

⑦ 《汉书》卷57，第8册，第2559—2560页。

⑧ 《汉书》卷25上，第4册，第1197—1198页。

以为蠡蝗之类。蝮音蒲北反，又音服。蜪音徒高反。"①

　　5. 正今本《尔雅》句读之误。《汉书·魏豹田儋韩王信传》："齐王曰：'蝮蠚手则斩手，蠚足则斩足。'"注："应劭曰：'蝮，一名虺。蠚，螫也。螫人手足则割去其肉，不然则死。'颜师古曰：'《尔雅》及《说文》皆以为蝮即虺也，博三寸，首大如擘，而郭璞云各自一种蛇。其蝮蛇，细颈大头焦尾，色如绶文，文间有毛，似猪鬣，鼻上有针，大者长七八尺，一名反鼻，非虺之类也。以今俗名证之，郭说得矣。虺若土色，所在有之，俗呼土虺。其蝮唯出南方。'"② 这里，颜师古指出《尔雅》《说文》"蝮即虺"是错误的，认为郭璞注以为"各自一种蛇"是正确的，并对之作了详细的补正。从颜师古注及所引应劭注看，此句当标点为"蝮，虺，博三寸，首大如擘"，可以纠正现代《尔雅》注本把"蝮虺"当作一物，而未句读的错误。

　　此外，《汉书·司马相如传》："蹵蛩蛩，辚距虚。"注引"张揖曰：'蛩蛩，青兽，状如马。距虚，似羸而小。'郭璞曰：'距虚即蛩蛩，变文互言耳。'师古曰：'据《尔雅》文，郭说是也。'"③ 张揖认为"蛩蛩距虚"是两兽，郭璞认为是一物，师古注否定了张揖之说，肯定了郭璞之注，为后来《尔雅》研究，提供了确证。又，《汉书·郊祀志上》："或曰，周显王之四十二年，宋大丘社亡。"注："《尔雅》云：'左陵泰丘。'谓丘左有陵者，其名泰丘也。"④ 今《尔雅》作"右陵泰丘"，则师古所见之本或与今本不同，或笔误。

---

① 《汉书》卷27，第1434页。

② 《汉书》卷33，第7册，第1848页。

③ 《汉书》卷57上，第8册，第2539页。

④ 《汉书》卷25，第4册，第1200页。

第七章

《后汉书注》引雅书研究

一　概述

《后汉书》是继《史记》《汉书》之后我国历史上又一部伟大的史学著作，也是一部集大成的史书，它的作者是南朝宋史学家范晔（398—445）。据《隋志》记载，在范晔之前，记载东汉一代历史的著作已有十部，八百余卷。范晔《后汉书》综合当时七部后汉史料，并参考袁宏《后汉纪》，分为《纪》十卷和《列传》八十卷。范书一出，诸家《后汉书》逐渐消亡散佚，只有晋人袁宏《后汉纪》被完整保存下来。南朝梁刘昭曾为范晔《后汉书》作注解。刘昭，生卒年不详，南朝梁史学家、文学家，平原高唐（今山东禹城）人，文学家江淹（444—505）的表弟，《梁书》有传。刘昭搜集诸家《后汉书》，参校异同，注范晔《后汉书》，"世称博悉"。因范晔《后汉书》无"志"，刘昭便把晋司马彪的《续汉书》中八篇《志》分为三十篇，移入《后汉书》，并为之作注（《天文志》下卷和《五行志》的第四卷注已不存）。至唐代，又有李贤为范晔《后汉书》作注。李贤（654—684）是唐高宗和武则天的第二子，卒谥章怀，史称章怀太子。上元二年（675），李贤被立为太子后不久，便组织张大安、刘讷言、许叔牙、成玄一等一批学者注释范晔《后汉书》，他们认真校勘，纠正、弥补了许多错误和缺漏之处，注重词语的诠释，为生僻字注音，考证典章制度等。至北宋乾兴元年（1022），在孙奭的建议下，把刘昭注《续汉书》之《志》三十卷嵌入李贤《后汉书注》后，合为一书，这就是今二十四史中《后汉书》之规模。

李贤等《后汉书注》是迄今《后汉书》最早、最好的注本，清代学者王先谦即有"详观章怀之注范，不减于颜监之注班"的评论①。《后汉书

---

① （清）王先谦：《后汉书集解》，中华书局1985年版，第4页。

注》与《汉书注》都注重注音、释义，而《后汉书注》更加注重引用经典释义，主要引用儒家经典《诗经》《尚书》《礼记》《论语》及《汉书》（包括颜注）、《东观汉记》《汉官仪》等史书，同时注重引用唐以前苍雅等字书及传注，如《说文》《尔雅》《广雅》《三苍》，还有孔安国传、郑玄注、郭璞注等，其中引用《尔雅》187 例，引郭璞注 39 例，孙炎注 5 例，李巡注 3 例。从汉魏至唐，直至李贤《后汉书注》，《尔雅》在经籍注释等方面发挥了巨大的作用，经过陆德明《经典释文》、孔颖达《五经正义》、李善《文选注》、颜师古《汉书注》及李贤《后汉书注》的广泛征引，凸显了它诠释经典的权威地位，诸家征引为中唐以后《尔雅》上升为儒家十二经之一奠定了坚实的基础，也为后世雅学研究提供了丰富的资粮。

二 《后汉书注》引《尔雅》研究

（一）梁刘昭注引《尔雅》研究

刘昭注比李贤注早一百余年，在其《后汉书》之《志》注中引《尔雅》18 例，引郭璞注 11 例，主要是以《尔雅》为证，引文基本上与今本相同，仅《郡国志三》"考城古菑"句下，注引"《尔雅》曰：'木立死曰菑。'"[①] 与今本"立死楢"，文字不同。《校勘记》："立死楢，雪窗本、注疏本同。唐石经楢字阙。《五经文字》云：'楢，壮利反，立死也。见《尔雅》。'单疏本亦作楢。《释文》云：'甾，《字林》作楢。'是《尔雅》不作楢也。《诗·皇矣》'其菑其翳'，毛传：'立木死曰菑。'正义引《释木》云：'立死菑。'李巡曰：'以当死害生曰菑。'《释文》：'菑，本又作甾。'然则《毛诗》亦作甾，不作楢也。今本从木，盖因《字林》增加。"[②] 可见，刘昭所用本盖为古本，然唐人征引多作楢，杨倞《荀子·非相》篇注曰："《尔雅》云：'木立死曰楢。'楢与菑同。"

（二）李贤注引《尔雅》研究

李贤注引《尔雅》169 条，引郭璞注 28 条，主要为其训诂作例证，

---

① 《后汉书》卷 21，第 12 册，第 3449 页。
② 《尔雅注疏校勘记》，第 425 页下栏—第 426 页下栏。

所引词条大部分都与今传本《尔雅》相同，也有或不见于今本者，或与今本有异者，甚至把它书误引为《尔雅》者。

1. 引《尔雅》训释词语、名物制度

训释词语是李贤注《后汉书》的一项重要内容，其中引《尔雅》解释一些专有名词、普通词语，阐释名物制度等。如《后汉书·孝顺孝冲孝质帝纪》："孝顺初立，时髦允集。"注："《尔雅》曰：'髦，俊也。'郭璞注曰：'士中之俊，犹毛中之髦。'时张皓、王龚、庞参、张衡、李合、李固、黄琼之俦也。"① 引《尔雅》、郭注疏通髦、俊之义，然后指明符合髦俊之人选。又，《后汉书·光武帝纪上》："燔燎告天，禋于六宗。"注："天高不可达，故燔柴以祭之，庶高烟上通也。《尔雅》云：'祭天曰燔柴。'"② 引《尔雅》补充训释之原。又，《后汉书·袁绍传》："其冬，公孙瓒大破黄巾，还屯盘河。"注："《尔雅》有九河，钩盘是其一也。"③ 引《尔雅》明盘河即钩盘。又，《后汉书·钟离宋寒列传》："夫戎狄之隔远中国，幽处北极。"注："《尔雅》曰：'东至于泰远，西至于邠国，南至于濮鈆，北至于祝栗，谓之四极也。'"④ 引《尔雅》广博见闻。

2. 《后汉书注》引《尔雅》有与今本文字不同

通过对李贤《后汉书注》征引的 169 例《尔雅》词条的研究，我们发现李注所引有与今本《尔雅》文字不同，或与今本互为异文，或互为古今字，或互为异体字，或互为通假字，等等。

(1)《后汉书注》引《尔雅》有与今本异文者。《后汉书·冯衍传》："驷素虬而驰骋兮，乘翠云而相佯。"注："《尔雅》曰：'马高八尺为龙。'"⑤ 今本《尔雅》作"马八尺为駥"，郭璞注："《周礼》云：'马八尺已上为駥。'"严氏《匡名》："臧氏琳曰：'郭注引《周礼》曰马八尺已上为駥，案：《夏官·廋人》马八尺以上为龙，郑司农引《月令》驾苍龙，《月令》注云马八尺以上为龙。高诱《淮南·时则》注云《周礼》马八尺已上曰龙。《说文·马部》云八尺为龙。何氏《公羊解诂·隐元年》云天子马曰龙，高七尺以上。诸书皆不作駥。'《后汉书注》二十八下

---

① 《后汉书》卷6，第2册，第282页。

② 《后汉书》卷1，第1册，第22页。

③ 《后汉书》卷74上，第9册，第2380—2381页。

④ 《后汉书》卷41，第5册，第1415—1416页。

⑤ 《后汉书》第28卷，第4册，第995、998页。

《冯衍传》、四十下《班固传》引《尔雅》皆作龙。元照案:《说文》无
駥字。"① 邵氏《正义》:"《夏官·廋人》云:'马八尺以上为龙。'郭氏
引作为駥,声近义通,或所见本异也。"② 郝疏:"駥当为戎,《释文》作
戎是矣,即上云马之绝有力者也。……郭引作駥者,欲明此駥、彼龙二者
相当,因而改龙为駥,非《周礼》旧文也。"③《尔雅》究为龙,或为駥,
众家都无定论。又,《后汉书·孝和孝殇帝纪》:"行幸缑氏,登百岯山。"
注:"即柏岯山也,在洛州缑氏县南。《尔雅》云:'山一成曰岯。'《东观
记》作坯,并音平眉反,流俗本或作杯者,误也。"④ 据李注《尔雅》本
有岯或坯之异文。《校勘记》:"一成坯,唐石经、单疏本、雪窗本同。
《释文》:'坯,或作伓。'单疏本注作伓,《水经注》卷五引《尔雅》作
伓。"⑤ 由此可见,至隋唐时,《尔雅》传本至少有三种异文:坯、岯、
伓。又,《后汉书·马融传》:"冒櫄柘,槎棘枳,穷浚谷。"注:"《尔
雅》曰:'櫄,山桑也。'"⑥ 今本《尔雅》作"檿桑,山桑"。

(2)《后汉书注》明《后汉书》用借字,今本《尔雅》用本字。李贤
注《后汉书》主要是训诂字词,申明经典借字表义现象,因此对正字、借
字一一加以指明。如《后汉书·马融传》:"桂荏、凫葵、格、韭、菹、
于。"注:"《尔雅》曰:'茖,山葱。'格与茖,古字通。"⑦ 指明《后汉
书》之"格"为借字,《尔雅》"茖"才是符合文意的本字。又,《后汉
书·岑彭传》:"将数万人,乘枋箄下江关。"注:"《尔雅》曰:'舫,泭
也。'枋即舫字,古通用耳。"⑧《尔雅》:"舫,舟也。"《说文》:"舫,船
也。"舫是相并连的两条船,又指竹木筏。《说文》:"枋,木,可作车。"
则舫为本字,枋为借字。

(3)《后汉书注》引《尔雅》有与今本互为异体者。《后汉书·显宗
孝明帝纪》:"劝督农桑,去其螟蜮,以及蟊贼。"注:"《尔雅》曰:'食

---

① 《尔雅匡名》卷19,第143页下栏。

② 《尔雅正义》卷20,第320页上栏。

③ 《尔雅郭注义疏》卷19,第1065页。

④ 《后汉书》卷4,第1册,第193页。

⑤ 《尔雅注疏校勘记》,第394页下栏。

⑥ 《后汉书》卷60上,第7册,第1963页。

⑦ 同上书,第1956—1958页。

⑧ 《后汉书》卷17,第3册,第660页。

苗心曰螟，食节曰贼，食根曰蟊。'"① 今本《尔雅》蟊作蟲。《说文》："蟊，蟲或从秋。"则蟊与蟲互为异体。又，《后汉书·马融传》："绢猥蹏，鏦特肩。"注："猥蹏，野马也。《尔雅》曰：'猥蹏趼，善升甗。'猥音昆。"② 今本《释兽》猥作騉、蹏作蹄。《集韵·魂韵》："騉，野马也。《尔雅》：'騉蹄趼，善升甗。'"则猥与騉同。蹏，《说文·足部》："蹏，足也。"段注："俗作蹄。"《汉书·货殖传》："故曰陆地牧马二百蹏。"颜师古注："蹏，古蹄字。"③ 则蹏与蹄异体字。

（4）《后汉书注》引《尔雅》与今本互为古今字者。《后汉书·酷吏列传》："而阉人亲娅，侵虐天下。"注："《尔雅》曰：'两壻相谓曰娅。'"④ 今本《尔雅》娅作亚。刘熙《释名·释亲属》："两壻相谓曰亚。言一人取姊，一人取妹，相亚次也。又并来至女氏门，姊夫在前，妹夫在后，亦相亚而相倚共成其礼也。"⑤ 则古当作亚，取"相亚次"之义。《说文》无娅字，《玉篇》："娅，姻娅也。"⑥《广韵·祃韵》："娅，《尔雅》曰：'两壻相谓为亚。'或作娅。"⑦ 则娅为亚的后起区别字，今本《尔雅》用古字，《后汉书注》引作今字，《释文》"亚，又作娅"⑧，则《尔雅》本有作娅者，李注所引当有所据。

（5）《后汉书注》引郭注有误。《后汉书·马融传》："葟薿藋荧，恶可弹形。"注："郭璞注《尔雅》云：'草木花初出为芛。'与葟通，其字从唯，本作从芲者，误也。"⑨ 芛，今本《尔雅》、郭注皆作芛，郭注并"音獳猪"。据李注所引看，《后汉书》之葟与《尔雅》经注之芛通，然而从今本郭注及音看，芛当为芛，李注引讹误。《释文》："芛，樊本作葦。"⑩ 表明 wěi 音字为正，严氏《匡名》云："樊作葦者，古以音近借

---

① 《后汉书》卷2，第1册，第105页。

② 《后汉书》卷60，第7册，第1960—1962页。

③ 《汉书》卷91，第11册，第3686页。

④ 《后汉书》卷99，第9册，第2488页。

⑤ 《释名》卷3，第465页。

⑥ 《大广益会玉篇》卷3，第18页上栏。

⑦ 《广韵》卷4，第107页下栏。

⑧ 《经典释文》卷29，第868页。

⑨ 《后汉书》卷60上，第7册，第1957—1959页。

⑩ 《经典释文》卷30，第904页。

用。"① 笋无 wéi 声，因此，从声音上也可明作芛，非笋也。又，《后汉书·马融传》："建雄虹之旌夏，揭鸣鸢之脩橦。"注："郭璞注《尔雅》云：'虹双出色鲜盛者为雄。'"② 此郭注不见于今本《尔雅》，《诗·鄘风·蝃蝀》正义引作郭璞《尔雅音义》，则此文非郭璞《尔雅注》也。

3.《后汉书注》有误引他书为《尔雅》者

（1）误引《毛传》为《尔雅》。《尔雅》与《毛传》训诂相应，宋以前学者基本上认为《尔雅》先于《毛传》，《毛传》掇拾《尔雅》为训，因此，在李贤《后汉书注》中出现了一些误引《毛传》为《尔雅》的情况。如《后汉书·班彪传》注引《尔雅》"麓，山足也"③，此条今本及传本《尔雅》均未见，盖为《诗·大雅·瞻彼旱麓》之《毛传》文。又，《后汉书·马融传》注引"《尔雅》曰：'茆，凫葵。'"④ 则为《诗·鲁颂·泮水》之《毛传》文。

（2）误引《方言》《小尔雅》《说文》等为《尔雅》。《后汉书·冯异传》注："《尔雅》曰：'櫬谓之梡。'"⑤ 今本《尔雅》无此条，当为《方言》卷九文，《释文》《五经正义》等皆引作《方言》，而《太平御览》《资治通鉴》《玉海》等皆与李贤注同，误为《尔雅》之文。由此看来，引作《方言》者，皆为经书训诂之作；引作《尔雅》者，皆为史部著作，有因袭李贤注讹误之嫌。又，《后汉书·班彪传》注引"《尔雅》曰：'禾穗谓之颖。'""《尔雅》曰：'敷，布也。'"⑥ 此二条均为《小尔雅》之文。又，《后汉书·孝顺帝纪》注："《尔雅》曰：'缟，皓也。'缯之精白者曰缟。"⑦ 今《尔雅》无此文，《小尔雅·广诂》有"缟、皓、素，白也"⑧、《广服》"缯之精者曰缟"⑨。李贤注均引作《尔雅》。两汉时期，学者训诂征引《小尔雅》多不明举，视《尔雅》《小尔雅》为一

---

① 《尔雅匡名》卷13，第107页上。
② 《后汉书》卷60上，第7册，第1960页。
③ 《后汉书》卷40上，第5册，第1339页。
④ 《后汉书》卷60上，第7册，第1958页。
⑤ 《后汉书》卷17，第3册，第661页。
⑥ 《后汉书》卷40上，第5册，第1340页。
⑦ 《后汉书》卷6，第2册，第255页。
⑧ 杨琳：《小尔雅今注》，汉语大辞典出版社2002年版，第72页。
⑨ 同上书，第187页。

体。自魏晋六朝至隋唐始，学者征引《小尔雅》有的依旧称《尔雅》，有的已经开始区分，或称《小雅》，或称《小尔雅》，亦有混称者①。李贤注亦是混而称之，如《后汉书·宣秉传》注引："《小尔雅》曰：'纯黑而反哺者谓之乌。'"② 则为明引。《后汉书·班彪传》注引"《小雅》曰：'盖戴，覆也。'"③ 则称《小雅》，此为《小尔雅·广诂》文。又，《后汉书·张衡传》："璜声远而弥长。"注："《尔雅》曰：'半璧曰璜。'"④ 今本《尔雅》无此条，《说文》："璜，半璧。"李注当引自《说文》。

三　《后汉书注》引雅书的价值

李贤《后汉书注》征引雅书为雅学整理研究提供了宝贵的资料。从其征引中我们得知，汉魏晋唐时期《尔雅》流传广泛，既有官定通行之本，也有民间流行识字解词的"流俗"本，这为我们认识该时期雅学版本流传提供了重要线索。

从李贤注引可证今本《尔雅》文字讹误。如《后汉书·刘玄刘盆子列传》："自更始败后，幽闭殿内，掘庭中芦菔根。"注："《尔雅》：'葖，芦菔。'音步北反，菔字或作葡。"⑤ 今本《尔雅》作"葖，芦萉"，郭注："萉宜为菔。芦菔，芜菁属，紫花，大根，俗呼雹葖。"可见，郭璞所用《尔雅》本作"萉"，郭氏认识到了"萉"字之讹，但未引书证。《校勘记》："葖，芦萉。单疏本、雪窗本同。郭注云'萉宜为菔'，《经义杂记》曰：'《说文》菔，芦菔，从艹服声；萉，枲实也，从艹肥声。《后汉书注》卷十一引《尔雅》曰葖芦菔，菔音步北反，字或作葡。据《说文》及《后汉书注》知《尔雅》本作菔，盖郭本以形近致误。'"⑥ 由此可知，传本、今本《尔雅》作"萉"为讹字，此条不见于他书征引，因此李贤注所引当为最早、最直接的证据。

相比《五经正义》《释文》，《后汉书注》征引《尔雅》汉魏旧注比较

---

①　参见《关于〈小尔雅〉流变的几个问题》，《中文自学指导》2003 年第 1 期，第 43 页。

②　《后汉书》卷 27，第 4 册，第 949 页。

③　《后汉书》卷 40 上，第 5 册，第 1346 页。

④　《后汉书》卷 59，第 7 册，第 1916—1918 页。

⑤　《后汉书》卷 11，第 2 册，第 482 页。

⑥　《尔雅注疏校勘记》，第 405 页下栏。

少，引孙炎注 5 例，引李巡注 3 例，盖与李贤作注时这些旧注或残存或失传有关。虽然如此，吉光片羽，尚有可观之处。如《后汉书·吴汉传》注引"李巡曰：'斤斤，精详之察也。'"① 又，《后汉书·班彪传》注引"李巡注《尔雅》曰：'在野曰兔，在家曰鹜。'"② 又，《后汉书·郎颛传》注："李巡曰：'北极天心也，居北方，正四时，谓之北辰也。'"③ 又，《后汉书·阴皇后纪》注引"《尔雅》曰：'腾，送也。'孙炎曰：'送女曰腾。'"④ 又，《后汉书·马融传》注引"孙炎注曰：'纯阴用事，嫌于无阳，故以名云。'"⑤ 这几处最早均见于《后汉书注》，后被其他典籍转引。

① 《后汉书》卷 18，第 3 册，第 684 页。
② 《后汉书》卷 40 上，第 5 册，第 1351 页。
③ 《后汉书》卷 30 下，第 4 册，第 1063 页。
④ 《后汉书》卷 10，第 2 册，第 406 页。
⑤ 《后汉书》卷 60 上，第 7 册，第 1959 页。

第八章

雅学文献校勘研究

一　概述

从典籍的发展历史看，应该说有典籍，就会有校勘。据《国语·鲁语》记载，西周末、春秋初孔子的七世祖"正考父校商之名《颂》十二篇于周太师"①，正考父当为见诸典籍记载的最早的校勘学者。西周末期，周宣王太史籀著大篆十五篇，对官学教育识字课本作了统一，也应该作了校勘工作。至春秋时期，学在官府的局面被打破，孔子首先开办私学，相传弟子三千，其教学内容为礼、乐、射、御、书、数，史载孔子修春秋、删诗书、定礼乐，大概也切实地做了一番芟除繁芜、订正文字的校勘工作。孔子教育弟子读《诗》要多识草木虫鱼鸟兽之名，博物致知，"七十子之徒讽咏讲习，《尔雅》每篇皆有增益"②。相传《尔雅》为周公所作，孔门弟子子夏等不断增补，《尔雅》主释《诗》《书》《礼》，是学习语言和社会常识的重要工具书，"自周衰文敝，即有私立诂训，如《墨子·经》篇体仿《尔雅》，又演为《经说》，以自申绎其义，其训释字名，实阴以济其兼爱之说，曼辞俶诡，将使古训不明于天下，故孟子欲正人心，先距邪说，邪说不息，则周公、孔子之道不著。雅者正也，通乎《尔雅》，不为邪说所淆，庶语言正而人心胥得其正矣"③。

汉初，百废待兴，六书八体写就的文献资料要整理，前代文化典籍要解读传承，因此《尔雅》这部贯通古今、兼蓄九流的百科辞典发挥了巨大的作用。汉文帝时，《尔雅》已经有博士官专门传授，成为学校教育的

---

① 徐元诰：《国语集解》，中华书局 2002 年版，第 205 页。

② 《尔雅正义》卷 1，第 40 页。

③ 同上。

主要课程，应该说，这时《尔雅》已经修订完成。至汉武帝时，由于时代和学术的发展，《尔雅》这部词典也要顺应时代，因此有犍为舍人为之作注，犍为舍人注《尔雅》必然包括底本的选择和文字校勘工作，陆德明《尔雅音义》、孔颖达《五经正义》所征引的舍人本用字多与后世传本不同。西汉末，刘向、刘歆父子领校群书，《尔雅》又经历了一次大规模的校勘和修订工作，这对于《尔雅》的传播、研究都至关重要。张舜徽先生总结刘向的工作，大致包括校勘文字、订正讹误、整齐篇章、定著目次、撰写序录，盖《尔雅》的整理也应如是。这次图书整理的理论创获是，刘向编纂了《别录》，刘歆撰写了我国第一部官藏图书目录《七略》，《七略》后来被班固编入《汉书·艺文志》。据《汉志》著录：《尔雅》三卷二十篇，《小雅》一卷。由于《尔雅》是解经的传记，汉人视之为经典，附于《孝经》类。刘歆亲自为《尔雅》作注，虽然刘歆注今存世只有数条，但刘歆整理、编次、校勘之功不可没，他使《尔雅》有了善本，加之东汉经学家广泛征引，极大地促进了雅学发展和传播。樊光、李巡等经学家，以经证雅，他们的《尔雅》经、注文字，前与舍人本，后与孙炎、郭璞本均有不同之处，对于雅学文献校勘、诸经文字校勘、版本研究颇有价值。

两汉以后，文学形式丰富，题材范围扩大，歌咏山水田园，以自然界动植物比兴，《尔雅》的诠释功能已经从单一的儒家经典的小范围，扩大到文学、动植物学、山水地理、类书编纂等许多学科门类，学术的需要也带动了《尔雅》注释研究，至郭璞注《尔雅》前，注释研究者已经有十余位，可见雅学之兴盛，"然犹未详备，并多纷谬，有所漏略"[1]，《尔雅》传本间各自为是，于是郭璞在众家注的基础上，汇集众本，"剟其瑕砾，捘其萧稂"[2]，做了大量的版本文字校勘工作，使《尔雅》有了定本、善本，郭璞注成为学校教育、学术研究的权威版本，自郭璞《尔雅注》出现，汉魏晋六朝《尔雅注》逐渐消亡。"《尔雅》本释坟典，字读须逐五经，而近代学徒好生异见，改音易字，皆采杂书，唯止信其所闻，不复考其本末"，"微言久绝，大义愈乖，攻乎异端，竞生穿凿"[3]，于是德明撰

---

[1] 《尔雅校笺》郭序，第2页。

[2] 同上。

[3] 《经典释文序录》，第1页。

《经典释文》，"研精六籍，採摭九流，搜访异同，校之《苍》《雅》"①，即广引《尔雅》校勘十三部经典，又采摘诸家音注撰《尔雅音义》。《尔雅音义》以郭璞注为底本，广罗众本，诸家文字异同、各版本用字不同基本著录在册，为雅书版本、校勘、辑佚、注释研究提供了翔实可靠的资料。唐孔颖达《五经正义》等征引《尔雅》皆用郭注本，并且大量引用郭注注释经典。

有唐一代，随着《五经正义》的出现，经学诠释定于一统，《尔雅》等雅书几乎被征引殆尽，雅学寝微。至唐末文宗时，仿汉熹平石经之例，把包括《尔雅》在内的儒家十二经刻在石上，作为学校教育课本，这是《尔雅》最早的"石印本"。自清代以迄当代，唐石经都是雅书校勘重要的参考资料，清代阮元校勘《尔雅》，首引唐石经为证。然而由于当时正字、通行字、俗字混杂，及"唐明皇，改古文代以今字"②，唐石经在刻石过程中也出现了一些文字讹误现象，且亦多今字，颇被诟病，宋人刊刻经籍不用唐石经。清顾炎武《石经考》把石经讹误分为八个方面：一、文字讹误；二、文字夺脱；三、文字增衍；四、其与今文不同而两通者；五、其一字而前后不同者；六、其旁注者（添字）；七、其先误而后改者；八、书法不一等。③但我们也应该看到，自唐石经出，经典用字基本定型，如《尔雅》，宋代单疏本、元代雪窗书院本、今通行本多与之同，而且宋代的《尔雅》注疏版本都祖源于唐石经。宋人治雅，尚能见到《尔雅》不同的版本、古本，如陆游祖父陆佃是王安石的门生，曾经奉敕撰《尔雅新义》，次于王安石《三经新义》之后，立于学官，成为学校教材，严元照、阮元、孙志祖、张金吾等皆称赞其底本为北宋善本。南宋郑樵《尔雅注》比较简略，篇幅也不大，但注释内容比较全面，不仅有释义、注音，还有校勘、补证等内容，清乾隆武英殿刻《十三经注疏》之《尔雅注疏》，多以郑氏注本参校。

明代是雅书刊刻繁荣时期，《尔雅》注疏有官刻、坊刻、私刻等，今国家图书馆藏明刻本数十种。明人刊刻雅书，大多先作校勘，如郎奎金堂

---

① 《经典释文序录》，第 1 页。

② （宋）程大昌：《演繁露》卷 2，《续古逸丛书》第 108 册，商务印书馆 1938 年影印本，第 588 页下栏。

③ （清）朱彝尊：《经义考》卷 288，《中华汉语工具书书库》第 86 册，安徽教育出版社 2002 年影印本，第 314—317 页。

策槛刻本、景泰马谅刻本、胡文焕《格致丛书》本等。明代坊刻雅书流传较广、较为普及的是毛晋汲古阁本，其刊刻的《十三经注疏》本中的《尔雅注疏》，是清初官学、私塾主要教材，"俗间多用汲古阁本"①。毛刻《尔雅注疏》广为流传的原因，一是该书为元刊善本，一是毛晋花费了大量的心血校勘。据毛晋《重镌十三经十七史缘起》载，毛晋先期校勘了十三年，"遂誓愿自今伊始，每岁订正经史各一部……且幸天假奇缘，身无疾病，家无外侮，密尔自娱，十三年如一日，迨至庚辰朝夕，十三部板斩新插架"②。可见，毛晋刻《尔雅注疏》也至少校订了一年光景。崇祯庚辰年（1640）汲古阁《十三经注疏》刻成，时逢明末清初战乱，毛晋"分贮版籍于湖边岩畔茆庵草舍中，水火鱼鼠，十伤二三，呼天号地，莫可谁何……扶病引雏，收其放失，补其遗亡"③，又开始了补版、校勘工作。从初校至补刻完成，历经三十余年，阮元称毛本"错误极多"，然而作为毛晋传播的这份宝贵遗产的享受者，我们实不忍厚非之。

清代以前，学者的校勘成果大多体现在所刻雅书序跋中。至清代，雅书整理校勘进入巅峰时期，校勘成果丰硕。清初顺治康乾时期，统治者注重文教事业，振兴汉唐经学，"《尔雅》一书旧时学者苦其难读，今则三家村书塾，鲜不读者，文教之盛，可云至矣"④。在统治者的大力倡导下，在文字学、训诂学研究兴盛的影响下，雅学整理研究也全面深入开展，清代学者对能见到的唐宋元明以来的几乎所有雅书版本进行了反复对校、研究，产生了"校本""校注""补校""匡名""正字""正误""诤郭""正郭""正名"等一批颇有影响的校勘体雅书著作，如惠栋《尔雅注疏校本》、沈廷芳《尔雅注疏正字》、卢文弨《尔雅注疏校本》、浦镗《尔雅注疏正误》、戴震《尔雅文字考》、任基振《尔雅注疏笺补》、彭元瑞《尔雅石经考文提要》、刘玉麐《尔雅校议》、张宗泰《尔雅注疏本正误》、阮元《尔雅注疏校勘记》、刘光蕡《尔雅注疏校勘札记》、严元照《尔雅匡名》、汪文台《尔雅注疏校勘记识语》、许光清《尔雅南昌本校勘记订补》、孙诒让《尔雅注疏校记》、于鬯《尔雅校书》、王仁俊《尔雅疑

---

① 《尔雅注疏校勘记》序，第319页上栏。

② （明）毛晋撰，潘景郑校订：《汲古阁书跋·重镌十三经十七史缘起》，《中国历代书目题跋丛书》，上海古籍出版社2006年版，第123页。

③ 同上。

④ 《尔雅注疏校勘记》序，第319页上栏。

义》、沈锡祚《尔雅义疏校补》、史诠《尔雅异文考》、汪鋆《尔雅正名》、王琨《尔雅正义刊误》、王树柟《尔雅释文校正》和《尔雅郭注佚存补订》等二三十部。除了这些专事校勘的著作外，雅学注释研究也是首先校勘文字、厘定版本，如邵晋涵撰《尔雅正义》就做了大量的校勘工作，他在《尔雅正义序》中说："晋涵少蒙义方，获受雅训，长涉诸经，益知《尔雅》为五经之馆辖，而世所传本，文字异同不免讹舛，郭注亦多脱落，俗说流行，古义浸晦，爰据唐石经暨宋椠本及诸书所征引者，审定经文，增校郭注，仿唐人正义，绎其义蕴，彰其隐赜。"①《尔雅正义》的价值之一就是为学界提供了一个切实可用的善本。

二　雅学文献校勘内容

（一）校文字

古籍校勘，主要是校勘书籍在流传、刊刻过程中出现的文字歧异现象。《尔雅》定型于秦汉年间，产生时代较早，同时又是一部专门训释词语的训诂工具书，单词零语烦琐冗杂。另外，《尔雅》作为一部与经学、训诂有着密切关系的字典，注者多，经典引用多，宋元明清时期刊刻的版本也多。因此，不同注本、不同版本、不同时代典籍征引等，不可避免地存在一些异文、讹脱衍倒等现象，尤其是经、注、疏文字犹为淆乱，几乎每条经、注、疏文字都存在问题。清代阮元《尔雅注疏校勘记》、张宗泰《尔雅注疏本正误》、刘玉麐《尔雅校议》、钱坫《尔雅古义》、王树柟《尔雅郭注佚存补订》、邵晋涵《尔雅正义》、郝懿行《尔雅义疏》、严元照《尔雅匡名》等对雅书校勘用力颇多。

1. 校文字讹、脱、衍、倒

（1）校讹文

其一，校经文讹误。如《释诂》"皓，光也"，《校勘记》："皓，雪窗本、闽本、监本、毛本同，《释文》、唐石经、单疏本、正德本作晧，从日。疏云：'晧者，亦日光也。'今本从白，非。"② 又，《释鸟》"鷽，

白鷢"，雪窗本、注疏本误分为"杨鸟"二字，钱玷《尔雅古义》："杨鸟，白鷢。开成石经作'鸒，白鷢'，是古本，此俗本分之。"① 又，《释诂》"搂，聚也"，张宗泰《正误》："搂，今本误从木，注拘搂，误同。《释文》：'搂，力侯反，从手，本或作楼，非。'"②

其二，校注文讹误。如《释草》"藄，月尔"，《校勘记》："唐石经、单疏本、雪窗本同，《释文》：'蒸，郭音其，字亦作藄。'《说文》云：'蒸，土夫也。'按，此则许氏读《尔雅》'芏，夫王，藄'为句，与郭氏异读。今本《说文》作'藄，月尔也'，系据郭本窜改，非许慎原文。"③ 又，《释乐》"大篪谓之麻"，张宗泰《正误》："注'麻者，音概而长也'，今本概误作概，《释文》'概，居器反'。"④《校勘记》亦云："雪窗本、注疏本概作概，讹。按，《说文·禾部》：'概，稠也。'此言声之稠密也。"⑤

其三，校疏文讹误。如《释器》"簀谓之第"，邢疏："左传曰：'床第之言不踰阈。'"《校勘记》："元本同，闽本、监本、毛本踰误喻。"⑥ 又，《释草》"茵贝母"，张宗泰《正误》："疏'其叶如栝楼'，今本栝误作枯。"⑦

其四，校《释文》讹误。如《释草》"菉，王刍"，《校勘记》："唐石经、单疏本、雪窗本同，《释文》：'录，力辱反。'《五经文字》：'菉，力辱反，见《尔雅》。'此作录，盖误。"⑧ 又，《释器》"衣梳谓之袣"，张宗泰《正误》："注'衣缕也'，《释文》'缕，又作楼，洛侯反'，《疏》'本或作楼，音娄'，据此，则《释文》当作楼，今作楼，误也。"⑨

（2）校脱文

其一，校经文脱。如《释草》"卉，草"，《校勘记》："唐石经、单

① （清）钱玷：《尔雅古义》卷2，《续修四库全书》第187册，第15页下栏。
② 《尔雅注疏本正误》卷1，第321页下栏。
③ 《尔雅注疏校勘记》，第416页上栏。
④ 《尔雅注疏本正误》卷2，第330页上栏。
⑤ 《尔雅注疏校勘记》，第378页上栏。
⑥ 同上书，第375页下栏。
⑦ 《尔雅注疏本正误》卷3，第339页下栏。
⑧ 《尔雅注疏校勘记》，第403页上栏。
⑨ 《尔雅注疏本正误》卷2，第329页下栏。

疏本、雪窗本同，许宗彦云：《艺文类聚》卷八十一引作'卉，百草'，据注云'百草揔名'。又，《书·禹贡》正义引舍人云：'凡百草，一名卉。'则卉上当有百字。"① 又，《释木》"檧萝"，刘玉麐《尔雅校议》："案，《诗·辰风》疏及陆玑《草木疏》引《尔雅》并云'檧，赤萝'。"② 《校勘记》亦云："注疏本罗改萝。按《毛诗·辰风》传'檧，赤罗也'，正义曰：'《释木》云檧，赤罗'，是古本有赤字。"③

其二，校注文脱。如《释训》郭注："皆宽缓也。悠悠、偁偁、丕丕、简简、存存、懃懃、庸庸、绰绰，尽重语。"邵氏《正义》："注'皆宽至重语'，明监本'皆宽缓也'四字注误入疏，脱'悠悠偁偁'以下十九字。案《释文》有重语二字，旧疏亦述郭注，监本郭注多脱误，或所见非善本也，今据宋本补正二十三字。郭氏以'悠偁丕简存懃庸绰'诸训已见《释诂》《释言》，而古人有重言者，故举以例其余，其未举者可以类推。"④ 又，《释草》"芨，堇草"，郭注："即乌头也。"刘玉麐《尔雅校议》："宋孙觌《尺牍注》引《尔雅》'芨，堇'，音钤，注云'乌头苗也'。又，《证类本草》亦引注云'乌头苗也'，又曰'蜀人谓乌期苗为堇艸'，是郭注有苗字。"⑤

其三，校疏文脱。如《释乐》邢疏"以鼖鼓鼓军事"，《校勘记》："注疏本脱'以鼖'。"⑥ 又，《释诂》"绩、勋，功也"，张宗泰《正误》："疏'案《周礼·司勋职》云'，今本礼下落司字，宜补。"⑦

（3）校衍文

其一，校经文衍。如《释诂》："来、强、事，勤也。"刘玉麐《校议》："《一切经音义》引舍人云'来、强，事也'，疑强事二字本舍人注，传写者误作正文。"⑧ 此说与邵晋涵《尔雅正义》相同。又，《释天》"疾雷为霆霓"，《校勘记》："唐石经、单疏本、雪窗本同。《经义杂记》曰：

---

① 《尔雅注疏校勘记》，第 405 页下栏。

② （清）刘玉麐：《尔雅校议》卷下，《续修四库全书》第 185 册，第 649 页下栏。

③ 《尔雅注疏校勘记》，第 422 页下栏。

④ 《尔雅正义》卷 4，第 105 页下栏。

⑤ 《尔雅校议》卷下，第 646 页上栏。

⑥ 《尔雅注疏校勘记》，第 376 页下栏。

⑦ 《尔雅注疏本正误》卷 3，第 336 页上栏。

⑧ 《尔雅校议》卷下，第 626 页下栏。

霆与霓二物，不当并称，郭注无霓字，可证霆下本无霓字，盖因下句'雨霓为宵雪'，霓与霆形相近，遂误衍矣。"①

其二，校注文衍。如《释诂》郭注"戮、逐未详"，《校勘记》："雪窗本、注疏本同，按戮字当衍，注云'相戮辱亦可耻病也'，是戮字注已详之矣。邢疏亦云：'逐者，郭氏未详。'翟灏云：一本但云'逐未详'，无戮字。"② 又，《释诂》"嗟、咨，蹉也"，监本郭注"音免罝之罝"，邵氏《正义》："监本作'音免罝之罝'，宋本无之罝二字。"③ 又，《释草》"黄，赤苋"，张宗泰《正误》："注'赤苋一名黄'五字，于注例不类，当是邢疏，今本误刊入者。"④

其三，校疏文衍。如《释诂》邢疏"曰郁陶思君尔"，《校勘记》："注疏本衍作'象曰'，此蒙上'象往入舜宫'句，无象字是。"⑤ 又，《释草》"芐，地黄"，张宗泰《正误》："疏'乃有子'下今本多一实字，误。"⑥

（4）校倒文

其一，校经文互倒。如《释言》"间，倪也"，郭注："《左传》谓之谍，今之细作也。"郝疏："郭训间为谍，非矣。间、倪双声叠韵，《尔雅》释《诗》，当倪在间上，今本误倒耳。"⑦ 又，《释言》"华，皇也"，张宗泰《正误》："今本皇误在华上。《释文》'华，胡瓜反；皇，胡光反'，华在皇前。石经亦作'华，皇也'。《释草》注亦引此与石经同。"⑧

其二，校注文互倒。如《释诂》郭注"赍、卜、畀，皆赐与也"，《校勘记》："雪窗本、注疏本同。按，经作'赍、畀、卜'，疏云'赍、畀、卜，皆赐与也'，此作'赍卜畀'盖误也。"⑨ 又，《释木》"檿桑，山桑"，张宗泰《正误》："《禹贡》疏引《释木》'檿桑，山桑，郭璞曰

① 《尔雅注疏校勘记》，第381页下栏。
② 同上书，第331页上栏。
③ 《尔雅正义》卷2，第72页下栏。
④ 《尔雅注疏本正误》卷2，第332页上栏。
⑤ 《尔雅注疏校勘记》，第338页上栏。
⑥ 《尔雅注疏本正误》卷3，第339页下栏。
⑦ 《尔雅郭注义疏》卷2，第379页。
⑧ 《尔雅注疏本正误》卷1，第322页栏。
⑨ 《尔雅注疏校勘记》，第329页上栏。

柘属也’，此三字当在今本注‘似桑’之上。”①

其三，校疏文互倒。如《释诂》邢疏“致、兹，异也”，《校勘记》："监本同，正德本、闽本、毛本致误倒。"② 又，《释诂》“侑，报也”，张宗泰《正误》："疏‘侑者，案《公食大夫礼》宾三饭之后’，今本宾字误在礼字上。"③

2. 校文字通借、正俗、异体、古今

（1）校文字通借。如《释诂》“贡，赐也”，《校勘记》："贡，唐石经、单疏本、雪窗本同，《释文》贡字或作赣，同。臧琳《经义杂记》曰：《论语》子贡字，《隶释》载石经残碑作赣。《说文》：贡，献功；赣，赐也。子贡名赐，字当作赣。《尔雅·释诂》‘贡，赐也’，郭注：‘皆赐与也。’据《释文》知《尔雅》古本作正字，然陆德明已不能定其是非矣。邢疏引《左传》‘尔贡包茅不入’为证，误解赣赐之赣为贡献之贡，则无足则也。按，经典子贡为赣之假借字。"④ 又，《释诂》“大也”，郭注“汤孙奏嘏”，王树枏《尔雅郭注佚存补订》："雪窗本、明注疏本作‘汤孙奏假’，明吴元恭仿宋刻本作嘏，王氏《诗考》引《尔雅注》同，阮氏元云：‘郭盖据韩鲁诗以证经之嘏，非释经之假也。’树枏案：‘《说文》嘏，远大也。假为嘏之借字，释嘏而假之谊可知。’"⑤

（2）校文字正俗。如《释木》“椐荎”，刘玉麐《校议》："《御览》卷九百五十六引注云‘《诗》云山有枢’，今之刺榆也。《山有枢》诗疏云‘枢荎，《释木》文’，今本加艸者误。"⑥ 阮元《校勘记》："《尔雅》本与《诗》同作椐者，为俗字乎。"⑦ 又，《尔雅注序·校勘记》："‘自英儒赡文之士至序末，惣序己所以作注之意也’，注疏本脱至字，惣作總，下准此。惣者，唐人俗字，此字从牛，甚无谓也。"⑧

---

① 《尔雅注疏本正误》卷2，第332页下栏。

② 《尔雅注疏校勘记》，第339页上栏。

③ 《尔雅注疏本正误》卷3，第336页上栏。

④ 《尔雅注疏校勘记》，第324页下栏。

⑤ （清）王树枏：《尔雅郭注佚存补订》卷1，《续修四库全书》第189册，上海古籍出版社1995年影印本，第62页下栏—第63页上栏。

⑥ 《尔雅校议》卷下，第648页下栏。

⑦ 《尔雅注疏校勘记》，第421页下栏。

⑧ 同上书，第321页下栏。

（3）校文字异体。如《释诂》"迓，迎也"，《校勘记》："唐石经、单疏本、雪窗本同，《释文》：'讶，五驾反，本又作迓。'《说文》：'讶，相迎也。从言，牙声。《周礼》曰：诸侯有卿讶。迓，讶或从辵。'……此经当从陆本作讶为正字，……贾公彦、邢昺所据《公羊》皆作迓，浅人遂援以改注，而并以改经矣。"① 又，《释诂》"猷、假，已也"，钱坫《尔雅古义》："《春秋·宣公八年》'壬午犹绎'，《公羊传》云'犹者何，可以已也'，是猷借为已之证。古猷、猶字同。"②

（4）校古今字。如《尔雅注序》邢疏"纵横家者流"，《校勘记》："旧本同，闽本、监本、毛本纵作从，与《汉书》合。从、纵古今字。"③ 又《释山》"崒者厜㕒"，钱坫《尔雅古义》："《诗》：'渐渐之石，维其卒矣。'郑笺云：'卒者，崔嵬，谓山顶之末。'按，卒于崒通。《十月》'山冢崒崩'，笺又云：'崒者，崔嵬。'是卒、崒同之证矣。"④《集韵·术韵》："《尔雅》'崒者，厜㕒'，或作卒。"⑤

3. 校异文

广义的校异文，即校版本文字不同，此处所说的校异文，则非校雅书中出现的通假、古今等用字现象，也非传抄讹误等问题，主要校雅书的不同注本、版本在流传过程中，由于刊刻者、注解研究者的时代、地域不同，或是写刻者等原因而造成的经、注异文现象。如阮元《校勘记》有近 30 处对经、注异文现象做了揭示。《释诂》："诏、亮、左右、相，导也。"《校勘记》："唐石经、单疏本、雪窗本同，《释文》：'道，徒报反，本或作导，注及下同。'按，经当作道，注教导字作导，陆所见本已乱。"⑥ 又，《释诂》"漮，虚也"，注"皆谓丘墟耳"，《校勘记》："雪窗本、注疏本同，《释文》音经'虚，许居反'，音注'墟，去鱼反'，此经注异字之明证。"⑦ 又，《释虫》郭注"食桑叶作茧者即今蚕"，王树枏《尔雅郭注佚存补订》："慧琳《根本说一切有部毗奈耶律》廿卷《音义》

---

① 《尔雅注疏校勘记》，第 339 页上栏。

② 《尔雅古义》卷 1，第 3 页上栏。

③ 《尔雅注疏校勘记》，第 322 页上栏。

④ 《尔雅古义》卷 2，第 11 页上栏。

⑤ 《集韵》卷 9，第 155 页上栏。

⑥ 《尔雅注疏校勘记》，第 329 页上栏。

⑦ 同上书，第 330 页下栏。

引《尔雅》'蠓，桑茧'，郭注云：'食桑叶者，即今之庶民所养蚕也。'所引与今本异。"①

（二）校是非

校是非是一种更高层次的校勘，主要指在没有更多的版本资料为证的情况下，校勘者根据学识、经验等作出的是非判断。如张宗泰的《尔雅注疏本正误》卷四、卷五主要正音释之误，大多数是校今本音的是与非，然后以《广韵》证之。张氏所校多维护郭注，正邢疏之非、今本之非，如《释诂》"呰、已，此也"，《正误》："《释文》：'呰，子尔反或子移反，郭音些。《广雅》：些，辞也，息计反又息贺反，谓语余声也。'按此经既用郭注，则当依郭音些，而用息计、息贺二反。今本仅列音紫一音，未免望文为义，而不之考矣。"② 也有校邢疏非者，如《释草》"泺贯众"，邢疏"此谓鸥头"，《正误》："《释文》引作'此谓草鸥头也'，盖邢氏误删。"③ 有校唐石经是非者，如《释水》："沃泉县出，县出下出也。"《校勘记》："单疏本、雪窗本、注疏本同，《释文》'县音元'。唐石经县皆作悬，《论衡》引此云：'沃泉悬出，悬出下出也。'《释名》云：'悬出曰沃泉，水从上下有所灌沃也。'据此知县字旧本作悬，唐石经是也。"④

（三）校版本

明清以来，雅书校勘尤重版本校勘，宋元本雅书版存罕见，今存世的大多为元明清时期的翻刻、影刻本。尤其雅书坊刻、私刻版本较多，所出问题也较多。坊刻主要射利，为了降低成本，多用普及或普通的版本为底本，对刻工的技术和文化素养要求不高，而且刊刻的速度越快越好，纸张质量也一般，因此，有些书籍尽管刊刻较早，但版本价值并不大，国家图书馆藏数十部明代雅书刻本，大多属于此类。另外，有些学者注释、校勘、研究《尔雅》，对底本选用也不甚严谨，如沈廷芳《尔雅正字》、刘

---

① 《尔雅郭注佚存补订》卷15，第225页上栏。
② 《尔雅注疏本正误》卷4，第342页上栏。
③ 同上书，第339页下栏。
④ 《尔雅注疏校勘记》，第398页上栏。

玉麐《尔雅校议》以注疏本为底本，因此他们的校勘成果大打折扣，甚至有以讹传讹之嫌。

明人雅书刊刻较多，但删改、讹错颇多，阮元《校勘记》"宋椠《尔雅疏》十卷"条："中有明人刊补者，最劣。"① 在"元椠《尔雅》注疏十一卷"条中又说："内多明人补刻版，其佳者往往与单疏本、雪窗本印合，而讹字极多，不胜指摘。"② 然明刻雅书也不乏佳者，阮氏对吴元恭仿宋刻《尔雅》本推崇备至，认为"间有一二小误，绝无私意窜改处。不附《释文》，而郭注中之某音某完然无阙，为经注本之最善者"③。因此，以宋元本校正明本之讹成为雅书校勘主要方面之一。如王念孙《尔雅郝注刊误》："貉读为貊，其德音之貊。貉缩谓以缩牵连绵络之也，声转为莫缩。《檀弓》云'今一日而三斩板'，郑注'斩板为断莫缩也'，莫缩即貉缩，谓斩断束板之绳耳。……念孙案：《檀弓》注本作'斩板谓断其缩也'，缩即绳也，故又引《诗》'缩板以载'，即《尔雅》所谓'绳之谓之缩之'也。《释文》出'断其'二字，云音短，则郑注本作'断其缩'甚明。宋监本、抚州本、岳本、明嘉靖本、卫氏集说本及《礼记考文》所引古本足利并作'断其缩'，自明监本始误为'断莫缩'，而其义遂不可通，今以莫缩为貉缩，则误之又误矣。"④ 也有校郭注版本讹误者，如《释水》"正绝流曰乱"条，郭注："直横渡也。《书曰》：'乱于河。'"王树枬《佚存补订》："明注疏本渡误流。"⑤ 也有校今本与古注本不同，如《释言》"桄、颎，充也"，《校勘记》："桄，唐石经、单疏本、雪窗本同，《释文》'桄，孙作光，古黄反'。按《说文》：'桄，充也。'……《尚书》'光被四表'，《汉书·王莽传》《后汉书·冯异传》皆作'横被四表'，盖作桄、作横者为今文，作光者为古文。孔传《尧典》云：'光，充也。'与孙叔然本合，贾逵云'古文应读《尔雅》'，是《尔雅》本作光也，作桄者，盖李巡本。"⑥

---

① 《尔雅注疏校勘记》，第 320 页上栏。

② 同上。

③ 同上书，第 319 页下栏。

④ （清）王念孙：《尔雅郝注刊误》，《续修四库全书》第 188 册，第 5 页下栏。

⑤ 《尔雅郭注佚存补订》卷 11，第 174 页上栏。

⑥ 《尔雅注疏校勘记》，第 342 页下栏。

（四）校刻者之误

《尔雅》经、注、疏自两宋以来刊刻较多，版本讹误也较多，其中刻者讹误居之大半，坊刻、私刻者讹误尤多，严元照《尔雅匡名》"正文字之道"之三就提出"纠俗刻之舛误"。有明一代对宋元本重刻、翻刻最多，虽然也有诸如吴元恭所刻之善本，但总体上不论是官刻、坊刻还是私刻错误都很多，即便是郎奎金、毛晋所刻雅书，重视底本选择，但刊刻错误依然不少。

有校刻者擅改经文者，如《释诂》"谧，静也"，《校勘记》："谧，叶抄《释文》、唐石经、单疏本、雪窗本、元本、闽本、监本同，毛本作謐。卢文弨曰：'《五经文字》谧謐：常利反，上《说文》、下《字林》，《字林》以謐为笑声，音呼益反，今用上字。据此知《尔雅》本作谧，毛刻謐字剜改，盖因今本《说文》而误。'段玉裁云：'宋以前无謐字，玄应书引《说文》云从言益声是也。'《说文》作謐，始于徐铉等，经典改谧为謐，始于毛居正、岳珂。"① 又，《释诂》"讯，诰也"，刘玉麐《尔雅校议》："《后汉书·张衡传》注引《尔雅》'誶，告也'，陆氏《音义》亦作誶，今据改，《疏》中讯字亦改作誶。"②《校勘记》："是邢本作讯，其误始于唐石经。"③

有改注文者，《释器》郭注"因以簿围捕取之"，《校勘记》："单疏本同，雪窗本、注疏本簿作薄。按《诗·潜》正义及《广韵》五十二沁引此注皆作簿围，盖相传旧本如是，今本作薄，系近人改从古字耳。"④

有改疏文者，《释天》邢疏"但月是阴精"，《校勘记》："元本但月误余此，闽本因剜挤为'余仿此月阴精'，监本、毛本遂排入。"⑤

有脱疏文者，《释诂》邢疏"我心不说"，《校勘记》："正德本、闽本、监本说作悦，毛本脱此字。"⑥

有剜改者，《释乐》邢疏"大鼓谓之鼖，小者谓之应"，《校勘记》：

---

① 《尔雅注疏校勘记》，第327页上栏。
② 《尔雅校议》卷下，第625页下栏。
③ 《尔雅注疏校勘记》，第327页上栏。
④ 同上书，第370页下栏。
⑤ 同上书，第379页上栏。
⑥ 同上书，第325页上栏。

"疏文每行二十九字或三十字，此行剜挤三十三字……浅人剜补全句。"①

也有刻者误补者，如《释宫》"石杠谓之徛"，张宗泰《正误》："注《孟子》曰：'岁十一月，徒杠成。'案疏云此注作'十月'，误脱，或所见本异，则是注不得有'一'字矣，今本注有一字，当是刻者未考邢疏而据《孟子》以补之耳。"②

（五）校雅书形式

1. 校行款格式。阮元《校勘记》对《尔雅》经、注、疏作了全面校勘，从阮校可以看出，元明时期刊刻的"注疏本"对宋单疏本的行款作了较大的改动。如《尔雅疏序》"虽上尊睿旨"，《校勘记》："'睿旨'提行。正德本同，闽本、监本、毛本不提。"③ 又"敕校定"，《校勘记》："此本十卷，每卷篇题前著名衔，如此上空三格，敕字提行，下文'今既奉敕校定'同，正德本亦然。"④ 郭序《校勘记》："'夫尔雅'至'同实而殊号者也'。释曰'此明其用也'。注疏本改'释曰'二字作方匡'疏'字，通书皆然。又删'夫《尔雅》至同实而殊号者也'十一字。因注疏本另载郭序，故删，以避复，然失邢氏真面目矣。而'释曰'上及标注起止上，此本皆空一字，元本于释注上亦然。今仿他经注疏例加圆圈间之。"⑤《校勘记》："'尔雅卷上'，唐石经、单疏本、雪窗本、监本、毛本同，正德本、闽本署'尔雅兼义一卷上'，分《释诂》一篇为上中下三卷。"⑥

2. 校标点、断句。宋代雕版印刷书籍大都有句读，《尔雅》为训诂辞书，虽然以收字词为主，但如何断句，也至关重要，樊光、李巡、孙炎注就已经有断句的分歧，雅书刊刻亦涉及了此问题。《尔雅序》邢疏"然后知秉要执本"，《校勘记》："注疏本同，与《汉书》合。浦堂改執为執，读'秉要執'绝句，误甚。浦书此类极多，不及尽正。"⑦ 又，《释诂》

---

① 《尔雅注疏校勘记》，第376页上栏。

② 《尔雅注疏本正误》卷2，第329页上栏。

③ 《尔雅注疏校勘记》，第321页上栏。

④ 同上。

⑤ 同上。

⑥ 同上书，第323页上栏。

⑦ 同上书，第322页上栏。

"妃，匹也"，邢疏"若由是观之"，《校勘记》："元本、监本同，与明道本《国语》合。毛本若作焉，上属，系依俗本《国语》改。闽本若上剜挤焉字。"① 《释天》邢疏"维持其旒，使不曳地以朱缕"，《校勘记》："注疏本移'以朱缕'三字于'维持其旒上'，按此倒句法，本注。"②

　　3. 校行文体例。《释言》"莪，萝也'，《校勘记》："唐石经、雪窗本同，《释文》：'萝，五患反。'按此系《释草》文，误入。郭氏言'莪，草色如莪'云云，本上文'莪，雏也'之注，而在此下可证。《诗·大车》：'毳衣如莪。'毛传：'莪，雏也。'笺云：'莪，萝也。'《正义》曰'莪，雏'《释言》文，'莪，萝'《释草》文，分析最清，《释文》'萝'字音亦后人窜入。"③ 《释言》邢疏"辟，历也"，《校勘记》："唐石经、雪窗本同，单疏本此经无疏，凡注云'未详'及重出者，邢氏倒不为疏，因不标经，通书准此。"④ 又，《释丘》"水出其左营丘"，《校勘记》："唐石经、雪窗本、注疏本同，《史记·周本纪》集解、《礼记·檀弓》正义皆引作'水出其前而左曰营丘'，《水经·淄水》注引作'水出其前左为营丘'，又云'营陵城南无水，惟城北有一水，世谓之白狼水，西出丹山东，北流，由《尔雅》出前左之文，不得以为营丘矣。今临淄城中有丘，淄水出其前，故有营丘之名，与《尔雅》相符'。邵氏《正义》据此谓旧本《尔雅》经有前字，注云'淄水过其南及东'，东南二字正释前左二字。然考《诗·齐谱》正义引孙炎注《尔雅》云'水出其左营丘'，无前字，经文水出其前后左右四字相对，与下左高咸丘，右高临丘，前高旄丘，后高陵丘文法整对。刘熙《释名》本《尔雅》，亦言'水出其左曰营丘'，盖《史记》《水经注》等蒙上'水出其前渚丘'之文引之。王宗炎云凡古人只言左右者，皆据前言之，犹言东西亦据前言之，若对文则并举，如《释畜》言马有前右后右，前左后左矣，此言'水出其左'，谓'水出其前左也'，引者加前字，须人易晓耳。"⑤

　　① 《尔雅注疏校勘记》，第 327 页上栏。

　　② 同上书，第 385 页下栏。

　　③ 同上书，第 349 页上栏。

　　④ 同上书，第 355 页上栏。

　　⑤ 同上书，第 392 页。

三　雅学文献校勘方法

清代校勘学理论、方法都已成熟，并广泛应用于经史子集四部群书的校勘实践中，雅学文献校勘方法、校勘内容，乃至校勘术语都与校勘其他古籍所用大致相同。清代雅学文献校勘方法，大致包括以下几种。

（一）对校法

对校法，就是用同一部书的各种不同版本相互校勘的方法。陈垣《校法四例》："对校法，即以同书之祖本或别本对读，遇不同之处，则注于其旁。刘向《别录》所谓：'一人持本，一人读书，若怨家相对者'，即此法也。'"① 刘向、刘歆父子整理雅书无疑也主要使用了对校法，刘向校书工作大致包括以下几个方面："广罗异本仔细勘对、彼此互参除去重复、校出脱简订正讹文、整齐篇章定著目次、屏弃异号确定书名。"②《尔雅》在汉初即已编次修订完整，其品相相对于其他先秦古籍来说应该比较好，而且汉武帝时犍为文学曾为《尔雅》作注。百年后，刘向父子校勘《尔雅》、刘歆注《尔雅》时，搜罗《尔雅》各种传本对校比勘，使《尔雅》有了善本，学者治学悉用向、歆校本。又经过百余年的流传，至汉末樊光、李巡等才又重新整理、注释《尔雅》，以适应时代和学术的需要。刘向父子所创立的对校法，成为后世主要的校勘方法，清代学者校勘《尔雅》等雅书也主要使用此法。校勘的步骤大致是：以宋元版本为祖本，以元明刻本为参校本，主要校订文字异同、版本用字是非，兼有考辨。如阮元《校勘记》主要用对校法比较各版本文字异同，总结版本统系，阮氏几乎网罗了当时能看到的所有有代表性的版本，唐石经、单疏本、雪窗本、吴元恭本、闽本、监本、毛本等十余种，对校的工作量之大，可谓史无前例。如《释言》"敖、幠，傲也"，《校勘记》："幠，《释文》、唐石经、雪窗本、元本同，单疏本作抚，闽本、监本、毛本作忬，皆误。"③又，《释言》"宪，肆也"，《校勘记》："宪，唐石经、单疏本、雪窗本

---

① 陈垣：《校勘学释例》卷6，中华书局1959年版，第144页。
② 张舜徽：《中国文献学》第8编，中州书画社1982年版，第240页。
③ 《尔雅注疏校勘记》，第341页下栏。

同，注疏本作寙，注及疏准此。元本经作寙，按叶钞《释文》：'寙，肆也，吐彫反。寙，閒也，郭徒了反。'与唐石经皆画然有别。《玉篇》《广韵》脱寙字，今本皆作寙，误甚。《诗·大明》正义引《释言》及郭注作寙，《集韵》二十九筱于寙下引《尔雅》'肆也'，谓轻寙放肆。《类篇·宀部》寙下引《尔雅》肆也，此其证。《左传》成十六年'楚师轻寙'，《释文》勑彫反，依义当作寙。"① 严氏《匡名》也是广罗众本，主要使用了对校法，其正文字之道有三称：一曰证偏旁之离合；二曰存古本之异同；三曰纠俗刻之舛误。"证偏旁之离合，则以《说文》为主。存古本之异同，则以《释文》为主……其称樊光作某、孙炎作某者，它家之异于郭者也；其称本亦作某者，即郭本而传写互异者也；其称字亦作某者，则专就字论，虽书无此本而字有此体，亦并载之，于六艺之惜多资考证。纠俗刻之舛讹，则以石经为主，监本、毛本承讹袭缪，幸开成石经尚存，可以参校是正"②，严氏主要采用了《释文》、唐石经、邢昺正义、陆佃新义、郑樵注、雪窗书院刻单注本，至于"书中所采各本异同至雪窗书院本而止，明人所刻单注本如吴元恭、钟人杰、郎奎金、本朝如王朝宸所刻皆佳而不备载，惧烦也。今世通行注疏合刻者：一明监本、一汲古阁本，文字缪舛不可枝举，今不载者，亦惧烦也"③。由此可见，严氏首先用对校法，广罗众本，对经、注、疏一一比勘，然后对诸家版本作了取舍。如《释草》"苨苣，马蔃。马蔃，车前"，严氏："《释文》又云：'蔃，本今作舃。'石经、单疏本、雪窗本作舃。《毛诗传》及《正义》引皆作舃。案：蔃，俗字。"④

（二）本校法

本校法就是将本书前后文字互证，比较其异同，从而判断其书中的错误。雅书校勘使用本校法，主要是以经校经、以注校注、以疏校疏、经注疏互校等。

以经校经，主要是用《尔雅》前三篇之间以及前三篇和后十六篇之

---

① 《尔雅注疏校勘记》，第 346 页上栏。

② 《尔雅匡名》序，第 1 页下栏。

③ 同上书，第 183 页下栏—第 184 页上栏。

④ 同上书，第 308 页上栏。

间重出的词语，互相校证，如《释言》"幼、鞠，稚也"，《校勘记》："唐石经、单疏本、雪窗本、元本同，闽本、监本、毛本稚改稺，疏中同。《释文》'稺又作稚'，按《释亲》稺妇，《释文》亦作稺，云又作稚。"①

经注互校，以经字校注字，或已注文证经文，如《释水》"直波为径"，《校勘记》："唐石经、雪窗本同，单疏本摽起止云'河水至为径'。《释文》：'俓，字或作径，注同。'字或作径当为泾。《释名》云'水直波曰泾。泾，俓也，言如道俓也'。经'大波为澜，小波为沦'，字皆从水，此当作'直波为泾'。注云言'俓侹'，则作俓，为经注异文之证。俓、径同。"②

以郭注校郭注，如《释言》郭注"凌慄战栗"，《校勘记》："单疏本、雪窗本同，《释文》：'凌，郭注意当作倰。'《埤苍》云：'倰，慄也。'按，陆谓'注意当作倰'，则字不作倰矣，或谓注当作倰，非。下注云'强梁凌暴'亦用水旁字。"③ 也有以郭注体例校郭注是非，如《释草》"蘬赤苋"，张宗泰《正误》郭注："'赤苋一名蘬'，五字于注例不类，当是邢疏，今本误刊入者。"④

以释文校释文，如《释言》"休，庆也"，张宗泰《正误》："《释文》'休，虚虬反，下注同'。按，下'祈，叫也'，注'祈祭者叫呼而请事'，无休字，而经注俱有叫字。《释文》于叫下仅云古吊反，无注同字，则此当为其误耳，故附正之。"⑤

（三）他校法

关于他校法，陈垣在《校法四例》中认为："他校法者，以他书校本书。凡其书有采自前人者，可以前人之书校之；有为后人所引用者，可以后人之书校之；其史料有为同时之书所并载者，可以同时之书校之。此等校法，范围较广，用力较劳，而有时非此不能证明其讹误。"⑥《尔雅》素

---

①　《尔雅注疏校勘记》，第341页下栏。

②　同上书，第400页上栏。

③　同上书，第345页下栏。

④　《尔雅注疏本正误》卷2，第331页上栏。

⑤　同上书，卷4，第343页下栏。

⑥　《校勘学释例》卷6，第144—147页。

有"五经之梯航""诗书之襟带"的美誉，自两汉以迄清代，无论是经学注释还是雅学研究，学者们都遵循经雅互证的治经、治雅之路，戴震《尔雅注疏笺补序》："《尔雅》六经之通释也，援《尔雅》附经而经明，证《尔雅》以经而《尔雅》明。"① 《尔雅》又是百科博物之作，因此，经史子集四部征引颇多，两汉魏晋征引雅书代表著作上文已经论及，即便两宋时期，如宋欧阳修、范处义、杨简等治《诗》无不征引《尔雅》及其旧注，宋代大型类书《太平御览》所引《尔雅》多有不见于唐人征引者，等等。这些典籍以其征引时代早，所以对于雅书校勘价值巨大。另外，清代学者校勘雅书版本文字，常常要借助于《说文》，以《说文》校《尔雅》也是雅学校勘的主要方法之一。黄侃："《尔雅》解释群经之义，无此则不能明一切训诂；《说文》解释文字之原，无此则不能得一切文字之由来。盖无《说文》，则不能通文字之本，而《尔雅》失其依归；无《尔雅》，则不能尽文字之变，而《说文》不能致用。"② 对《尔雅》与《说文》的密切关系分析得十分透彻。阮元《校勘记序》："若夫《尔雅》经文之字，有不与经典合者，转写多岐之故也。有不与《说文解字》合者，《说文》于形得义，皆本字本义，《尔雅》释经，则假借特多，其用本字本义少也。此必治经者深思而得其意，固非校勘之余所能尽载矣。"③ 阮氏从校勘实践中，深刻地认识到了《尔雅》与经典、与《说文》文字互异的真正缘由。清代学者注释、校勘、辑佚雅书，无不重视对前人征引之文的参考。

1. 以经典所引校正《尔雅》。如《释丘》"水出其左营丘"，邵氏《正义》："《礼记疏》引《释丘》云：'水出其前而左曰营丘。'《史记集解》《水经注》并引《尔雅》云：'水出其前左曰营丘。'王念孙曰作'前左'者是也。薛瓒《汉书注》云：'临淄即营丘也，故晏子曰先君太公筑营之丘，今齐城中有丘即营丘也。'应劭以为营丘即营陵，陵即丘也。郦道元云：营陵城南无水，惟城北有一水，世谓之白狼水，西出丹山，俗谓凡山也。东北流，由《尔雅》出'前左'之文，不得以为营丘

① （清）任基振：《尔雅注疏笺补》，《续修四库全书》第186册，上海古籍出版社1995年影印本，第6页。

② 《尔雅音训》黄焯序，第1页。

③ 《尔雅注疏校勘记》，第319页上栏。

矣。今临淄城中有丘，在小城内，周遭三百步，高九丈，北降丈五，淄水出其前，故有营丘之名，与《尔雅》相符。《元和郡县志》'营丘在临淄县北百步外城中，《尔雅》曰水出其前经其左曰营丘，今临淄城中有丘，淄水出其前，经其左，故曰营丘'。诸家引《尔雅》之文详略不同，以水所营绕而言，其当有前字，明甚。'今齐至及东'，《诗疏》引孙炎云'今齐之营丘，淄水过其南及东'，郭注本孙炎，《水经注》引郭注过作迳。郭云'水过其南'者，水出其前也；云及东者，水自前而左也，故孔颖达云'水所营绕故曰营丘'，亦言其自前而左也。盖郭氏注《尔雅》时本作前左，唐初《尔雅》本即有脱去前字者，故孔氏于《礼记疏》引《尔雅》有前字，于《诗疏》引《尔雅》无前字，然其训释营字，俱从水之营绕取义，孔氏亦知作'前左'者为旧本也。今见行《尔雅》本俱无前字，姑仍其旧。"① 邵氏据《礼记疏》《史记集解》《水经注》《元和郡县志》等引《尔雅》之文，明《尔雅》有前字，又据《诗疏》所引孙炎注，分析得出郭璞注时有前字，唐初脱去。

2. 以《说文》校正《尔雅》。如《释器》"妇人之袆谓之缡"，严氏《匡名》："《释文》云：'帏，本或作袆'，……《说文·巾部》：'帏，囊也。从巾韦声。'又《衣部》：'袆，蔽膝也，从衣韦声。'郭训帏为香缨，则从巾者为正，衣、巾偏旁通借，故又作袆耳。"②《尔雅匡名》主要是以《说文》校正《尔雅》③，大致从文字应用、书体演变、文字构形等角度，校正《尔雅》流传过程中出现的各种讹误现象。又，《释鸟》"舒雁鹅"，张宗泰《正误》："注出'如舒雁'，今本雁皆误作雁，疏同。《说文》：'雁，鹅也，从鸟人厂声。臣铉等曰：当从雁省声，雁，鸟也，读若雁。''臣铉等曰雁知时鸟，大夫以为挚，昏礼用之，故从人'，是从鸟者为鹅，与雁不同明甚。"④ 又，《释言》邢疏"岠齐州以南"，《校勘记》："单疏本、雪窗本、注疏本同，《释文》'距，又作岠，同，音巨'。按，今《释地》作岠，《释文》同，盖失其旧。依《说文》本作距，从止，俗改从山。"⑤

① 《尔雅正义》卷11，第199页下栏—第200页上栏。

② 《尔雅匡名》卷6，第63页上栏。

③ 参见《严元照以〈说文〉校正〈尔雅〉研究》，《东方论坛》2010年第6期。

④ 《尔雅注疏本正误》卷1，第325页下栏。

⑤ 《尔雅注疏校勘记》，第340页下栏。

（四）理校法

关于理校法，陈垣在《校法四例》中说："段玉裁曰'校书之难，非照本改字不讹不漏之难，定其是非之难'，所谓理校法也。遇无古本可据，或数本互异，而无所适从之时，则须用此法。此法须通识为之，否则卤莽灭裂，以不误为误，而纠纷愈甚矣。故最高妙者此法，最危险者亦此法。"① 也就是说，理校法根据的是逻辑推理而不是书本证据，但原则是"非有确证，不敢藉理校而凭臆见"②，非博学通才，不能用此法。

《尔雅注疏校勘记》是清代雅学校勘著作中的代表作，据阮序称，"授武进监生臧庸，取以正俗本之失，条其异同，纤悉毕备，臣复定其是非，为《尔雅注疏校勘记》六卷"③，可见，《校勘记》主要出自臧庸之手，最后总其成者是阮元。臧庸是乾嘉时期考据派代表人物，其高祖臧琳是康熙间经学大师，有《经义杂记》，之中《尔雅杂记》考辩 26 条，在《校勘记》中多有引用。阮元邀请臧庸校勘《周礼》《公羊传》《尔雅》，以校《尔雅》最为精勤。臧庸雅学研究成果较多，雅学辑佚著作有《尔雅汉注》，考辨文章有《拜经日记·尔雅》《与段若膺明府论校尔雅书》《重雕宋本尔雅书后》《校宋本尔雅疏书后》《书吴元恭本尔雅后》等，其中《尔雅》今文说、《大戴礼》有《尔雅》说、《尔雅》注多鲁诗、《诗》《雅》文同义异、雅注毛郑异文、《尔雅》《毛诗》异文等，均考证精详，见识过人。臧庸校勘《尔雅》，几乎网罗了当时所能见到的所有的《尔雅》经注疏版本，在掌握了大量的版本资料的情况下，比勘异同，即下己意。如《释诂》注"按，抑，按也；替，废；皆止住也"，《校勘记》："雪窗本、注疏本同。邵晋涵《正义》云：监本按抑下衍按也二字，今从宋本删。邢疏云：'按抑替废皆止住也'，与宋本同。按，注训按为抑、训替为废，因注衍按也二字，似替、废皆经所有，又未审底、厎为二字，因改经厎作废矣。"④ 又，《释天》疏"以缝纴旌旗之旒缪"，《校勘记》："注疏本旗改旐。按，《尔雅》言旌旐，《诗笺》言旌旗，浅人互易之。"⑤

---

① 《校勘学释例》卷6，第148页。

② 同上书，第149页。

③ 《尔雅注疏校勘记》序，第319页上栏。

④ 同上书，第334页上栏。

⑤ 同上书，第385页下栏。

第九章

雅学文献辑佚研究

一　概述

《尔雅》汇释先秦各学科门类词语，包括经典用语、方言古语以及亲戚称谓、建筑、服饰、交通、器物、饮食、音乐、天文、地理、植物、动物等各方面词语，《尔雅》的编辑者们在汇释各类词语之前，大概也经过了一番搜集资料，部汇类居的整理编纂工作，其中也应该包括辑佚活动在内。周室既微，载籍残缺，孔子慨叹："夏礼吾能言之，杞不足征也；殷礼吾能言之，宋不足征也。文献不足故也，足则吾能征之矣。"① 相传孔子见过百二十国《春秋》，《诗》三千余篇，经过孔子修订为三百零五篇，如此看来，孔子整理六经必然也包括了大量的辑佚活动。汉兴，除秦挟书之律，大收篇籍，广开献书之路。至汉武帝时，书缺简脱，礼乐崩坏，于是"建藏书之策，置写书之官，下及诸子传说，皆充秘府。至成帝时，以书颇散亡，使谒者陈农求遗书于天下"②，又命刘向等人领校群书。其中兵书，汉初张良、韩信等人整理有 182 家，删繁取要定为 35 家，后来"诸吕用事而盗取之。武帝时，军政杨仆捃摭遗逸，纪奏兵录，犹未能备。至于孝成，命任宏论次兵书为四种"③，从兵书聚散编次看，汉代从立国始，就没有间断过对图书的搜集、整理，"捃摭遗逸"便是辑佚工作。至于雅书，历经犍为文学、刘向刘歆父子、樊光、李巡等整理研究，摭拾佚文是他们的首要工作，他们的著作在当时都应该是集大成之作，因而才能流传后世。

---

① 《汉书》卷 30《艺文志》，第 6 册，第 1701 页。

② 同上书，第 1715 页。

③ 同上书，第 1763 页。

汉魏时期，学者诠释典籍、著述文章不断征引《尔雅》；在郭璞注《尔雅》之前，《尔雅》已有"注者十余"家，郭璞注《尔雅》也必然对这些材料做了一番周密的辑佚工作，经过"二九载"的沈研钻极，钩稽、爬梳，博采众家之长，集腋成裘，终致蔚为大观。南朝梁沈旋《集注尔雅》，其初衷或是为了保存濒临亡佚的古注，然终因价值难与郭注匹敌，旋即消亡。郭璞之后又有数家音注、图赞等，但至隋唐时期也亡佚不存。汉魏六朝古注吉光片羽，因经典征引而得以保存一二。至清代，在辑佚学兴盛的大背景下，《尔雅》古注的辑佚受到重视并广泛深入地展开，进行雅学文献辑佚的学者较多，辑佚成果显著，并由此形成了一种新的雅学整理体式——雅学辑佚体。清代学者视散见于群籍中的《尔雅》旧注如"片珩断珪，愈足崇贵"，正如朱记荣在《尔雅汉注》后《识语》中所言："郭氏言'兴于中古，隆于汉氏'，知汉儒之所以诠解者，传授近古，义蕴宏深。沿及唐代，专用郭注而汉学不传，则欲研寻夫古谊难矣。然汉注虽佚，而刘歆、樊光、李巡、孙炎之说犹幸散见于陆氏《释文》、邢疏、《尚书》《毛诗》、三礼、《春秋左氏》《公羊》义疏、《太平御览》《龙龛手鉴》《文选注》等书，以及《初学记》《艺文类聚》《开元占经》，外至释氏《众经音义》。并资掇拾，用以核证，则为郭氏所弃者，藉群籍以厪存焉。"① 随着雅学研究的兴盛，如王谟、严可均、余萧客、马国翰、黄奭、臧庸、叶蕙心、李曾白、陈鳣等对散见于汉魏六朝文献中的《尔雅》旧注进行辑佚，"丹铅朝夕，乐不为疲"②，共辑得汉魏旧注 1000 余条，编纂成书。这些佚注对于《尔雅》校勘、注释、版本研究具有重大意义，扩大了雅学研究范围，促进了雅学研究的深入发展。有清一代雅学辑佚著作二十余种，如辑编类有余萧客《古经解钩沉·尔雅》、王谟《汉魏遗书钞·尔雅注》、马国翰《玉函山房辑佚书·经编·尔雅》、黄奭《黄氏逸书考·尔雅古义》、王仁俊《经籍佚文》、王朝榘《十三经拾遗》等综合性辑佚丛书汇编。专门辑佚《尔雅》旧注的专著，有臧庸《尔雅汉注》、严可均《尔雅一切音注》、张澍《尔雅犍为文学注》、陈鳣《尔雅集解》、叶蕙心《尔雅古注斠》、李曾白和李滋然《尔雅旧注考证》、陶方琦《尔雅古注斠补》和《尔雅汉学证义》、严元照《尔雅逸文》、董桂新《尔雅

---

① （清）朱记荣：《尔雅汉注识语》，见《尔雅诂林序录》，第 321 页。

② （清）余萧客：《古经解钩沉》前序，《四库全书》本第 194 册，台北商务印书馆 2008 年版。

古注合存》、许森《郑玄尔雅注》、钱熙祚《郭璞尔雅图赞》、吴骞《孙氏尔雅正义拾遗》、廖登庭《尔雅舍人注考》、傅世洵《尔雅舍人注考》、朱孔璋《尔雅汉注》、史诠《尔雅佚文》等。

二　雅学文献辑佚的特点

（一）辑佚学者众多，编辑形式多样

从清代雅学辑佚学者看，不但有王谟、余萧客、马国翰、黄奭、王仁俊、王朝篆等经史子集四部兼辑的辑佚专家，也有严可均、臧庸、叶蕙心、陈鳣、李曾白等专辑雅书并作考证的辑考结合的雅学专家，亦有邵晋涵、郝懿行等为注释疏证《尔雅》而广辑旧注的雅学研究专家。从辑佚成果的编纂体例看，有辑众家旧注单独编纂成书者，如马国翰《玉函山房辑佚书·经编·尔雅》、黄氏《尔雅古义》、许森《郑玄尔雅注》、钱熙祚《郭璞尔雅图赞》；有广辑众家旧注汇为一编者，如陈鳣《尔雅集解》、严元照《尔雅逸文》、董桂新《尔雅古注合存》。从对辑佚材料的整理看，有仅编次排比旧注，不作进一步研究的，如余萧客《尔雅钩沉》、马国翰所辑众家旧注；也有广辑旧注，精加校勘、考证的，如臧庸《尔雅汉注》、叶蕙心《尔雅古注斠》、李曾白李滋然父子的《尔雅旧注考证》等。从辑佚对象看，有专辑汉魏五家注者，有汉魏至唐五代旧注兼辑者；有仅辑佚注文，也有注、音兼辑者。从辑佚条目编排方式看，无论是专人之作，还是众家汇编之作，均按《尔雅》十九篇顺序及各篇词条先后顺序排列，其中有首列《尔雅》整个词条，也有只列出与所辑旧注相关的词语。众家旧注汇为一编的著作，按注家时代顺序依次排列，并在所辑旧注之后注明所辑文献来源；有的标明所有辑佚源，有的只标注一个辑佚源。有的只辑佚旧注，未加说明；有的仅注明旧注文字异同；有的经、注异文均作说明；有的不仅说明经注文字的不同，并详加比勘、考证，等等。总之，清代雅学辑佚方式、辑佚成果编辑形式多样，雅学辑佚成为雅学研究热点。

（二）辑佚材料广泛，辑佚活动深入

清代雅学辑佚材料来源经史子集四部群书，人们把能见到的唐宋元以

前古籍文献中关于《尔雅》的佚文、旧注搜罗殆尽。臧庸《尔雅汉注》专辑汉魏五家注，搜罗魏晋至唐宋古籍近三十余种，其中《帝范注》《法苑珠林》等在其他辑佚作品中很少见到。余萧客《尔雅钩沉》、叶蕙心《尔雅古注斠》所辑，除晋唐四部典籍及注解之外，宋元人四部著作亦广泛涉及，如《春秋集注》《物类相感志》《本草衍义》《记纂渊海》《筍谱》《埤雅》《尔雅翼》《说文系传》《押韵释疑》《龙龛手鉴》《芥隐笔记》《资治通鉴音注》《尔雅翼音释》《六书故》等。从辑佚来源看，首先，以儒家经典为主，其中主要是孔颖达《五经正义》和陆德明《经典释文》；其次是史部著作，主要以《史记》三家注、《汉书注》《后汉书注》及唐宋类书；最后，集部主要以《文选注》为主，子部有《倚觉寮杂记》《海录碎事》《演繁露》《鼠璞》等杂著较多。

随着雅学辑佚的深入，由清代前期以《五经正义》《经典释文》及史书注解等为主要辑佚源，扩大到海外佚文献的辑佚，如李滋然于清光绪三十三年（1907）供差驻日本公使署，"公余之暇，访求遗书，得隋著作郎杜台卿《玉烛宝典》十一卷、顾黄门原本《玉篇》三卷半、唐释慧琳《一切经音义》一百卷及日本源顺所撰《和名类聚抄》十卷，皆中土久佚而刊之于东洋者，佚文古注，灿若列星"①，这几种文献均为六朝至唐时人著作，除去日人源顺之书外，均为黎庶昌刊入《古逸丛书》。在李氏之前，诸家辑佚均未见及，其对雅学辑佚意义重大。例如，李氏在慧琳《一切经音义》中辑得慧琳明引郑玄《尔雅注》14 例，这为学界长期以来所争论的郑玄是否注《尔雅》问题提供了有力的证据。日本学者源顺的《和名类聚抄》（亦名《倭名类聚抄》）一书，编纂于日本承平时期，即931—938 年，相当于我国的唐文宗太和、开成时期，正是《尔雅》被勒石入经时期。源顺氏所引均统称"旧注"，李滋然共辑出 46 例。张小柯硕士论文《关于〈倭名类聚抄〉所引〈尔雅〉》统计共 182 例，涉及《尔雅》15 篇②。另外，关于《玉烛宝典》，李氏仅从其中辑得 1 条，遗漏尚多，以刘歆注为例，除马国翰、黄奭等辑得 3 条外，我们又从中辑出 5

---

① （清）李曾白、李滋然：《尔雅旧注考证》，《续修四库全书》第 188 册，第 374 页上栏。

② 参见张小柯《关于〈倭名类聚抄〉所引〈尔雅〉》，硕士学位论文，东北师范大学，2010 年。

条①，均为李氏未辑而黄、马诸人未见之《尔雅注》。

（三）所辑佚文的处理形式

清代雅学辑佚，由于辑佚者目的不同，对所辑佚文的处理方式也各不相同。大致可以分为三种形式：

1. 辑而不考。这一类辑佚著作较少，主要有余萧客《尔雅钩沉》、严可均《尔雅一切注音》等。《尔雅钩沉》大致仿《释文》体例，基本上摘字而辑，间有简短词条，音、注并辑，依次为《尔雅》经字、旧注、注者、出处，出处仅注明一处，整体看，比较简略。但余氏所辑也有超出他人之处，注重版本来源，如有：惠校相台岳本《尔雅疏》、朱校宋本《礼记疏》、宋本《春秋疏》、影宋本《集韵》、宋本《御览》等，说明余氏比较重视辑佚材料的底本选择。余氏所辑《尔雅》旧注虽然简约，但开创了清代雅学辑佚的风气，至其再传弟子黄奭，更是遍辑《尔雅》旧注，并且考辨结合，成《尔雅》古注集大成著作。严可均《尔雅一切注音》依《尔雅》词条顺序排列11家注及音，共有1040余条，并注明出处。该书号为"一切音注"，因为还收录郭璞的音、注，其中收录郭璞注文1850余条，虽然繁芜，但郭注与旧注的异同一目了然，对于学术研究极为便利。

2. 辑而略考。马国翰《玉函山房辑佚书·经编·尔雅》对所辑众家注文的异同偶有简单的说明，如《释训》孙氏注"绵绵，蕙也"，马氏："今注疏本作穗，《诗正义》引孙炎《尔雅》作薦。"② 也有对词条简单注释并对诸书征引异同略作分析，如《释天》孙氏注"起大事动大众必先有事乎社而后出谓之宜"，马氏："'大事，兵也。有事，祭也。宜求见使祐也。'邢疏、《诗·大雅·绵》正义、《春秋成十三年》正义引'有事'二句、《书·泰誓上》正义引末句作'福佑'、《礼记·王制》正义引末句作'求便宜也'。"③

3. 辑考结合。有通过序文对《尔雅》注家进行考辩的，如黄奭、马

① 参见《中国雅学史》，第89—90页。
② 《玉函山房辑佚书·经编〈尔雅〉类》第五帙第6册《尔雅孙氏注》卷上，光绪九年（1883）长沙娜嬛馆补校刊本。
③ 同上书，卷中。

国翰对所辑旧注都写有序文，著之篇首，考辨作者、篇卷、目录著录、体例、材料来源、佚注内容、价值等。黄奭序文中关于"魏孙炎"的考证，广泛搜集了史书、注书、史志及雅书征引情况，反复考证，对诸家流传存在的问题也都进行了考辨。有对所辑佚文进行校刊、补正，或者考证、疏通的。如臧庸《尔雅汉注》，叶蕙心《尔雅古注斠》，陶方琦《尔雅古注斠补》《尔雅汉学证义》，李曾白、李滋然《尔雅旧注考证》，廖登庭《尔雅舍人注考》，傅世洵《尔雅舍人注考》等。《释诂》"绍，继也"条，《旧注考证》："郭氏'绍'无注，《一切经音义》八'绍隆'注引《尔雅注》云：'绍、继，道也。'邵氏《正义》亦云《众经音义》引旧注云：'绍、继，道也。'惟郝氏《义疏》以此为舍人注，马氏国翰辑舍人注从之。《一切经音义》明云：《尔雅》'绍、胤，继也'，注云'绍、继，道也'，'允、继，世也'。《春秋隐十一年·左传》正义亦止言'胤，继也'，《释诂》文，舍人云：'胤、继，世也。'并未合言'绍、继，道也'句为舍人注，郝、马混而一之，当从邵氏《正义》为允。"① 李氏广引旧注，考证出郝氏引文欠准确、马国翰转引轻率的弊端。

三　雅学辑佚文献举隅

（一）臧庸《尔雅汉注》

臧庸（1767—1811），本名镛堂，字在东，号拜经，清代江苏武进人。师事卢文弨，并从钱大昕、段玉裁等讨论学术，后入浙江巡抚阮元幕府，助其汇辑《经籍纂诂》。他治学严谨，长于校勘、训诂，著有《拜经日记》《拜经堂文集》《月令杂说》《说诗考异》《尔雅汉注》等。《尔雅汉注》三卷，主要辑佚汉魏旧注，有舍人注、刘歆注、樊光注、某氏注、李巡注、孙炎注、无名氏佚注。臧氏辑汉注的原因和目的，据卢文弨序称："郭于古文古义不能尽通，往往以己义更定，考古之士病焉，幸李孙诸人说时散见于唐人诸书中，其为郭氏所弃而不取者，说顾往往胜郭。""在东笃好古义，遍加搜辑"②，采撷《释文》《五经正义》《文选注》《史

① 《尔雅旧注考证》，第375页下栏—第376页上栏。
② 《尔雅汉注》卢序。

记》三家注、《汉书注》《齐民要术》《开元占经》《玉篇》《龙龛手鉴》《法苑珠林》《初学记》《艺文类聚》《太平御览》、邢昺《尔雅疏》等古代典籍近 30 种，从诸书征引中，"拾其坠遗，考其同异，汇成三卷"①，"以存汉学，俾读是经者有考焉"②。《汉注》依《尔雅》十九篇之序，共立 811 个词条，辑旧注约 1085 条（包括注音），其中舍人注 199 条、刘歆注 3 条、樊光注 57 条、李巡注 272 条、孙炎注 436 条、某氏注 35 条、无名氏佚注 61 条。臧氏所辑佚文主要来自《五经正义》《经典释文》二书，二书相同者 37 条，其中《五经正义》独有（去重复者 131 条）约 687 条，《经典释文》独有 214 条。《汉注》具有以下几个特点。

1. 汇集众家注于一书，便于考见旧注之异同

《汉注》按《尔雅》各篇词条顺序收辑众家佚注，同一词条下旧注按注者时代先后顺序排列，并注出每条旧注所有的辑佚源。这种编排方式，使众家旧注的异同显而易见，如《释诂》"暱，近也"，《汉注》："舍人曰：'暱，戚之近也。'孙炎曰：'暱，亲之近也。'"③ 可见，舍人与孙炎之戚、亲为同义词，在舍人时代用戚，孙炎时代多用亲。又，《释器》"彝、卣、罍，器也"，《汉注》："李曰：'卣，鬯之罇也。'孙曰：'尊彝为上，罍为下，卣居中也。'"④ 可见，李巡注释"卣"之用，孙炎注释酒器等级，所释角度不同。

《汉注》对旧注辑佚的所有来源一一注明，从中可以考见古籍征引的频率及征引方式异同。如《释言》"跀，刖也"，《汉注》："李曰：'断足曰刖也。'《书正义》十九、《诗正义》一之二、《毛诗音义》上、邢疏。"⑤ 表明李巡注辑自四部典籍，而且词条都相同。又，《释训》"锽锽，乐也"，《汉注》："舍人曰：'喤喤，钟鼓之乐也。'《诗正义》十九之二。按《汉书》《风俗通》皆同《尔雅》作锽，舍人当作锽，顺毛改作锽（当为喤）。"⑥ 臧庸认为舍人本作"锽"，是孔颖达顺《毛传》而改舍人注为"喤"。

① 《尔雅汉注识语》，第 312 页。
② 同上书，第 311 页。
③ 《尔雅汉注》卷上，第 17 页。
④ 同上书，第 67 页。
⑤ 同上书，第 32 页。
⑥ 同上书，第 42 页。

2. 关于旧注及郭注

（1）关于孙炎注

卢文弨序称"魏有孙炎，为反切之学所自始，是皆说《尔雅》者所必宗也"①，臧氏认为孙炎虽仕于魏，其学则出于郑玄之门，仍然是汉人旧说，辑之"以存汉学"。孙炎注可以补充郭注，也可以考见郭璞袭用孙炎注情况。如《释亲》"母之昆弟为舅"条，《汉注》引孙炎曰"舅之言旧，尊长之称"，臧氏云："按，古圣人定名俱有意义，非无故而为是称也。郭多阙而不解，非也，不有孙氏之说，即舅姑之称且不识于义云何矣，古注其可废乎？"② 又，《释诂》"即，尼也"条，《汉注》："郭景纯注《尔雅》袭用旧说，于孙氏尤多。"③

（2）某氏注与无名氏注

《汉注》引"某氏注"35 条，臧庸在《汉注序》中说："《春秋正义》引樊光注，《礼记正义》作某氏，《诗正义》则某氏、樊光两引之，殆因沈旋疑非光注，或题为某氏耳。"④ 臧氏认为某氏注就是樊光注，但出于审慎，仍称"某氏"，列于李巡注之前。至于无名氏旧注，为散见于群籍中的雅诂，辑自《一切经音义》中最多。臧氏认为，这些旧注"要皆汉儒之义，精通旧诂，深研雅训，远非东晋郭景纯辈所能及"⑤，共辑得 61 条，皆以"注曰"为标识，如《释器》"金谓之镂，木谓之刻，骨谓之切，象谓之磋，玉谓之琢，石谓之磨"，《汉注》："注曰：'治骨曰切，治象曰磋，治玉曰琢，治石曰磨。'皇侃《论语疏》一引《尔雅》"⑥ 皇侃疏皆加一"治"字，臧氏定为《尔雅》旧注。据郝疏："《诗·淇奥》传'治骨曰切，象曰磋，玉曰琢，石曰磨'，于《尔雅》加上一治字，即文义了然矣，故《正义》引孙炎曰'治器之名'，郭与孙同。"⑦ 则臧氏所辑或为《尔雅》旧注。

---

① 《尔雅汉注》卷上，《尔雅汉注》卢序。

② 同上书，第 50 页。

③ 同上书，第 17 页。

④ 同上书，第 310—311 页。

⑤ （清）臧庸：《尔雅汉注序》，见《尔雅诂林序录》，第 310—311 页。

⑥ 《尔雅汉注》卷中，第 73 页。

⑦ 《尔雅郭注义疏》卷 6，第 528 页。

（3）关于郭璞注

《汉注》注重旧注与郭璞注的比较，以见郭注之源流本末，但也表露了重汉魏旧注，轻郭璞注的倾向，"郭氏精美之语，多本先儒，支离之谈，皆由臆说。更或擅改经文，轻弃注义"①，臧氏把郭璞注与孙炎、李巡、樊光注相同之处一一标明"郭同"，共56处，如《释诂》"即，尼也"，《汉注》："孙曰：'即犹今也。尼者近也。'《书正义》十。郭同。郭景纯注《尔雅》袭用旧说，于孙氏尤多，后遇郭义与古注同者，多书'郭同'二字，以验其所本也。"②从臧氏标注、排列方式看，郭注借鉴孙炎注较多，如《释宫》"东西墙谓之序"，《汉注》："《书正义》十八、《后汉书注》五十七、《文选注》十一、《御览》一百八十五俱作'东西厢'。案：孙、郭皆作墙，《御览》引舍人《尔雅》作厢，则作厢，疑即舍人本。郭从孙，不从舍人。"③有时据郭补孙，如《汉注·释天》："孙曰：'掩兔之毕或谓之噣，因以名星。'郭同。案：郭注作'因星形以名'，此亦当作'因星以名'。"④也有纠正郭注讹误的，如《释器》"鱼谓之鮨"，《汉注》："注曰蜀人取鱼以为鮨。案：《说文·鱼部》：'鮨，鱼酱也。出蜀中。'义正合，郭璞以为'鮊属'，非是。"⑤有明郭注从李注者，如《释宫》"枅谓之㮤"，《汉注》："《释文》㮤音节，旧本及《论语》《礼记》皆作节。案：《礼记正义》引孙炎《尔雅》作节，又云李巡本节作㮤。今郭本作㮤，则郭从李也。"⑥

3. 兼考辨、校勘于辑佚之中

《汉注》虽为辑佚之书，但也有很多考证的内容，体现了臧氏精于训诂、长于校勘考证的朴学功底。正如卢文弨《汉注序》中所言："在东勤勤掇拾，能引伸其所长，而不曲护其所短，由诂训以通经学，斯不难循塗而至矣。"⑦

疏注《尔雅》，如《释天》"在丙曰柔兆"，《汉注》："《说文》'丙

---

① 《尔雅汉注序》，见《尔雅诂林序录》，第311页。

② 《尔雅汉注》卷中，第17页。

③ 同上书，第53页。

④ 同上书，第95页。

⑤ 同上书，第71页。

⑥ 同上书，第57页。

⑦ （清）臧庸：《尔雅汉注》卢序。

位南方，万物皆成，炳然’，《律书》‘丙者，言阳道著明’，《汉志》‘明炳于丙柔’，《史记》作游。”① 指明词条文字异同，大多引《释文》为证，如《释器》“简谓之毕”，《汉注》：“《释文》毕，李本作篳，同。”② 有明词条衍文的，如《释天》“析木之津”，《汉注》：“旧本析木下有谓字，邢疏云：‘《左传》曰今在析木之津、《国语》曰日在析木之津者，是也。经典但有析木之津，无析木谓之津。今定本有谓字，因注云即汉津也，误矣。’案：《春秋正义》引孙炎《尔雅》无谓字，今删之。”③ 有明后人改旧注者，如《释训》“皋皋琄琄，刺素食也”，《汉注》：“《释文》：‘皋皋，樊本作浩浩，古老反。’舍人：‘皋皋，不治之貌。’《诗正义》十八之五、邢疏。《尔雅》当本作浩浩，舍人注同。樊当引《诗》云‘浩浩訿訿’，后人据《毛诗》改为皋皋。”④ 明前人征引有误，如《汉注·释天》“孙曰涒滩万物吐秀，倾垂之貌也”，臧氏云：“《史记·历书》正义，又《天官书》索隐作李巡注，误。”⑤ 揭明旧注训例的，如《释训》“氂，罽也”，《汉注》：“舍人曰：‘氂谓毛也。罽，胡人续羊毛而作。’《书正义》六、《诗正义》十八之四、邢疏。《书正义》作‘谓毛罽也，胡人续羊毛而作衣’，今从《诗正义》。舍人义多两训，如‘崇，充也’曰‘威大充盛’；‘庶，侈也’曰‘庶，众也’、‘胗，多也’；‘隍，壑也’曰‘隍城池也’、‘壑，沟也’，训例最古。”⑥ 有破假借，明旧注文字不同，如《释器》“鱼曰斮之”，《汉注》：“《礼记正义》引李巡《尔雅》作‘作之’，《公羊疏》引樊光《尔雅》作‘斮之’，是郭从樊也。案：作、斮声相近。”⑦ 今本郭注作“谓削鳞也”，则是从刀之斮，斮古音庄母铎部，作古音精母铎部，庄与精古为同一个声母，因此，李巡本作为借字，今本斮为正字。

4. 认为《尔雅》为今文之学

清代臧庸、徐养原等一些学者认为在汉代《尔雅》为今文之学，尤

---

① （清）臧庸：《尔雅汉注》卢序，第 83 页。
② 同上书，第 73 页。
③ 同上书，第 93 页。
④ 同上书，第 43 页。
⑤ 同上书，第 86 页。
⑥ 同上书，第 24 页。
⑦ 同上书，第 70 页。

其是臧庸，在他的雅学研究著述中多次表明，在《汉注》中也作了阐明，如《释训》"委委佗佗，美也"，《汉注》："舍人曰：'袆袆者心之美。《诗》云袆袆它它。'《释文》。按，《说文》引《尔雅》云'襹襹襡襡'，襡即襹之省。《尔雅》出于汉世，今文之学也，三家《诗》必作袆字，孙、郭等据《毛诗》改之。又《隶释》八载《卫尉衡方碑》云'袆隋在公'，此即用《羔羊》'退食自公，委蛇委蛇'之文，而委字作袆，与《君子偕老》篇正合。余昨以《尔雅》所载皆《鲁诗》，于此尤信，《韩诗·羔羊》作'逶迤'，有《释文》可证。洪适以'袆隋'为《韩诗》，予向辨其非，然虽知出三家，而不能定其为鲁也。今以《尔雅》《君子偕老》篇证之，信为《鲁诗》矣。《释故》'阳，余也'，出《鲁诗》'阳如之何'，此《尔雅》是《鲁诗》之明证。"①

总之，《尔雅汉注》对汉魏旧注的辑佚较为全面，同时对旧注文字异同作了考辨，穷搜研讨，引证丰富，但"由于时代和条件的限制，在资料来源上也同样只止于经生耳目之所及，于古注仍有由于未见而致遗漏者"②。

（二）叶蕙心《尔雅古注斠》

叶蕙心，字兰如，清代江都（今扬州）人。自幼随祖父叶继可学习《尔雅》，皆能背诵。21 岁嫁与江都贡生李望祖（1814—1881）为妻。李望祖精于经史、金石、小学，专治《说文》《文选》之学，有《说文重文考》《唐石经笺异》等，叶蕙心"喜以音韵训诂为研究"，能朝夕以经义质问，夫妻间"析疑辨难，娓娓不倦"③。基于"《尔雅》旧注自宋以来无裒辑善本，余氏《钩沉》未臻详备，舛误尤多；邵氏、郝氏《正义》为疏证景纯之书，其采旧注，因文附著，谊非专家；甘泉黄氏、句容陈氏并有辑本，而未传于世"的现实，叶氏"因刺取群经《正义》《释文》，逮唐宋类书，凡五家之注及旧注失姓名者，悉与甄录"④，"晨夕稍暇，繙阅书籍，采择以考订者几二十年"⑤，成《尔雅古注斠》三卷。

① （清）臧庸：《尔雅汉注》卢序，第 36—37 页。

② 朱祖延：《臧庸〈尔雅汉注〉提要》，《尔雅诂林叙录》，第 94 页。

③ 《尔雅古注斠》刘寿曾序，第 398 页上栏。

④ 同上。

⑤ 《尔雅古注斠》李祖望跋，第 468 页上栏。

　　《古注斠》共辑汉舍人注至五代孙炎、高琏注十二三家，还辑有郭璞《尔雅音义》《尔雅图赞》，对于典籍所征引的《尔雅》逸文也一一辑入。其中舍人注 230 例，郭舍人注 1 例，犍为舍人注 9 例，犍为文学注 1 例，樊光注 72 例，刘歆注 4 例，李巡注 337 例，孙炎注 459 例等，共 1200 余例。

　　与臧庸《汉注》相较，二者略有不同：臧氏只辑佚汉魏五家注，叶氏所辑范围则较为广泛，凡是汉魏至唐五代的《尔雅》音、注、图赞均加辑佚；对于一个旧注条目，臧氏把所征引的不同典籍一一列于该条之下，叶氏一般只标明一个辑佚源；臧氏对于所征引典籍一般只涉及书名，而《古注斠》并指出篇名，如《诗·板》正义、《诗·行苇》正义；《汉注》主要辑佚汉魏五家注，因此魏晋隋唐时期的辑佚材料使用较多，宋代仅及《御览》、邢疏等数部著作，叶氏《古注斠》所收注家较多，一直到唐五代时期的孙炎、高琏，因此，辑佚材料除仍以《五经正义》《释文》等为主外，宋代典籍涉及较多，如《本草衍义》《说文系传》《埤雅》《集韵》《物类相感志》《海录碎事》等，其他还有《荆楚岁时记》《酉阳杂俎》；关于郭注与众家同者，《汉注》在词条后标明"郭同"，叶氏则在词条前冠以"郭孙同""李郭孙同"，然后出注文；臧氏多对旧注异文进行考证，叶氏不但列出异文，"偶有发明，即诠释注文之下，多说通转、假借之例，而箴邵、郝正义之失，尤多精确"①。

　　叶氏待字闺中之时即能背诵《尔雅》，"更进以邵氏《正义》、郝氏《义疏》，因悟声音、训诂、通假之旨"②，中年以后辑佚《尔雅》旧注，所辑旧注 1200 例，排列悉依十九篇之序，摘字为序，即只出所辑旧注的被训词，不出《尔雅》整个词条。在所辑旧注词条后有作者的发明，以"蕙心案"形式表明，并多从声音角度探求旧注异文。如开篇"《释诂》第一"，《古注斠》："樊光、李巡本作故。《释文》。蕙心案：《说文·言部》引《诗》曰'诂训'即《诗》'古训是式'之古训。诂通作故，《汉书·艺文志》有《大小夏侯解故》，《诗》有《鲁故》《齐后氏故》《齐孙氏故》《韩故》《毛诗故训》，然则古训、故训、诂训，并声同义通。"③

----

① 《尔雅古注斠》刘寿曾序，第 398 页上栏。

② 同上书，李望祖：《尔雅古注斠跋》，第 468 页上栏。

③ 同上书，卷上，第 399 页上栏。

从《古注斠》所论看，实际上与邵、郝相比，并无大发明。此条邵、郝所论均详于叶氏，邵氏称"诂通作故"①，郝氏所证更为详明，最后总结说："盖古训即故训，故训亦即诂训，并字异而义通矣。"② 又如《古注斠·释诂》："晊，樊光云'郅可见之大'，《史记·司马相如传》索隐；旧音之日反，《释文》。蕙心案：今本通作晊。《说文》无晊字，《释文》云'本又作至，又作胵'，盖晊乃胵之讹，郅乃至之借。郭注云'至，极'，是郭已改从至字。"邵氏言"晊本作郅"，与樊光同。郝氏亦与邵说同，又云"樊本作郅，通作晊""《释文》'晊本又作至'，盖郭本即作至，故云'至，极'，亦为大也"③，叶氏说与邵、郝通，均认为晊、郅、至声近义通，只是叶氏更明确提出"至"本字、晊为胵之讹、郅为至之借。王氏父子亦有此论，如王引之《经义述闻·尔雅上》："家大人曰'作至者，是也'。作晊者，涉上文昄字从日而误。《说文》无晊字。其作胵，又晊之误也。"④

《古注斠》明确论及邵氏《正义》6 条、郝氏《义疏》8 条，总体上看，不完全是"箴邵郝之失"。如《释诂》"谑浪笑敖戏谑也"，《古注斠》："舍人曰：'谑，戏谑也。浪，意萌也。笑，心乐也。敖，意舒也。戏笑邪，戏也，谑笑之貌也。'蕙心案：《说文》：'谑，戏也。'引《诗》'善戏谑兮'。则戏、谑二字本互相训，以《释诂》之例推之，是'谑浪笑敖戏'五字皆训谑，观舍人注各字分训，自知郝氏义疏谓：'谑浪笑敖'四字为句，本《诗·终风》篇；戏谑二字为句，本《毛传》'戏谑不敬'。虽'戏谑'可统释'谑浪笑敖'之辞，然究不得执彼例此。"⑤ 早在郝疏之前，邵氏《正义》即指出"'谑戏'二字为连文也，'谑浪笑敖'四字连文。是四字分言之亦各为义，故《诗疏》引舍人"⑥。叶氏认为《说文》"谑戏"互训，因此可分；《释诂》之例以一字释多字，此条训词应为单字分训。叶说不无道理，然戏、谑可单训，邵氏已经言明；至于《释诂》之例以一字释多字，但并非没有双音为训者，如"毗刘，暴

---

① 《尔雅正义》，第 43 页上栏。

② 同上书，第 13 页。

③ 《尔雅郭注义疏》卷 1，第 26 页。

④ （清）王引之：《经义述闻》，《续修四库全书》第 175 册，第 192 页下栏。

⑤ 《尔雅古注斠》，第 400 页上栏。

⑥ 《尔雅正义》，第 50 页下栏。

乐也""覭髳，茀离也"。

对邵、郝之说，或存疑，或箴补，如《释诂》"劳、来、强、事，勤也"，《古注斠》："舍人曰：'来强事也。'蕙心案：邵氏《正义》称'强事'二字本舍人注溷入正文，郝氏《义疏》云：'今偕偕士子。偕，强也；士，事也。此即强事之义。'王氏《经义述闻》引《释言》《释训》及《尔雅释文》《大雅·板》篇正义、舍人诸注，谓舍人注有总释经文之例，此注'来强事'下安知其无脱文，未可遽以'强事'为'来'之训释。第此三说皆非有确证，诂备述以待参考。"① 邵晋涵认为"强事"是舍人注误入正文，郝懿行以《诗》反驳邵说，王引之折中二说，认为舍人注可能有脱文，叶氏列此三说存疑。

明邵、郝之例，如《释训》"宪宪、泄泄，制法则也"，《古注斠》："邵氏《尔雅正义》泄泄作泄泄。唐石经泄多作泄，避讳改。"② 今本《尔雅》皆作泄泄，唯邵氏《正义》作泄泄，叶氏同意邵氏之更改，并指出泄作泄之误始于唐石经之避高宗世民之讳。

尊邵、郝之说，或补充、引证之，如《释训》"绰绰、爰爰，缓也"，《古注斠》："邵氏《正义》云：《释文》有'重语'二字，旧疏亦述监本郭注多脱误，今据宋本于注'皆宽缓也'四字下补'悠悠偁偁丕丕简简存存懋懋庸庸绰绰尽重语'二十三字，此邵氏补之是也。盖'悠偁丕简'诸训虽见《释诂》《释言》，而重语之字于《诗》为多，重训著于《释训》，正见别于单词之见于《释诂》《释言》，乃知古人著书不惮烦琐以晓人者如此。"③

另外，叶氏在辑佚校证过程中，也注意揭明《尔雅》行文及旧注征引之例，尤其是对舍人注、《尔雅》序篇等问题作了探讨。如《释训》"顾舍人本作雄雄"，《古注斠》："《释文序录》有犍为文学注三卷，陆更注云'舍人，汉武帝时待诏'，前所称舍人云、舍人本者皆指犍为文学，兹别称顾舍人者，《序录》又云'谢峤、舍人顾野王并撰音'，则顾当指顾野王舍人也，与谢峤本二人。"④ 关于"舍人注"问题，唐以前征引多

---

① 《尔雅古注斠》，第404页下栏—第405页上栏。
② 同上书，第418页上栏。
③ 同上书，第415页下栏—第416页上栏。
④ 同上书，第415页上栏。

称舍人、犍为舍人、犍为文学，也有称郭舍人者，对此清代学者提出了不同看法，邵晋涵、臧庸、马国翰等认为是同一个人，舍人姓郭，叶氏认为三者为一人，与邵晋涵同。关于《尔雅》序篇问题，最早见于《诗正义》，叶氏也作了探讨，如正文之后另有"《序篇》第二十"，《古注斠》："《序篇》曰：'《释诂》《释言》通古今之字，古与今异言也；《释训》言形貌也。'《诗·关雎》正义。蕙心案：《诗疏》于《关雎》训诂传下引此文，是孔所见《尔雅》尚有《序篇》弟二十，故《汉书·艺文志》云《尔雅》三卷二十篇。考古人序目皆在本书后，今本《尔雅》序篇亡失已久，邵氏《正义》疑群书征引不出十九篇外，当元无逸篇，又或欲以监本分《释诂》为二篇，皆非也。"[1] 关于《尔雅》有无序篇问题，邵晋涵、郝懿行认为《尔雅》无序篇，《释诂》旧分二篇，这一观点已为许多学者否定。顾广圻、王鸣盛、李慈铭、叶德辉、陆尧春、王先谦等均主《尔雅》有序篇说，叶氏更加明确提出序篇即为《尔雅》第二十篇，并以古书通例证之，也算发明旧说之一证。

总之，《尔雅古注斠》广辑众书，尤其是两宋典籍，坚持辑考结合，征引详明，所辑基本涉及了汉魏至唐宋几乎所有《尔雅》佚注及音，并对散见于典籍中的《尔雅》佚文也作了辑佚。同时，该书以"通转、假借"理论破《尔雅》及旧注之借字，探求本字，虽然总体上看，"箴邵郝之失"少，尊邵抑郝或有之，但正如刘序所称"太君之斠录雅注，乃乾嘉诸儒所欲为，或为之而未成者"，其"整齐别白，部居秩然，诚为治《尔雅》者不可不读之书也"[2]。

四　雅学辑佚的价值

清代雅学辑佚是在清代辑佚学发展的大背景下，以及雅学发展兴盛的推动下全面展开并达到高潮的。清代雅学注释研究，重视援引《尔雅》逸文及久逸的旧注。汉魏旧注，较接近《尔雅》产生的时代，对《尔雅》的诠释更加准确，因此这些旧注学术价值较大，研究这些旧注，对于《尔雅》研究来说，犹如"以吴人解越人之言，纵不能尽通，犹得其六七，

---

[1]　《尔雅古注斠》，第467页下栏。

[2]　《尔雅古注斠》，刘寿曾序，第398页下栏。

燕秦之士必不逮焉"①，而且愈早之书，流传之讹愈少，更为可信。清人珍视汉魏旧注，如获至宝，清代出现的雅学注释著作如邵氏《正义》、郝氏《义疏》、胡承珙《尔雅古义》等都大量援引雅书旧注。有清一代，产生了二十余种雅学辑佚专著，都是清代学者对经史子集数十部典籍爬梳钩稽、厘析而成，这些辑佚专家及其辑佚成果，开创了雅学研究的一个重要领域，并为雅学注释、校勘、版本研究提供了有力的证据。具体表现在以下几个方面。

（一）　补证郭注

东晋郭璞花了将近20年时间注释研究《尔雅》，广泛地借鉴了十余家注释成果，又"错综樊孙"，成《尔雅注》三卷，自郭注问世，汉魏旧注相继散佚不存。至清代，学者们对散佚在群集中的《尔雅》旧注进行了广泛的辑佚，通过旧注与郭注的比勘，发现了郭注的一些问题，如"郭于古文古义不能尽通，往往以己意更定，考古之士病焉"②，"景纯之注迭经刊改，已非完书"③，等等。学者们在辑佚过程中对郭注未详、未闻、欠妥之处作了考证，如《释诂》"祜，福也"，郭注未释祜，或认为"义之常行者耳"，臧庸《尔雅汉注》："祜字从古，古字训天。《周书·周祝》解天为古。郑康成《尧典》注：'古，天也。'《玄鸟》笺：'古帝，天也。'故祜为天之福。"④ 臧氏对祜之"天之福"义作了补证。李曾白《尔雅旧注考证》："郭注祜未详，……臧氏引申汉注，最为精切。"⑤ 又，《释诂》"噰，危也"，《尔雅旧注考证》："郭氏噰未详。《龙龛手鉴》二引《尔雅》旧注云：'噰，事之危也。'《说文》云'噰，危也'，为旧注所本。"⑥ 此条与邵氏《正义》、郝氏《义疏》同。又，《释言》"臞，瘠也"，《尔雅旧注考证》："郭注'齐人谓瘠瘦为臞'，而于臞字无训。《文选·谢灵运〈初去郡〉诗》注引《尔雅》旧注曰：'臞，肉之瘦也。'《说文》：'臞，少肉也。'《史记·司马相如传》云：'形容甚臞。'索隐

① （清）臧庸：《尔雅汉注》卢序。

② 同上。

③ 《尔雅古注斠》刘寿曾序，第398页上栏。

④ 《尔雅汉注》，第10页。

⑤ 《尔雅旧注考证》卷上，第376页下栏。

⑥ 同上。

引韦昭曰：'臒，瘠也。'舍人曰：'臒，瘦也。'通作癯。《释文》臒字又作癯，《文选注》臒与癯同，均足以补郭所未详。"①

（二）考见郭注与旧注之间的传承关系

郭璞《尔雅注序》称其注《尔雅》"错综樊孙，博观群言"，清代学者批评郭璞多袭旧注而不言明，在辑佚过程中对此有所揭示，如臧庸《尔雅汉注》多在词条后注"郭同"二字，以明郭璞与孙炎、李巡注的传承关系，主要是与孙炎注同。如《释诂》"即，尼也"，臧氏称："郭景纯注《尔雅》袭用旧说，于孙氏尤多。"② 《释乐》"所以鼓柷谓之止"，《汉注》："郭氏此注亦本李巡，但加详耳。"③ 《释天》"错革鸟曰旟"，《汉注》："李曰：'以革为之，置于旂端。'孙曰：'错，置也。革，急也。言画急疾之鸟于旂上也。'"④ 李巡以"革"为皮，与郭注同，孙炎释革为急，李、孙、郭对革的释义不同。《诗·小雅·六月》传正义："《释天》云：'错革鸟曰旟。'孙炎曰：'错，置也。革，急也。画急疾之鸟于縿也。'《郑志·荅张逸》亦云'画急疾之鸟隼是也'，故笺云'鸟隼之文章'，王知隼者，以《司常》云'鸟隼为旟'。"⑤ 《礼记·檀弓》："夫子之病革矣。"郑注："革，急也。"⑥ 朱骏声《说文定声·颐部》革假借为亟⑦。《说文》："亟，敏疾也。"革与亟古音皆见母职部，音同而通用。孙炎为郑玄门人，释《尔雅》用郑说，郭璞从李，不从孙。又，《释训》："戚施，面柔也。"《古注斠》："孙郭注云：'戚施之疾不能仰，面柔之，人常俯，似之，因以名云。'"⑧ 又《释地》"璆琳"，《古注斠》："李巡、孙炎、郭璞等并云'璆琳，美玉'。"⑨

《尔雅旧注考证》对郭璞与众家旧注的承继关系作了详细考证。《释

---

① 《尔雅旧注考证》卷上，第 378 页上栏。

② 《尔雅汉注》，第 17 页。

③ 同上书，第 80 页。

④ 同上书，第 102 页。

⑤ 《毛诗正义》卷 17，第 425 页上栏。

⑥ 《礼记正义》卷 6，第 1277 页下栏。

⑦ 《说文通训定声》颐部第 5，第 213 页上栏。

⑧ 《尔雅古注斠》，第 419 页下栏。

⑨ 同上书，第 437 页下栏。

天》"扶摇谓之猋"，《考证》："郭注云：暴风从下上。《慧琳一切经音义》五十一'惊飚'注引郑注《尔雅》云：'飚，风从下向上者。'《诗·正义》引李巡曰：'扶摇从下升上，故曰猋，猋，上也。'孙炎曰：'回风下上曰猋通作飙。'《说文》：'飙，扶摇风也。'《月令》注：'回风为猋。'孙炎师事郑玄，故注《尔雅》用郑义，郭氏云'风从下上'，亦用郑玄旧注也。"① 又，《释鸟》"鸀沈凫"，《考证》："郭注：'似鸭而小，长尾，背上有文，今江东亦呼为鸀。'《和名类聚抄》鸀下引《尔雅注》云：'鸀，一名沈凫，貌似鸭而小，背上有文。'狩谷氏笺注云'一名沈凫'四字非郭注，盖旧注也。按郭氏亦折中旧注耳。"②

严可均《尔雅一切注音》主要是辑佚汉魏五家注，所辑舍人注 196 条、刘歆注 2 条、樊光注 58 条、李巡注 308 条、孙炎注 396 条、某氏注 29 条、旧注 21 条、谢峤注 2 条、沈旋注 4 条、顾舍人注 4 条、《尔雅图赞》13 条，并附有郭璞注 1850 条，这样郭璞注与旧注的异同显而易见。如《释言》"黼黻，彰也"，《注音》："孙炎云：'黼文如斧形，盖半白半黑，似刃白而身黑；黻谓刺绣为已字相背，以青黑线绣。'郭璞云：'黼文如斧，黻文如两已相背。'"③《释言》"蠲，明也"，《注音》："樊光云：'蠲除垢秽，使令清明。'郭璞云：'蠲，清明貌。'"④《释言》"跰，刖也"，《注音》："李巡云：'断足曰刖。'郭璞云：'断足。'"⑤

（三）考证《尔雅》传本问题

不论是只辑不校还是辑校结合的雅书辑佚文献，一般都是先列《尔雅》经文，次列众家旧注，通过经文与旧注以及旧注之间的文字比较，我们可以考见《尔雅》传本的用字情况。如《释诂》："犯奢愧毅尅捷功肩堪，胜也"，严可均《尔雅一切注音》："孙炎云：愧，决之胜也。尅，强之胜也。郭璞云：陵犯、夸奢、果毅皆得胜也。《左传》曰'杀敌为果'，肩即克耳。《书》曰'西伯堪黎'。"⑥ 孙炎注、郭璞注有愧与果、尅与堪

---

① 《尔雅旧注考证》，第 383 页下栏。

② 同上书，第 394 页上栏。

③ （清）严可均：《尔雅一切注音》卷 2，《续修四库全书》第 188 册，第 80 页下栏。

④ 同上书，82 页上栏。

⑤ 同上书，第 88 页下栏。

⑥ 同上书，第 69 页下栏。

的不同。叶蕙心《古注斠》："《广韵》云：'《仓颉篇》果敢作此猓。'据叔然注，知《尔雅》古本作猓。《释文》云：'亦作猓，音果，本今作果。'是唐时《尔雅》犹有作猓者。"① 又，《释天》"四气和为通正"，《尔雅一切注音》："气，旧本并作时，《文选注》卷引《尔雅》作'四气和为通正'，邢昺疏五卷引《尸子·仁意》篇文同。兹据改正。又，《论衡·是应篇》云：'《尔雅》释四时章曰春为发生云云。四气和为景星，夫如《尔雅》之言，景星乃四时气和之名也，恐非著天之大星。《尔雅》之书，五经之训故，儒者所共观察也，而不信从，更谓大星为景星，岂《尔雅》所言景星与儒者所说异哉？'案《论衡》所引《尔雅》本与郭异，又以此章为释四时，与众家本并异。今无从详考。"② 这是《音注》中最长的一条考辨文字，由此可见，两汉时期，《尔雅》传本已经文字歧异，对一些异文，像王充这样的大学者也疑不能明。

---

① 《尔雅古注斠》，第 402 页上栏。
② 《尔雅一切注音》卷 2，第 112 页下栏。

第十章

雅学文献刻印研究

春秋战国以来，书籍大多"书于竹帛，镂于金石"，同样，雅书载体也经历了简牍、缣帛、石、纸等几个阶段，自唐代《尔雅》"镂于金石"而为万世法，便开始了雅书雕版印刷的滥觞，五代至两宋时期是雅学雕版印刷开展和兴盛时期，雅书各版本系列之祖本皆可溯源于这一时期，至清后期，随着石印技术传入，并广泛用于书籍的刻印，雅书又出现了大量的石印本。总之，自两汉至清代、民国时期，雅书体式丰富，版本类型多样，形成了数量庞大的雅学文献版本系统，对雅学文献版本刊刻历史作全面、深入研究，有助于雅学研究科学化、系统化。

一　雅学文献抄写流传

（一）雅书写本

写本在版本学中是一个历史名词术语，在印刷术产生前，不论是竹简木牍，还是缣帛纸张，基本都以抄写为主，广义上讲，书籍版本形态都可以叫写本。秦汉时期，书籍以竹简、木牍和缣帛为主要载体，《尔雅》等雅书大致也是抄写在这几种载体上流传于世的。《汉志》所载《尔雅》三卷二十篇，就与载体关系密切，据清人叶昌炽《藏书纪事诗序》称："三代方策，邈哉邈矣！炎汉初兴，书皆竹帛。《班志》所谓'篇，竹书也；卷，则帛书也'……《风俗通义》：'刘向典校书籍，先书竹，改易写定，可缮写者以上素。'"① 帛书的"长短，依文字多少为转移。通常是卷成一束，称为一卷；短文也有几篇合成一卷的。而大部分的情况，在简策中编

---

① （清）叶昌炽：《藏书纪事诗》，王颂蔚《序》，上海古籍出版社 1999 年版，第 1 页。

成一篇的，相当于帛书的一卷"①。盖"三卷"为帛书之制，"二十篇"为简策之制，也就是说，二十篇卷了三卷。东汉宦官蔡伦推进造纸术，纸载体出现，大概至六朝时期纸大规模代替了竹、木、缣帛，成为文献的主要载体。梁陈隋唐时期，朝廷均设有抄书官，下属有众多抄书手，著名诗人庾信、徐陵年轻时都曾在宫廷中做抄书手，民间书籍流传也都是靠抄写，《梁书·王筠传》载王筠"幼年读五经，皆七八十遍。爱《左氏春秋》，吟讽常为口实。广略去取，凡三过五抄。余经及《周官》《仪礼》《国语》《尔雅》《山海经》《本草》并再抄。子史诸集皆一遍，未尝倩人假手，并躬自抄录，大小百余卷。不足传之好事，盖以备遗忘而已"②。东晋郭璞、江灌并有《尔雅图赞》等，必然写画于布帛或纸上，隋唐时期经籍基本上是用纸张抄写了。据《隋书·经籍志》载："宋武入关，收其图籍，府藏所有，才四千卷。赤轴青纸，文字古拙。"③ 又《旧唐书·经籍志》载："及隋氏平陈，南北一统，秘书监牛弘奏请搜访遗逸，著定书目，凡三万余卷，炀帝写五十副本，分为三品。……开元时，甲乙丙丁四部书各为一部，置知书官八人分掌之。凡四部库书，两京各一本，共一十二万五千九百六十卷，皆以益州麻纸写。"④ 可见，五代雕版印刷以前的六朝隋唐时期雅书主要是以写本形式流传。

　　至宋元明清，雕版印刷成为书籍形成的主要方式，写本就成为古朴的善本的代名词，元以后虽是手工抄写，便只能名之为"抄本"，如齐树楷之《尔雅抄》，与写本有了区别。另外，从价值看，无论时代早晚、印本书是否盛行，一书的传抄凡出自名流学者之手，往往也要以写本名之，而不称其为抄本。因此，抄写的书籍大多因为时代早，是雕版书籍的雕印源，而备受学者追捧。然而古代的写本书籍存世较少，雅书更是少见。

　　现存最早的雅书写本是19世纪末在敦煌发现的唐写本，其中有《尔雅》白文残卷、《尔雅》郭注本等。《尔雅》白文残卷为法国伯希和所劫，现藏法国巴黎国家图书馆，编号为伯3719。所谓白文，只指经文而言。此《尔雅》白文残卷，起《释诂》"遘、逢，遇也"，讫《释训》"委委、

---

① 张舜徽：《中国文献学》第1编，第14页。

② （唐）姚思廉：《梁书》卷33，第2册，中华书局1973年点校本，第486页。

③ （唐）魏征等：《隋书》卷32，第4册，第907页。

④ （后晋）刘昫等：《旧唐书》卷47，第6册，第2082页。

他他，美也"，共 84 行。虽然书法不佳，却是唐代写本。《尔雅》郭注本亦为伯希和所劫，现存法国巴黎国家图书馆，编号为伯 2661、伯 3735。伯 2661 号存《释天》第八至《释地》"岠齐州"句，伯 3735 号自《释丘》至《释水》第十二，王重民先生谓验其断痕与笔记实为一卷，卷末有"大历九年（774）二月廿七日书主尹朝宗书记""天宝八载（749）八月廿九日写"、草书"张真乾元二年十月十四日略寻，乃知时所重，亦不妄也"三题记。此写本不避唐初几代皇帝讳，即渊、治、旦不缺笔，王重民先生据以定为六朝写本，并举五个讹字来证明其推断。谏侯《唐写本郭璞注〈尔雅〉校记》订正为唐人写本，并对王重民提出的经文五字及郭注六点一一驳正①。从张真题记看，此《尔雅》郭注本在书法和内容方面质量均较高，可称善本，虽属残卷，版本价值甚高。民国三十六年（1947）台湾大学影印敦煌秘籍留真新编本，即影印了敦煌写本。

另据《中国古籍版刻辞典》记载："王澄，唐龙朔（661—663）人，抄写《尔雅》一卷。"②

（二）雅书抄本

雕版印刷术发明以后，由于种种原因，有些书籍仍以抄本形式流传，如北宋陆佃《尔雅新义》，此本大概在成书之时就以抄本形式流传开来，至南宋时书肆尚见抄本，陈振孙《书录解题》称："顷在南城传写，凡十八卷。"③ 后其曾孙陆子通刻印析为二十卷，此书宋版在明代散佚。至清代，《尔雅新义》亦是以抄本流传，清宋大樽《尔雅新义跋》称："吾友丁君小山乃于京师购得影宋抄本，诚希世之祕册也。"④ 上海市图书馆现有《尔雅新义》清抄本二十卷；东北师范大学图书馆亦有此抄一帙，上有清余卤跋；云南省图书馆有清伊蒿学庐抄本一帙。此书至清嘉庆十三年（1808），始有陆芝荣三间草堂刻本。

也有人把抄书看作尊经、励志问学的重要方式，如清蒋衡（1672—

---

① 谏侯：《唐写本郭璞注〈尔雅〉校记》，朱祖延主编《尔雅诂林叙录》，第 1526—1527 页。

② 瞿冕良：《中国古籍版刻辞典》，齐鲁书社 2001 年版，第 58 页左栏。

③ （宋）陈振孙：《直斋书录解题》卷 3，上海古籍出版社 1987 年版，第 88 页。

④ （宋）陆佃撰，（清）宋大樽校：《尔雅新义》，《续修四库全书》第 185 册，上海古籍出版社 1995 年影印本，第 479 页。

1742，字湘帆，江苏金坛人），曾用12年时间抄写十三经，"以《春秋左传》二十万言始，凡五年讫工。继以《礼记》十万言，又二年；其余《周易》《尚书》《毛诗》《周礼》《仪礼》《公羊》《谷梁》《尔雅》《孝经》《论语》《孟子》，又五年，共历一纪乃毕。以碑洞石经为式，搆善本校正，用东洋纸、界乌丝栏书之"①。蒋氏所抄十三经装成300册，50函，清乾隆四年（1739）八月由江南河道总督高斌装裱后进呈御览，藏于懋勤殿，因其"志在尊经"，乾隆赐蒋衡国子监学正衔。今蒋衡写本藏台北故宫博物院，清乾隆五十八年（1793）懋勤殿石拓蒋书十三经亦藏台北故宫博物院。

清修《四库全书》，共抄七部，其中所收雅书皆为抄本。诸如周春《尔雅注》等在刻板之前，亦是以抄本流传。

二　石经《尔雅》

（一）唐开成年间刻石经《尔雅》

雕版印刷大致始于唐代中晚期，最初主要刻印一些日历、佛经、小学书籍，还未广泛应用于经、史书籍的刊刻，经籍大多数要靠抄写流传。《尔雅》为小学书，唐时是否有印本流传，今已无从得知，亦不见典籍记载。而《尔雅》作为经典之副，因与经书的密切关系，在唐开成年间与九经一起被刻石，成为学校教育、学者治学之典范。

石经刊刻始自东汉末年，当时宦官、外戚专权，政局动荡，人心浮躁，太学诸生"章句渐疏，而多以浮华相尚，儒者之风盖衰矣"②，党锢之祸后，高才贤士流废、隐退，"遂至忿争，更相言告，亦有私行金货，定兰台漆书经字，以合其私文"③，社会极度混乱。汉灵帝熹平四年（175），以经籍去圣久远，文字多谬，俗儒穿凿疑误后学，命蔡邕等正定六经文字。蔡邕亲自书写《周易》《尚书》《鲁诗》《仪礼》《公羊传》《论语》《春秋》七经于石，使工镌刻，立于洛阳城南太学门外。石经始

① （清）钱吉泰：《曝书杂记》卷中，中华书局1985年点校本，第57页。

② 《后汉书》卷69上，第9册，第2547页。

③ 同上。

立，观视及摩写者车乘日千余辆，填塞街陌。石经在一段时间内，对于纠正俗儒穿凿附会，臆造文字，维护经典文字统一起了积极作用。三国魏正始年间在洛阳太学又刻三体石经，也叫正始石经，采用古文、小篆和汉隶书写，刊刻了《尚书》《春秋》和《左传》三部经书。三体石经是使用多种字体刻写的石经，由于工程浩大，并未全部刊成。至唐代，汉石经、魏石经十不存一二，而石经拓本犹存。

唐初颜师古撰《五经字样》，规范了五经文字，孔颖达等撰《五经正义》统一了五经诠释，这样五经从义理到文字都有了统一的标准，因此，对经书的文字、训诂纷争暂告一段路。《尔雅》《说文》《广雅》等也从解经的重要工具转而成为士人学子识文断字、备查释疑的一般字典辞书。唐代沿用隋代科举选拔人才的制度，并把儒家经典定为学校教育的教材和选拔官员的主要标准，因此，儒家经书及社会用字规范工作极其重要。而唐中后期，人们用字"趋便不求当否"，以致"五经文本荡而无守"，致使社会用字混乱，先后出现了《五经文字》《干禄字书》等规范社会用字的书。《五经文字》为大历时期国子司业张参所撰，他考证五经中文字形体的变化（篆、籀、隶体之变）及音义，以熹平石经、三体石经和《说文》《字林》《经典释文》等书字体为准，收见于《周易》《尚书》《诗经》《周礼》《春秋传》五经之字，也兼收《论语》《尔雅》之文字，分三卷，160部，共3235字。其中收入《尔雅》244字，如鹿部"麎，人力反，牝麒也。经典皆作麟，唯《尔雅》作此麎字"[1]；卩部"謇，纪偃反，难也。见《尔雅》，《易》及经典作謇难，字皆作謇"[2]；玉部"玱，七羊反，声也。《诗》或作鎗，《尔雅》亦有作创者"[3]；水部"濕溼，式人反，上《说文》，下隶省，经典皆以濕为溼，唯《尔雅》用之"[4]。显见，《尔雅》与其他经传用字的不同，在文字规范中也是学者们必须重视的重要参考文献。《五经文字》虽然只收《尔雅》240余字，但对于《尔雅》版本研究颇有价值。《五经文字》始书于洛阳太学"讲论堂东、西厢之壁"，后来又写在坚木上，供各级学校传抄、拓印。

---

① （唐）张参：《五经文字》卷中，《中华汉语工具书书库》第12册，安徽教育出版社2002年影印本，第47页上栏。

② 同上书，第52页上栏。

③ 同上书，第55页下栏。

④ 同上书，第64页上栏。

同时，唐代学校教育重视石经的权威性，石经是重要的学习课程，唐人试士必以石经。据《新唐书·选举志》："凡书学，石经三体（古文、篆、隶）限三岁，《说文》二岁，《字林》一岁。"① 唐文宗太和四年（830），国子祭酒郑覃以经籍刓谬，博士浅陋不能正，建言准汉熹平石经故事，刻诸经于长安太学石壁，示万世法。当年由艾居晦、陈玠等人用楷书分写，太和七年（833）郑覃与周墀等校订九经文字刻石，至文宗开成二年（837）郑覃奏上石壁九经160卷，先后历时7年，刻石114块，每石高七八尺，广三四尺不等。在九经之外还刊刻了《孝经》《论语》和《尔雅》，共十二经，计650252字，其中《尔雅》5石，10791字。由于其刻成于太和年间，又称太和石经。然而"石经立后数十年，名儒皆不窥之，以为芜累甚矣"②，其后数百年间也不为世人所重，宋元明三朝经籍刊刻未见有以唐石经参校之记载。不过，唐石经毕竟是由政府颁定的儒家重要经典的最早版本，它的刊刻完成，标志着唐代文字统一工作的结束，经籍用字混乱现象得以控制，楷书形体固定下来，对当时社会用字及后世文字规范、雕版印刷都产生了极大的影响。自此，《尔雅》亦从秦汉的篆、隶体书写形式，始定型为由政府规范的、标准的楷体形式。至清代，唐石经的价值开始为学者所重视，正如严可均《唐石经校文》自序称："余弱冠治经，稍见宋椠本。既又念若汉、若魏、若唐、若孟蜀、若宋嘉祐、绍兴，各立石经。今仅嘉祐四石、绍兴八十七石，皆残本，而唐太和石经二百廿八石巍然独存，此天地间经本之最完最旧者也。……今也古本皆亡，欲复旧观，已难为力，可慨也！然而后唐雕版，实依石经句度钞写，历宋、元、明转刻转误，而石本幸存，纵不足与复古，以匡今缪有余也。……石经者，古本之终，今本之祖。"③ 学者们在校勘、辑佚、疏证《尔雅》等经籍时首先要参考唐石经。如阮元《尔雅注疏校勘记》比勘诸本异同，首列唐石经，钱大昕撰《唐石经考异》、严可均撰《唐石经校文》，以石经版本审订诸经经文。如《尔雅·释草》"蒙，王女"，钱大昕《唐石经考异》："今本王作玉。"④ 他在《十驾斋养新录》中又进一步指

---

① （宋）欧阳修、宋祁：《新唐书》卷44，第4册，中华书局1975年点校本，第1160页。

② 《旧唐书》卷17下，第2册，第571页。

③ （清）严可均：《唐石经校文》，《续修四库全书》第184册，第246页下栏。

④ （清）钱大昕：《唐石经考异》，《续修四库全书》第184册，第199页下栏。

出："注：'蒙即唐也，女萝别名。'案：女萝之大者谓之王女，犹王彗、王刍；鱼有王鲔，鸟有王雎也。今本讹王为玉，唯唐石经不误。"① 又《释草》"孟，狼尾"，《考异》："今本孟作孟，误。"②《十驾斋养新录》："'泽，鸟蓻'，今本蓻作蔆。《释鸟》：'燕，白脰乌'，今本乌作鸟。'鷾，白鷢'，今本分杨鸟为二字。……唯唐石经字画分明可信。"③ 由此可见，唐石经是校读经文最早、最可依据的本子，但石经并非完美无缺，钱氏也指出了石经存在避讳改字和用俗体字的不足之处④。

（二） 五代蜀刻石经《尔雅》

蜀石经，又称广政石经、孟蜀石经等，是由五代蜀国宰相毋昭裔以开成石经为蓝本，重新摹写刻石的又一批石头经书。

蜀地自两汉以来就有"文章冠天下"之称，学校之盛，汉称石室、礼殿，富有藏书。唐末五代天下大乱，孟知祥、孟昶父子称帝蜀都。后主孟昶（934—965）酷爱艺文，其宰相毋昭裔性嗜古文、藏书，通经术。后蜀广政元年（938），昭裔上书请求依太和石经故事刊印九经。《经义考·后蜀石经》："张俞曰：唐之衰，侯王怙乱，崩裂区宇，荡削典法，惟孟氏踵有蜀汉，以文为事，凡草创制度，多袭唐轨，绍汉学，遂勒石，书九经。"⑤ 广政七年（944）刻成《孝经》一卷、《论语》十卷、《尔雅》三卷，由简州平泉令张德昭书；广政十四年（951）又刻成《毛诗》二十卷、《礼记》二十卷、《仪礼》十七卷，由秘书郎张绍文书；《周易》十卷，由国子博士孙逢吉书，《尚书》十三卷，由校书郎周德贞书；《周礼》十二卷，由校书郎孙朋吉书；《春秋左氏》前十七卷，未著书写人。共十部经书，入宋以后，又补刻《春秋左传》及《公羊传》《谷梁传》。据曹学佺《蜀中广记》载晁公武《石经考异序》："按赵清献公《成都记》：伪蜀相毋昭裔捐俸金，取九经琢石于学宫，而或又云毋丘裔依太和旧本，令张德钊书。皇祐中，田元均补刻《公羊》《谷梁》二传，然后十二经始全。至宣和间，席升献又刻《孟

---

① （清）钱大昕：《十驾斋养新录》，《续修四库全书》第 1151 册，第 132 页上栏。

② 《唐石经考异》，第 199 页下栏。

③ 《十驾斋养新录》，第 132 页上栏。

④ 同上书，第 133 页上栏。

⑤ （清）朱彝尊：《经义考》卷 289，第 318 页上栏。

子》参焉。"①

蜀石经与五代监本一样，也是以开成石经为底本，宋乾道六年（1170），晁公武参校二本，取经文不同者302科，著为《石经考异》。晁氏校五代监本与蜀石经，校《尔雅》经文不同者"五科"，则单就《尔雅》来看，毕竟同出一源，两个版本讹误较少。晁氏又言"其传注不同者尤多，不可胜纪"②，盖蜀石经亦刻印了诸经注文。但遗憾的是，蜀石经并未能保存下来，大概毁于宋末元初的战火之中。

蜀石经有拓本传世，明《文渊阁书目》著录有诸经拓本，其中《尔雅》三册。据王国维《蜀石经残拓本跋》："元明以来罕见纪录，盖碑石毁于蒙古寇蜀之役，故拓本传世甚希。惟明内阁藏有全拓，《文渊阁书目》卷十三辰字号第一厨有石刻《周易》三册、《尚书》三册……《尔雅》三册……共百有一册，下皆注'完全'字。……凡此诸经，每经上但冠以石刻字，不明著其为蜀刻，然有《孟子》及《石经考异》，而无《五经文字》及《九经字样》，其为蜀刻而非唐刻明矣。至万历三十三年张萱等撰《内阁图书目录》，始注明成都石刻，所录诸经册数，并与《文渊目》同，惟缺重出之《春秋经传》二十九册。萱所撰《疑耀》（卷一）亦云：'余承之西省，校阅秘阁藏书，及见蜀本石经《周易》三册，《尚书》三册，……《尔雅》三册，完好如故。其纸墨之精，拓法之妙，真希世宝也。把玩一月，不忍释手'云云，是万历时阁书虽多残缺，而此拓独完。而光绪中所编内阁大库存书档册则已无一册。"③ 蜀石经拓本自明后流传内阁书库，至民国时期还有残卷、残叶，而今未见存世者。

蜀石经本《尔雅》三卷，四碑，经注文字10791字，广政七年（944）平泉令张德钊书、武令升镌，与《孝经》《论语》先于七经刻成。周萼生在《近代出土的蜀石经残石》一文中称蜀石经与前代石经有许多不同之处：第一，蜀石经有注文；第二，蜀石经工程巨大，碑石上千数；第三，蜀石经施工时间长，共历四个朝代232年；第四，蜀石经亡佚得突然，时间、原因不明；等等。周先生经过长期搜集研究，得出"蜀石经系

---

① （南宋）晁公武：《石经考异序》，见（明）曹学佺《蜀中广记》卷91，《文渊阁四库全书》第592册，第481—482页。

② 同上书，482页。

③ 《王国维先生全集初编》三，大通书局有限公司1976年点校本，第973—975页。

取唐大和本为蓝本，故字体与开成石经颇相近，亦类欧、虞，然书法秀整
腴劲，确有贞观遗风，较之开成石经，犹为优美。……前人得一部宋板书
籍即视为善本，珍若拱璧，蜀石经乃五代十国时所刊，比宋板书籍还早，
就此一两片残石上的文字和宋板书籍比较，已经有好几处比宋板书籍好得
多，可见蜀石经的价值"①。

毋昭裔对《尔雅》亦有研究，雅学著作有《尔雅音略》三卷，据宋
赵希弁《郡斋读书志后志》载："《尔雅音略》三卷，伪蜀毋昭裔撰。《尔
雅》旧有释智骞及陆朗《释文》，昭裔以一字有两音、有或音，后生疑于
呼读，今释其文义最明者为定。"② 在五代以前，为《尔雅》注音者多家，
至五代时仅存释智骞《尔雅音》及陆德明《尔雅释文》，而这两部著作为
《尔雅》注音的同时，也收其他读音，或他家之注音，对于《尔雅》学习
者极为不便，并多滋疑惑，因此，毋昭裔根据《尔雅》诸字释义，择定
标准读音，可惜其书后来失传。

三　五代雅书刻印

雕版印刷的古籍，因刊刻时间、地域、刊刻者、刊刻字体、印刷及版
框、用纸等的差异而形成了多种不同的版本类型。从刻印时代早晚看，有
五代监本、宋刻本、辽刻本、金刻本、元刻本、明刻本、清刻本；从刻书
地域看，有蜀刻本、闽刻本、浙刻本、平水刻本等；从刻印机构看，有国
子监刻本、殿本、公使库本、茶盐私本、书院本、书局本；从刻印者看，
有官刻本、坊刻本、家刻本等；从刊刻先后看，有初刻本，重刻本、翻刻
本等；从开版大小看，有巾箱本；从字号大小看，有大字本、小字本等；
从书口看，有黑口本、白口本；从行款看，有十一行本、十行本、九行
本、八行本等。从五代至清末，随着雅书体式多样化、数量增多，各种版
本类型基本都已经具备。雅书刻印虽然滥觞于唐石经，但真正的雕版印刷
则肇始于五代国子监。

五代时，雕版印刷事业比唐代有了长足发展，印刷区域、规模逐渐扩

---

① 周尊生：《近代出土的蜀石经残石》，《文物》1963 年第 7 期，第 47—49 页。

② （宋）晁公武：《郡斋读书志》卷 4，《中华汉语工具书书库》第 83 册，安徽教育出版社
2002 年影印本，第 288 页。

大，数量增多，尤其是开始大规模雕版印刷经史文学书籍，刻印者也从民间、寺院上升为知识分子和官方机构，于是出现了政府刻书和私家刻书。五代以前，《尔雅》的版本形式多是写本，唐开成石经为石刻本，至五代时期，《尔雅》作为儒家经书之一，同其他经典一样开始有了木刻版本。后唐明宗长兴三年（932），在宰相冯道倡议下，开始雕版印刷儒家经典。据《册府元龟》载："后唐宰相冯道、李愚重经学，因言汉时崇儒，有三字石经，唐朝亦于国子学刊刻，今朝廷日不暇给，无能别有刊立，常见吴蜀之人鬻印板文字，色类绝多，终不及经典，如经典校定雕摹流行，深益于文教矣。"① 刊刻九经的目的，正与历代刻石的目的一样，是校正经典文字，使读书人有标准的读本。此次雕版印刷儒家经典，在底本、校刻者的选择及刊刻质量等方面，后唐政府都相当重视。据《五代会要》记载，后唐长兴三年（932）二月，政府批准中书门下关于依石经文字，刻九经印版的奏请。又"敕令国子监，集博士儒徒，将西京石经本，各以所业本经句度抄写注出，仔细看读，然后雇召能雕字匠人，各部随帙刻印板，广颁天下，如诸色人要写经书，并须依所印敕本，不得更使杂本交错"②。至后周广顺三年（953）雕印儒经工作全部完成，共印经书十二部。《九经》之外，还包括《论语》《孝经》《尔雅》，同时还刻印了《五经文字》《九经字样》两部字书。由于刊刻工作由国子监主持，刻版也收藏于国子监，因此所刊刻经书世称"五代监本"，这是中国历史上最早雕印的儒家典籍，它开创了经书采用板印之先河，标志着雅书流通和传播方式开始进入一个新的阶段。

关于五代监本，王国维在《五代两宋监本考》中论述最为翔实：其一，关于五代监本的底本，王国维认为："监本九经虽依唐石经文字，然唐石经专刊经文，监本则兼经注。考六朝以后行世者只有经注本，无单经本。唐石经虽单刊经文，其所据亦经注本，如……《尔雅》题郭璞注。又注家略例，序文无不载入，是石经祖本本有注文，但刊时病其文繁，故存其序例，刊落其注耳。监本反是，虽兼经注，非径以经注本上版，乃用

① （宋）王钦若等：《册府元龟》卷608《学校部·刊校》，中华书局1960年影印本，第7304—7305页。

② （宋）王溥：《五代会要》卷8，中华书局1985年影印本，第96页。

石经经文而取经注本之注以加之……然监本经文虽依石经，亦非无所校定。"① 就是说，五代监本并非完全照刻唐石经，唐石经只有经文，没有注，而五代监本经、注皆备，其注文是据他本另行补入的。五代监本以唐石经为底本，又经过一番校勘之后才上版刻印的，就是唐石经的经文，五代监本亦有改窜之处。如《宋史·儒林传》记载，后唐天成初国子博士田敏，诏与马缟等同校九经。后晋天福四年（939），授国子祭酒，"敏虽笃于经学，亦好为穿凿，所校九经，颇以独见自任，如改《尚书》'若網在綱'为'若綱在綱'；又《尔雅》'椵木槿'注曰'日及'，改为'白及'，如此之类甚众，世颇非之"②。然而，正如王氏所言："自开成石经出，而经文始有定本；自五代监本出，而注文始有定本。虽文字不无差讹，然比之民间俗本，固有优无绌。田敏等校订之勤，与整齐划一之功，究未可尽非。"③ 其二，关于五代监本与蜀本九经的先后，王氏认为，五代监本在前，蜀本九经在后。其三，关于五代监本经书的种数，王氏认为，"虽或云九经，或云五经，实则《易》《书》《诗》《三礼》《春秋》三传外，尚有《孝经》《论语》《尔雅》，附以《五经文字》《九经字样》，与唐石经种数正同"④。其四，关于五代监本诸经的刻印顺序，王氏认为，"五经与《孝经》《论语》《尔雅》《五经文字》《九经字样》皆成于晋汉之间，……至二礼二传，则经始于乾祐，断手于广顺"⑤。其五，关于五代监本的书写人问题，王氏认为，"五经、《孝经》《论语》《尔雅》皆李鹗书，……是石晋以前所刊，皆鹗一人书。至二礼、二传刊于周初者，则《周礼》《公羊》皆郭嵎书，《仪礼》《谷梁》虽不详书人姓名，然以前事例之，疑亦嵎书"⑥。就书法而言，监本多请名家手写上版，是不可多得的书法珍品，尤其五代监本《尔雅》出自五代书法家李鹗之手，书法价值极高。其六，关于五代监本经书的行款，王氏称，"据日本室町氏所刊《尔雅》末有'将仕郎守国子四门博士臣李鹗书'一行，其本避南宋讳，

① 《五代会要》卷8，第7—8页。

② （元）脱脱等：《宋史》卷431《田敏传》第37册，中华书局1997年点校本，第12819页。

③ 王国维：《五代监本考》，载《国学季刊》创刊号，1923年1月。

④ 《王国维先生全集续编》一，第9页。

⑤ 同上。

⑥ 同上。

当是南渡后重翻五代监本，或翻北宋时递翻之本。其书每半叶八行，行大十六字、小二十一字，与唐人卷子本大小、行款一一相近，窃意此乃五代、南北宋监中经注本旧式，他经行款固不免稍有出入，然大体当与之同"①。

四　两宋雅书刻印

（一）北宋雅书刻印

两宋刻书，从刻书机构看，大致可分官府刻书和民间刻书。官刻又可分中央政府刻书和地方政府刻书，北宋中央政府刻书的机构主要是国子监，《尔雅》经注、疏本最早均由国子监刻印。

五代后唐开创了国子监刻书先例，宋代沿袭五代旧例，以国子监为国家最高刻书机构，校勘群书，颁布天下。宋开国之初，太祖即敕命文臣校勘图籍、雕刻印板。至仁宗、真宗两朝，国子监刻书事业繁荣，所刻书四部兼具，尤以儒家经典、正史、医书、小学书为主，而儒家经典最多。五代时国子监所刻九经、《尔雅》《论语》《孝经》《五经文字》《九经字样》等，入宋后书版尽归北宋国子监收储，因此北宋国子监所刻经书，最初以重印、翻刻五代监本为主。据岳珂《九经三传沿革例》："盖京师胄监经史多仍五季之旧，今故家往往有之，实与俗本无大相远。"② 据晁公武《石经考异序》称："昔议者谓太和石本授写非精，时人弗之许，而世以长兴板本为便，国初遂颁布天下，收向日民间写本，不用。"③ 可见，宋初人们尊奉五代监本，唐石经备受冷落。

据史料记载，北宋真宗时曾重刻五代监本《尔雅》。据王应麟《玉海》记载，宋真宗景德二年（1005）九月，"国子监言《尚书》《孝经》《论语》《尔雅》四经，字体讹缺，请以李鹗本别雕，命杜镐、孙奭校勘"④。清徐松《宋会要辑稿》记载，真宗天禧五年（1021）七月，内殿

---

① 《王国维先生全集续编》一，第10页。

② （宋）岳珂：《相台书塾刊正九经三传沿革例》，（清）鲍廷博辑《知不足斋丛书》五，株式会社中文出版社1980年影印本，第3319页上栏。

③ 《蜀中广记》卷91，晁公武《石经考异序》，第481页。

④ 《玉海》卷27，第534页上栏。

承制兼管勾国子监刘崇超言："本监管经书六十六件印板，内《孝经》《论语》《尔雅》《礼记》《春秋》《文选》《初学记》《六帖》《韵对》《尔雅释文》等十件，年深讹阙，字体不全，有妨印造。昨礼部贡院取到《孝经》《论语》《尔雅》《礼记》《春秋》皆李鹗所书旧本，乞差直讲官重看搨本雕造。"① 后真宗敕令国子监重新翻刻了这批五代旧监本经书，其中《尔雅》当为经注本。靖康之难，国子监版尽辇金都，南宋建立，曾仿北宋国子监本重刻。现在只有极少数北宋刻本散存于海外，今日难睹北宋刻本原貌，尤其是国子监刻本，只能借助于翻刻本窥其一斑。如北宋国子监翻刻的五代监本《尔雅》经注，即有日本室町氏影刻宋本，后收入《古逸丛书》，其末有"将仕郎守国子四门博士臣李鹗书"题记一行，其本避南宋皇帝讳，当为南宋翻刻五代本，或递翻北宋国子监。五代及北宋国子监刻经书皆开本宽展，字大悦目，对后代版本有深远的影响。自北宋翻刻五代监本，"过去纷繁传抄、众本纷纭的局面被完全改变，监本经书成为国家标准教科书文本，颁赐各地学校、书院，发各路代售，许士民纳钱摹印。其后各地民间经书版本渐出，底本皆沿袭国子监本。南宋各地州县官府、学校所刻经注本等，亦莫不源自监本。可以说国子监本经书是经书版本系统的最初源头"②。

　　唐、五代、两宋《经典释文》诸经之《释文》大多单行，北宋国子监曾刻《尔雅释文》。陆德明《经典释文》第一次雕版印刷是在五代后周显德年间。后周广顺三年（953）九经（包括《尔雅》等）全部刻完后，显德二年（955），国子监尹拙奏请校勘《经典释文》三十卷，敕兵部尚书张昭、太常卿田敏同校勘。《玉海》"开宝校《释文》"条："周显德中二年（955）二月，诏刻《序录》《易》《书》《周礼》《仪礼》四经释文，皆田敏、尹拙、聂崇义校勘。自是相继校勘《礼记》《三传》《毛诗音》，并拙等校勘。建隆三年（962），判监崔颂等上新校《礼记释文》。开宝五年（972）判监陈鄂与姜融等四人校《孝经》《论语》《尔雅》释文，上之。……景德二年（1005）四月丁酉，吴铉言国学板本《尔雅释文》多误，命杜镐、孙奭详定。"③ 可见，从后周显德二年至宋真宗景德

---

① （清）徐松：《宋会要辑稿·职官》卷28，第75册，中华书局1997年影印本，第2972页。
② 张丽娟：《宋代经书注疏刊刻研究》，北京大学出版社2013年版，第54页。
③ 《玉海》卷43，第2册，第812页。

二年，《经典释文》被不断校勘、刻印，其中《尔雅释文》开宝五年校勘，至景德二年又重新校勘。从典籍记载看，十四经《释文》都是单刻单行，开宝五年所刻《尔雅释文》与《尔雅》经注亦是分行。开宝至景德间校勘刻印的《经典释文》皆已失传，今国家图书馆藏南宋初杭州地区所刻《经典释文》，其中卷七镌刻校勘者官衔名 28 行，这些校勘官都是北宋初年人，初校、详校均在乾德三年（965）五月完成，重校、详校在开宝二年（969）告竣，后由赵普等人进呈。此南宋初版当是以北宋开宝刻本为底本翻刻。

唐代九经皆有义疏，而《尔雅》《论语》《孝经》三经无疏文，《尔雅》唐石经所刻为白文，五代后唐国子监刊刻补入郭璞注文，至北宋真宗咸平年间，邢昺等奉敕为《尔雅》作疏，后刊刻流传，此为单疏本。宋初，太宗端拱元年（988）即令孔维、李览等校正孔颖达《五经正义》，由国子监镂版印行。淳化五年（994），李至上言："五经书疏已板行，惟《二传》《二礼》《孝经》《论语》《尔雅》七经疏未备，岂副仁君垂训之意？今直讲崔颐正、孙奭、崔偓佺皆励精强学，博通经义，望令重加雠校，以备刊刻。"太宗皇帝采纳了这一建议，"后又引吴淑、舒雅、杜镐检正讹谬，至与李沆总领而裁处之"①。至道二年（996），李至又上书"请命李沆、杜镐等校定《周礼》《仪礼》《谷梁》传疏及别纂《孝经》《论语》正义，从之"②。咸平三年（1000），邢昺、杜镐等校勘二礼、二传注疏完毕，又为《孝经》《论语》《尔雅》作疏。《孝经》取元行冲疏，《论语》取梁皇侃疏，《尔雅》取孙炎、高琏疏，"约而修之"。咸平四年（1001）七部经书义疏共 165 卷修订完成，九月丁亥进呈，十月九日命杭州刻版，此为咸平本。自端拱元年（988）至咸平四年，北宋监本十二经、传注疏全部出齐。北宋咸平刻《尔雅》单疏本，元明有补刻刷印、翻刻本，至清代尚存，时见于清人目录著作中。傅增湘《藏园群书经眼录》："《尔雅疏》十卷，宋邢昺撰。宋刊本，半页十五行，每行三十字，白口，左右双阑。用洪武时官文书印纸，七卷第八叶至卷末为补刊。钤有文渊阁印（注：乌程蒋氏密韵楼藏）。"③ 另著录："《尔雅疏》十卷，宋

① 《宋史》卷 266《李至传》第 26 册，第 9177 页。

② 《玉海》卷 41《咸平〈孝经〉〈论语〉正义》第 2 册，第 779 页上栏。

③ 傅增湘：《藏园群书经眼录》卷 2，中华书局 1980 年版，第 119 页。

邢昺撰，存卷五至七，计三卷，宋刊本，十五行三十字，白口，左右双阑，版心上记字数，下记刊工姓名，鱼尾下记'雅疏'二字。与蒋孟蘋藏本同（宝应刘翰臣藏）。"[1] 从傅氏著录看，皆为咸平刻本之流裔，可见咸平刻本为 15 行本。阮元刻《尔雅注疏》及《校勘记》即用此单疏本，借自黄丕烈。据阮元《引据各本目录》称："宋椠《尔雅疏》十卷……每卷标目首署邢氏名衔，每叶三十行，每行三十字，或多少一字；经注或载全文，或标起止，皆空一格，下称释曰。此当脱胎北宋本，中有明人刊补者，最劣，今作《校勘记》以此本为据，凡摘书疏本皆用此本，凡札记疏文云此本者谓此也。"[2] 阮氏此本，经过明人补刊，并有剜改。

在国子监大力刻书的推动下，中央各部门，如崇文院、司天监、太史局、秘书监、校正医书局等也都开始校刻书籍。国子监刻书又带动了地方刻书事业的发展繁荣。地方上各级政府部门、州郡县学、各级公使库、转运司、茶盐司、安抚司，以及各地书院，相继刻书印书。但除国子监刊刻雅书外，其他中央部门及地方官刻以及私刻坊刻是否刊刻过雅书，未见史籍记载。

（二）南宋雅书刻印

现今存世的雅书版本，大多都是南宋刻板的流裔，或为南宋翻刻北宋国子监刻本，或为南宋中央和地方重新开版刻印的版本。比如单疏本《尔雅》可追溯到北宋咸平刻本，台湾故宫藏《尔雅注》也是南宋国子监翻刻北宋国子监本系列。

宋高宗赵构建炎三年（1129）移都建康（今南京）后，政局动荡，雕版文献无暇修集。由于北宋监版尽辇金都，经籍散落，如绍兴元年（1131）叶梦得知建康时，"尝求《周易》，无从得"，于是"勉营理学校，延集诸生，得军赋余缗六百万以授学官，使刊六经"[3]。绍兴七年（1138），南宋朝廷定都临安（今杭州），局势稍定，但国子监无力大规模刊刻书籍，除了购求重刻、翻刻一些书籍外，主要"取版籍于江南诸

---

① 傅增湘：《藏园群书经眼录》卷 2，中华书局 1980 年版，第 119 页。

② 《校勘记》序，第 320 页上。

③ （宋）叶梦得：《绅书阁记》，《全宋文》第 147 册，上海辞书出版社、安徽教育出版社 2006 年版，第 332 页。

州"。据魏了翁《六经正误序》称:"南渡草创,则仅取版籍于江南诸州,与京师承平监本大有径庭,与潭、抚、闽、蜀诸本互为异同,而监本之误为甚。"① 绍兴九年(1239)朝臣议请下诸州郡取旧监本书籍,镂版颁行。主要是临安府及两浙、两淮、江东等地方政府部门刻版,然后送归国子监,即使如此,也只刻印了九经白文、十三经古注、十二经白文,以及一部分正史书和《资治通鉴》。此后,南宋地方官刻书迅速发展起来,如各地方公使库,中央在地方各路设置的各路使司、地方州(府、郡)县军学、郡学、县学、书院等都普遍刻印书籍。据《宋史·艺文志》记载,始太祖、太宗、真宗三朝,次仁、英两朝,至神、哲、徽、钦四朝,删其重复,"其当时之目,为部六千七百有五,为卷七万三千八百七十有七焉"。"迨夫靖康之难,而宣和、馆阁之储荡然靡遗。高宗移跸临安,乃建秘书省于国史院之右,搜访遗阙,屡优献书之赏。于是四方之藏,稍稍复出,而馆阁编辑,日益以富矣。当时类次书目,得四万四千四百八十六卷,至宁宗时又得一万四千九百四十三卷,视《崇文总目》又有加焉。"② 由于宋版书籍刊刻较早,无论是中央刻书,还是地方刻书,具体刻书名目,典籍记载较少,雅书刊刻数量、种类皆无法准确得知。据典籍零星记载,北宋雅书刊刻主要有《尔雅》郭注、《尔雅》单疏及陆佃《埤雅》、罗愿《尔雅翼》等,前二者属于国子监官刻本,后两种属于私刻。

现藏台湾故宫博物院的《尔雅注》,一般认为是南宋监本,昌彼得《增订蟫庵群书题识》称:"南渡之初,尝尽覆刻北宋旧监本诸书,盖北宋监版为金人破汴京时掳以去,故有重刻之举。……此帙(《尔雅注》)即南宋浙版归监中印本,诚无疑义。"③ 据《九经三传沿革例》,南宋"监中大小本凡三",有"绍兴初印本""监中见行本",台北故宫博物院所藏究竟是哪一种版本,刻于何时?张丽娟《宋代经书注疏刊刻研究》认为:"按此宋刻《尔雅》中的刻工魏奇、严智,都曾参加宁宗庆元六年(1200)绍兴府刻《春秋左传正义》的刊刻,魏奇还参加了光宗绍熙二年(1191)两浙东路茶盐司本《礼记正义》的刊刻,《尔雅》的刊刻时间当不会距离太远。此本避讳至孝宗'慎'字,其版心上部刻有本版总字数,

---

① (宋)毛居正:《六经正误》,文渊阁《四库全书》本。

② 《宋史》卷202《艺文一》第15册,第5033页。

③ 昌彼得:《增订蟫庵群书题识》,台北商务印书馆1997年版,第46页。

此种版刻形式较晚出，恐非所谓'绍兴初监本'。廖氏撰《九经总例》时，距此本之刻已八九十年，正所谓'岁久磨灭散落'。此本版刻形式与所存卷末李鹗衔名，透露其底本源自五代监本的信息，后人可藉此了解五代国子监本及北宋翻刻五代国子监本经书的面貌，弥足珍贵。"①

故宫藏本，每半叶8行，行大字16，注双行21字，白口，左右双边，单鱼尾，版心上刻有大小字数，下有刻工姓名。有毛氏汲古阁藏印数枚，后入清宫，民国间《天禄琳琅丛书》据此本影印。

日本翻刻本，据森立之（1807—1885）《经籍访古志》著录旧版原藏京都高阶氏，行款衔名均与台湾故宫博物院本同。日本翻刻的时间大致相当于我国的元代，后有影钞本及翻刻本。光绪年间黎庶昌出使日本得之，后收入《古逸丛书》，即蜀大字本。

《尔雅注》十行本。此本《尔雅注》三卷、《音释》三卷，清顾广圻藏本。每半叶10行，行20字至23字不等，注每行30字，白口，左右双边。原藏铁琴铜剑楼，后收入《四部丛刊》。此本与日本松崎明复羽泽石经山房本同。羽泽山房本刻于日本天保十五年（1844），为景宋明道小字本，杨守敬径称为"北宋明道小字本"。明道，宋仁宗年号，又桓、构二字缺笔，版心有重开、重刊记，当为南宋重刻本。

南宋经书刊刻较大的变化就是经、注、疏的合刻。注疏本最早合刻始于南宋越州，自高宗时合刻《周易正义》《尚书正义》《周礼注疏》始，后又合刻《毛诗正义》《仪礼注疏》《春秋左传正义》《论语注疏》《孟子注疏》，先后历经三四十年，由于这些注疏本均刻于越州（绍兴旧称），刻工多有相通，体例相同，行款版式一致，字体风格一致，均为半叶8行，因此，统称为八行本，或八行注疏本。八行本无《尔雅》《公羊传》《谷梁传》。实际上，八行本并非一套丛书，但是人们习惯上以丛书目之。

继八行本之后，福建建阳地区又兴起了一种新的注疏合刻本，即附有陆德明《释文》的注疏音合刻本。这种新的经典文本，将经、注、疏、释文合缀一书，相互配合，更加便于读者阅读和理解，较之以前的经注本、单疏本，甚至八行注疏本，更受欢迎。

有音释的注疏本始刻于南宋福建一经堂主人刘叔刚。刘叔刚，名中正，字桂轩，淳熙年间建安人，一经堂为其室名。刘氏是否刻印过全套

---

① 张丽娟：《宋代经书注疏刊刻研究》，第52页。

《十三经注疏》不得而知，但今仍存世或有明确证据证明是刘氏所刻十行本的有《附释音毛诗正义》（藏日本足利学校）、《附释音春秋左传正义》（两部：其一藏日本足利学校；其二国家图书馆和台北故宫博物院各藏一半）、《附释音春秋谷梁传注疏》（藏国家图书馆）、《附释音礼记正义》（清代和珅有翻刻本，今不存）等，其版式：半叶10行、行17字左右，小字双行、行约23字，细黑口，左右双边，版心无刻工，有牌记"建安刘叔刚宅锓梓"等。《宋史·艺文志》《文献通考》等目录书没有记载其合刻情况，其版大概在元明时就散亡了。刘刻是否有《尔雅注疏》，未见典籍明确记载。据张金吾《爱日精庐藏书志》："《尔雅注疏》十一卷，元刊本。《尔雅注疏》无南宋十行本，除北宋单疏本外，以此本为最古，是本全书俱系元椠，绝无明代补刊者，盖元刊元印本也，卷首有汲古阁、西河季子之印两印。"[①] 而元刻《尔雅注疏》为九行本，正德本、嘉靖本、北监本、毛本均源于元刻九行本。

南宋时期，私家刻书风气兴盛，如陆佃《埤雅》就是南宋末年其曾孙陆子遹（陆游之子）知严州时刊刻，共20卷，每半叶10行，每行19字，注文比经文低一字。南宋郑樵《尔雅注》宋时就有刻本，毛晋题郑氏《尔雅注》称："予家向藏钞本，未甚精确，客秋从锡山购得残编数簏，独斯帙完好，实南宋善版，亟授梓人。"[②] 毛晋刻入《津逮丛书》第九册，后有郑定远刻本、《学津讨源》本、《青照堂丛书》本等。

两宋所刻之书自清代以来为藏书家、学术研究者视为至宝，主要是因为宋书版式大方，行款疏朗、名家书体、名工刊刻，墨色纸质书写精良，后世绝无仅有。宋版书雠校质量亦为上乘，宋人刻书经常采用多种版本参校的方式。南宋著名学者叶梦得在《石林燕语》中谈到宋人校勘及宋人刻书的地域特点时说："然板本初不是正，不无讹误，世既一以板本为正，而藏本日亡，其讹谬者，遂不可正，甚可惜也。余襄公靖为秘书丞，尝言《前汉书》本谬甚，诏与王原叔同取秘阁古本参校，遂为《刊误》三十卷。其后刘原父兄弟《两汉》皆有刊误。余在许昌得宋景文用监本手校《西汉》一部，末题用十三本校，中间有脱两行者。惜乎，今亡之

① （清）张金吾：《爱日精庐藏书志》卷7，道光七年（1827）刻本。
② （明）毛晋撰，潘景郑点校：《汲古阁书跋》，第4页。

矣。……今天下印书，以杭州为上，蜀本次之，福建最下。京师比岁印板，殆不减杭州，但纸不佳。蜀与福建多以柔木刻之，取其易成而速售，故不能工，福建本几遍天下，正以其易成故也。"①

五　元代雅书刻印

元灭宋之后，接受汉族文化传统，尊孔崇儒，兴学办教，雕版印刷事业逐步得到恢复和发展。元代所刻经书，除了补修、重新刷印宋版书外，挑选精良的刻工，使用上等的纸墨，影写宋版，或名家重新写版刊刻。在宋、金刻书地区分布的基础上，元代刻书地域有所扩大，福建建阳和山西平水为繁荣兴盛之地。除了官刻，坊刻、私家刻书兴盛，皆注重校勘，多延请名家校订。元刻本承宋金刻书余绪，又形成了自己的风格和特色，刊刻了不少精品，有的甚至可以媲美宋版。如元覆刻南宋建安刘叔刚十行本附释音诸经注疏，刻印俱佳，其中覆刻的《附释音毛诗正义》，晚清民国以来一直著录为宋版。元大德己亥（1299）平水曹氏所刻巾箱本《尔雅注》"与宋本俱同"。

元代初期刻书版式接近宋本，字大行宽，疏朗醒目，多为白口、双边。中期以后，开始发生变化，版式行款逐渐紧密，字体缩小、变长，改左右双边为四周双边，黑口间粗黑口。目录和文内篇名上常刻鱼尾，多为双鱼尾或花鱼尾，版心记卷数、字数、叶数、刻工姓名。私家刻书或坊刻本，书内多刻有牌记。元刊黑口本《尔雅注疏》是元刻风格的代表，据《铁琴铜剑楼藏书目》载："序首题郭璞序、邢昺疏序。后接题'尔雅兼义一卷'。上越数格题'郭璞注'，《通志》讹为注疏、兼义为二书，所云《兼义》即此书也。《校勘记》谓此书分卷无理，然后来所刻注疏本皆仍之，每半叶九行，经每行二十字，注疏俱低一格，双行亦每行二十字，注文直接经下，疏跳行起，特标阴文'疏'字，尚是宋刊旧式，明时修板，时有讹字，原本辄胜于后来诸刻，少脱文改字之病，故世以此书为善本也。"②

元代主要的刻书机构是官府刻书和私斋刻书，元代书院刻书也较多，

① （南宋）叶梦得：《石林燕语》卷8，商务印书馆1941年版，第74页。

② （清）瞿镛：《铁琴铜剑楼藏书目》卷7，咸丰七年（1857）瞿氏家塾本。

但属于官刻书。雪窗书院所刻《尔雅郭注》即属官府刻书系列，曹氏进德斋所刻《尔雅》属于私人刻书。进德斋和雪窗书院所刻的《尔雅注》一直为明清学者所宝藏，世已罕见，今国家图书馆所藏均列入国家第一批古籍珍贵名录中。目前，见诸目录、典籍著录的元代刊刻的雅书较少，但对雅学版本发展贡献较大，如元代补刊的《尔雅注疏》九行本成为明清《十三经注疏》本之底本。

据典籍记载，全套《十三经注疏》汇印始于明正德时期，然而十三经或《十三经注疏》之名在南宋时已经出现。南宋末周密《癸辛杂识后集》"贾（师宪）廖（莹中）刻书"载："又有《三礼节》《左传节》《诸史要略》及建宁所开《文选》诸书。其后又欲开手节《十三经注疏》、姚氏注《战国策》《注坡诗》，皆未及入梓，而国事异矣。"① 这是"十三经""十三经注疏"之名最早的出处。

元代虽然没有成套的《十三经注疏》传世，但已经有《十三经注疏》之实。元泰定四年（1327）左右于福建翻刻了刘叔刚刻本，时距刘叔刚初刻已历数十年，刘刻版本残缺不全，元代翻刻对书口作了改变，改原刻细黑口为白口，现在国家图书馆等处所藏标明"元刻明修本"，从书口看，有黑口，有白口，有黑白相间。大概有据宋本刷印，则为细黑口；又重新翻刻，则为白口；有补修本，则黑白口皆有。著录"元刻明修本"的有《附释音春秋左传正义》《附释音尚书正义》《附释音周礼注疏》《监本附音春秋公羊注疏》《监本附音春秋谷梁注疏》《论语注疏解经》等，行款字数与刘叔刚本同，每半叶 10 行，行 17 字，小字双行，行 23 字，左右双边，只是书口由细黑口变成了白口，并在变白之处镌雕本版的大小字数。其中《监本附音春秋谷梁注疏》题为"宋刻元修本"，行款字数同上，书口却被著录为白口或黑口，表明此书宋刻部分仍是黑口，元时修补部分则改成了白口。因此，李致忠先生认为"现存附释音仍不能简单著录为'元刻明修本'，实际是当中有宋刻，有元翻，也有明刻，故其版本仍不能一言以蔽之曰'元刻明修'，而应著录为'宋元明刻元明递修汇印本'，而汇印的时间当在明代"②。又据明代进士、国子祭酒邱浚

---

① （南宋）周密：《癸辛杂识后集》，（明）商浚辑《稗海》第 4 册，大化书局 1985 年影印本，第 3222 页上栏。

② 李致忠：《〈十三经注疏〉版刻考略》，《文献》2008 年第 4 期，第 28 页。

（1421—1495）《大学衍义补》记载："今世学校所诵读、人家所收积者，皆宋以后之五经，唐以前之注疏，讲学者不复习、好书者不复藏。尚幸《十三经注疏》板本尚存于福州府学，好学之士犹得以考见秦汉以来诸儒之说。臣愿特敕福建提学宪臣时加整葺，使无损失，亦存古之一事也。余如《仪礼经传通解》等书，刻板在南监者，亦宜时为备补。"① 丘浚此书写成于明成化二十三年（1487），距元泰定已经百余年，至正德修版以前，未见有明刊本著录，由此可知，福建已经有《十三经注疏》，当为元代刊版，版片尚存，但已经有损毁。明正德内阁首辅王鏊（1450—1524）《震泽长语》亦载："宋儒性理之学行，汉儒之说尽废，然其间有不可得而废者，今犹见于《十三经注疏》，幸闽中尚有其板，好古者不可不考也。使闽板或亡，则汉儒之学几乎熄矣。"② 王鏊此书著于明正德四年（1509）辞官告老还乡后，其中有明正德十六年（1521）事。从中可知，在邱浚之后二三十年，正德汇印《十三经注疏》之前，闽中府学仍藏《十三经注疏》版。

邱浚、王鏊所称《十三经注疏》当为元泰定翻刻、补修宋本及重新补刊之全套《十三经注疏》本。考典籍、目录，未见南宋《尔雅》经、注、疏合刻者，元泰定之《十三经注疏》中的《尔雅注疏》当是元刊本。众所周知，"福州府学中并无《仪礼注疏》板，即使其他十二种注疏板片，在正德汇印之前，也分别属于元刊十行注疏合刊本和元刊九行本《尔雅注疏》两个系统，实际并不能径称作《十三经注疏》，只是明人对此不甚严谨，便以《十三经注疏》之名统称之而已"③。

由此可见，元泰定翻刻了宋十行本，其中《仪礼注疏》、《孝经注疏》用元代新刊本④，《尔雅注疏》以元刻九行本充当，此《十三经注疏》是个杂凑的拼盘，而全套《十三经注疏》汇印始于明正德年间。

---

① （明）丘浚：《大学衍义补》卷94，第806页。

② （明）王鏊：《震泽长语》卷上，《四库全书》子部杂家类。

③ 程苏东：《元刻明修本〈十三经注疏〉修补汇印地点考辩》，《文献》2013年第2期，第36页。

④ 据李致忠《〈十三经注疏〉版刻考略》，国家图书馆藏泰定三年程瑞卿刻《孝经注疏》与北京市文物所藏泰定四年程瑞卿刻《十三经注疏》丛书中之《论语注疏解经》版式相同。见《文献》2008年第4期。

六　明代雅书刻印

明代的刻书事业比前代更加发展和普及，不但经史子集大规模刻印，而且刻印形式也多种多样。早在元至正二十五年（1365）九月，明太祖朱元璋就将元集庆路（今南京地区）儒学改为国子学，并保留了原有的版片。在平定天下之初就下诏"宜令郡县皆立学校，延师儒，授生徒，讲论圣道，使人日渐月化，以复先王之旧"①。洪武十四年（1381），将原南京国子学改建为国子监，史称南监。明成祖朱棣取得政权后，迁都北京，于永乐元年（1403）在北京又建立一个国子监，史称北监。南北二监都曾刊刻大量的图书。明代官刻主要是内府之下的司礼监负责，其中司礼监下属的经厂是一个掌管刻书及书籍版存的专门机构。

明初，元大都所藏宋元旧版书及江南各地所藏皆入南京国子监，《南雍志·经籍考》著录的《十三经注疏》版片皆宋元旧版，其中《尔雅注疏》十卷，版存29面，据王国维等考证，当属宋单疏本系。与元代相似，明代前期也多递修、翻刻宋元旧版书籍，正经、正史由南、北国子监雕版印行。据日人森立之《经籍访古志》载求古楼藏有朝鲜活字本《尔雅注疏》，此本即明初刻本重刻，上有天顺八年（1464）富顺胡琛序及吉水周齐己后序。虽然天顺八年胡序、周序本未见目录著录，朝鲜重刻本也已失传，但是它表明明初天顺年间曾经刻印《尔雅注疏》，其时代要早于正德汇印数十年。成化、正德之间书坊刊行的类书增多，新编的类书、丛书日渐发达。类书、丛书的编刊，最初多是对古书的节录，如《说郛》《宝颜堂秘籍》《格致丛书》，后来便发展为古书的汇编了，如《津逮秘书》等。嘉靖以后明人新刻逐渐增多，自著随写随刻。如钱谦益《降云楼书目》著录明朱谋㙔《骈雅》，孙传能、张萱《内阁藏书目录》著录天顺间蜀府护卫百户牛衷《增修埤雅》五册，明徐㶿《徐氏家藏书目》著录明罗曰褧《尔雅余》八卷等。

明初至正德年间刊刻的图书基本沿袭了元代版本特征：装订是包背形式，版式多为大黑口，字体多是软体赵字，刊刻的精美程度与元刊几乎没有区别。嘉靖至万历之初有了变化，刊刻书籍多模仿宋刻本，尤其是北宋

---

① （清）张廷玉等：《明史》卷69，第6册，中华书局1997年点校本，第1686页。

刻本，白口盛行，版心上方往往记有字数，下方有刻工姓名，有时还记有写样人姓名，字体又转向用欧、颜体，整齐严谨，但缺乏流利生动之态。万历中至明末刻书，字体更趋方正，最后发展成横轻直重的所谓仿宋字，装订也由包背装而改为线装，插图本增多。从用纸来看，明初刻书多用黄纸，嘉靖时多用白纸，嘉靖以后又多用黄纸。在印刷技术方面，也有了极为重要的发展，套印技术、活字印刷广泛应用。

活字本是用胶泥、木、铜、铁、铅、锡等制成方块单字，然后排版印刷的图书，称为活字本。首先是铜活字的应用。弘治年间（1488—1505）无锡华氏会通馆、兰雪堂和嘉靖年间无锡安氏桂坡馆最为著名。万历年间又流行木活字印书，《太平御览》《太平广记》等大部头书籍也都有了木活字印本。崇祯年间又用木活字印行《邸报》，这可以看作中国用活字版印报纸的起源。明清时期活字本较多，但雅书采用活字刊印的不多见。韩国庆尚大学藏清光绪二十一年（1895）重刊清嘉庆二十二年（1817）清芬阁刊本《尔雅》郭注，注明"木活字本"。又据叶德辉《书林清话》记载："《志》又有天顺八年（1464），朝鲜国活字印版《尔雅注疏》十一卷。"① 陆佃《埤雅》清乾隆年间亦有活字本。

明代刻书还存在一些缺点：第一是校刊不够精审，错漏相当严重。官刻与坊刻都有这样的问题。第二是妄改书名和删节内容，这也是明代刻书存在的最大缺点。

明代雅书刊刻的数量、种类较宋元时期大大增加，版本复杂，有刻印精良的善本，也有书商射利粗制滥造的劣本；有单独流行，也有附丛书而行；有中央、地方官刻，也有坊刻、私刻；有雕版木刻，也有活字印刷；有国内刊刻，也有域外刻本。总之，在雕版印刷术繁荣及明代政治经济文化发展的历史大背景下，明代雅书刊刻进入前所未有的繁荣时期。

明代雅书刻印贡献较大的是几次大规模的《十三经注疏》丛刊，不仅将《尔雅》牢牢地嵌入儒家经书行列，而且奠定了清代南昌学府刊刻《十三经注疏》的基础，从正德汇印到清代阮刻，《尔雅注疏》从底本到校勘逐步完善，甚至出现了人们主要以《尔雅注疏》为学习、研究的对象，而冷落《尔雅》郭注、邢昺单疏的现象。

除《尔雅注疏》外，郭璞《尔雅注》、张揖《广雅》、陆佃《埤雅》、

---

① （清）叶德辉：《书林清话》卷8，岳麓书社2000年点校本，第177页。

罗愿《尔雅翼》、郑樵《尔雅注》既有单行本，也有被刊入丛书流传。明代《尔雅》郭注本刊刻最多，《中国善本书目》就收录23种，其中较著名的有马凉刻本、黄卿据马本重刊本、许宗鲁宜静书屋刻本、张景华本、吴元恭本、毕效钦《全雅》本、郎奎金《五雅》本、万历胡文焕《格致丛书》本、永怀堂《十三经古注》本、关中刘标刊本、金蟠葛鼐校本，等等。罗愿《尔雅翼》、陆佃《埤雅》在明代刊本也很多，如《尔雅翼》有正德已印刻本、毕效钦本、瑞桃堂本、胡文焕《格致丛书》本、万历姚大受本、万历罗氏本、崇祯本等。《埤雅》明清之刊刻皆祖源于赣州刻本，存世较早的有建文二年（1400）陈大本刻本、正统九年（1444）郑暹刻本、成化九年（1473）广勤堂刻本、成化十五年（1479）刘廷吉刻本、嘉靖元年（1522）清献堂刻本、嘉靖二年（1523）重刻成化十五年本，等等。

七　清代雅书刻印

清代一直非常重视汉文典籍的整理、刊刻，起初刻书主要集中在内府，刻本字体、版式等承袭明代经厂刻书风格，且多由明代入清的经厂工匠承办。由于明代经厂刻书版本选择、文字校勘、刻印质量都不高，于是清政府在宫中武英殿设修书处，专掌修书、刻书事务，所刻书又称殿本。清代武英殿刻书较多，刊刻质量较好，是清代中央官刻的代表。如乾隆四年（1739）就以明监本《十三经注疏》为底本重新刻印，校勘、写刻皆精，又附有考证，堪称善本。

清代刻书地区比较普遍，初期江苏、浙江地区刻书较多，质量也较好。如乾隆年间金阊书业堂、虞山席氏扫叶山房、苏州三让堂等刊刻的《尔雅注疏》，乾隆年间武进臧庸刊《尔雅汉注》、海昌吴骞拜经楼刊《孙氏尔雅正义拾遗》、余姚邵晋涵面水层轩刻《尔雅正义》等。到中后期，刻书地区分布更广，湖南、湖北、江西、山东、山西、河北、广东、福建等省，印刷事业都有不同程度的发展，但仍以苏州、杭州、南京、北京最为突出。这一时期，阮元在南昌学府刊刻的《十三经注疏》成为十三经丛书定鼎之作，其校刻的《尔雅注疏》成为学习、研究的善本，翻刻、重刻较多。顾广圻思适斋重刻明吴元恭仿宋本《尔雅注》，以校勘精、刻印美观被藏家、学者视为珍品。清代后期，除了木刻雕版印刷外，欧洲石印技术传入我国。这种印刷方法采用药墨写原稿于特制纸上，覆于石面，揭去药纸，涂上油墨，然后用沾有油墨的石版印书。石印与铅印本均是油墨印刷，与水墨印书的刻本古籍有区别，石印多为手写软体字，易于辨认。由于石印书籍省力、成本低、版本缩小放大自如等优点，于是在清末民初的上海、广州等地广泛采用了石印技术，出现了大小石印书局百余家，大多石印过雅书，如咸丰六年（1856）上海文瑞楼鸿章书局石印郝懿行《尔雅郭注义疏》，清光绪八年（1882）上海同文书局石印《尔雅音图》三卷三册。民国十一年（1922）上海扫叶山房石印《尔雅》郭璞注、陆德明音，二卷一册。清光绪十三年（1887）上海脉望仙馆、清光绪二十三年（1897）上海点石斋、民国十三年（1924）上海扫叶山房、民国二十一年（1932）上海锦章图书局、民国二十四年（1935）上海世界书局等均石印过阮元《十三经注疏》。

　　清代雅书刊刻，表现出以下几个特点：一是刊刻地域广，几乎全国各地都刊刻过雅学著作。以十三经刊刻为例，北京国子监刊刻过殿版《十三经注疏》、浙江书局刻过《十三经古注》本、金陵书局刻印过《十三经读本》、扬州淮南书局刻印过《十三经注疏》、江西书局刻印过《重刊宋本十三经注疏》、济南山东书局刻印过《十三经读本》、湖南长沙尊经堂刊阮校《十三经注疏》、上海书局（还有点石斋、脉望馆等）刊刻过《十三经注疏附校勘记》，等等。十三经丛书部头较大，尤其是清后期阮刻《十三经注疏》、殿本《十三经注疏》刊刻较多，刊印多由官书局或财力雄厚的商办书坊刻印。由于十三经是儒家重要经典，是读书科举、学者治学的必备工具，而且刊刻十三经系列丛书，既是衡量地方教育发展、政泰民安的标准，也是地方富庶繁荣、礼教兴盛的象征，因此各地不断重刊刷印，翻刻补版。二是雅书刊刻的数量多、种类丰富。《尔雅》由于它的经学性质，黏经而行，也由于它的博物功能，因此刊刻较多，出现了诸多刻本，其数量远非《说文》《广韵》等小学著作可比。清代雅学研究之作 160 余种，几乎所有雅书都雕版刊印过，据阳海清等人的《文字音韵训诂知见书目》及《中国古籍善本书目》、各高校地市图书馆藏等统计，今存世的雅书版本近 900 种，其中《尔雅》系雅书版本 600 余种，《小尔雅》《广雅》《埤雅》《尔雅翼》《骈雅》《通雅》《比雅》等仿雅之作约 300 种。《尔雅》郭注刊本最多，近 100 种，其次是《尔雅注疏》亦近 90 种。《小尔雅》《广雅》《埤雅》均 50 种以上。清人辑佚的汉魏《尔雅》旧注也大量刊刻，黄氏、马国翰、王谟等人的雅学辑佚之作多附丛书刊行，也有八九十种。如郭璞《尔雅图赞》刻本，王谟所辑本有《汉魏遗书钞》本，严可均所辑有光绪二十一年（1895）长沙叶氏刻本，钱熙祚所辑有道光《指海》本，马国翰所辑有清光绪九年（1883）长沙娜嬛馆刻本、清光绪十年（1884）章邱李氏刻本、光绪十年（1884）楚南书局刻本，黄奭所辑有道光《尔雅古义》刻本。三是雅书刻印机构多。清代刻书机构和我们现在的出版社相似，遍布全国各地，官刻一般称书局，私刻、商刻或以书斋名、藏书处名、出版地名，如浙江书局、江西书局、淮南书局、山东书局、湖北官书处、娜嬛馆、三乐斋、点石斋、脉望馆、文选楼、永怀堂等。官书局一般承印部头较大的名家著作或重要的丛书，校勘、刻印质量较好。私人商刻根据财力、赢利及个人爱好而定，其中不乏刻印精品，如清芬阁刻《尔雅注》、蜀南阁刻《郝氏遗书》等。四是清人崇奉宋元旧刻，刊刻古书必求宋元版本。宋元版本由于刊刻时代早、校勘严谨、版式古朴、纸墨精良、名家写刻等，集学术性、观赏性、文物价值于一体，至清代宋元版已经罕见，即使是明代或清初的影宋版本，清人也视如珍宝，计页论价，字字千金。如酷嗜宋本、自称佞宋主人的清藏书家黄丕烈，历年购得宋刻百余种，书室以"百宋一廛"名。学者治学更是以宋本为取舍，严元照《尔雅匡名·引用诸家论说姓名》评价宋陆佃《尔雅新义》说："其注无足取，其经文乃北宋善本，谓可据依。"[1] 阮元校勘《尔雅注疏》疏文用宋单疏本，注文未见南监版本一系，因此以吴元恭仿宋本为准。臧庸称"此本款式古雅，刊书者可依以为法。……镛堂尝以明人郎奎金本勘正毛本之失，凡若干条，疑其原流宋刻，而此本更出其上"[2]。

---

① 《尔雅匡名》，第 185 页下栏。

② （清）臧庸：《书吴元恭本尔雅后》，见朱祖延主编《尔雅诂林序录》，第 209 页。

第十一章

雅学文献版本类型研究

由于《尔雅》与经典的密切关系，及兼具百家训诂、博物之功用，研习、诵读、传播者代不乏人，自两汉以来模仿、增广、注释研究之作上百种，传本众多。雅书刊刻滥觞于开成石经，至两宋以迄元明清晚近，雕版印刷、石印扫描刊刻不断，版本形式多样，就《尔雅》而言，大致形成了单注本、单疏本、注疏本、经注疏音合刻本几大系列，以及雅学二次文献、三次文献的版本系统群。对雅学文献版本类型作全面、深入研究，理清雅学文献版本系统，对于学者治学具有指导意义。

一 《尔雅注》版本系统研究

（一）八行本

现存郭璞《尔雅注》最早的版本是南宋国子监本，今存台湾故宫博物院，民国二十年（1931）故宫博物院影印《天禄琳琅丛书》时收入，半叶8行，行16字，注双行，行21字，白口，单鱼尾，左右双边，版心上刻大小字数，下有刻工姓名，卷后有"经凡一万八百九言，注凡一万七千六百二十八言"二行，又有"将仕郎守国子四门博士臣李鹗书"一行①，玄、弦、朗、殷、匡、胤、恒、徵、树、桓、瑗、购、遘、觳、慎等字皆缺末笔，钤有"宋本""甲""毛晋私印""子晋""汲古阁主人""毛斧季印"。傅增湘《藏园群书经眼录》："此书签题经训堂藏，则弇山

---

① 张丽娟："此本《尔雅》卷下的末二叶早已缺失，是后人根据别本抄配的，并没有日本翻刻本卷末的经、注字数和李鹗衔名。"见《宋代经书注疏刊刻研究》，第50页。

尚书身后入官之物耶。故宫博物馆藏书。"① 原来此本是汲古阁旧物，又经毕沅收藏，后落入清宫。

张丽娟据刻工及避讳推测，此本当是宋孝宗时期的"监中见行本"，并非绍兴初监本②，但确为南宋国子监本翻刻北宋国子监本无疑，从其版式可以了解五代国子监及北宋翻刻五代国子监本经书的面貌，亦弥足珍贵。8 行 16 字应当是沿用五代国子监刻本版式，王国维认为："（《尔雅》）其书，每半叶八行，行大十六字，小二十一字，与唐人卷子本大小行款一一相近，窃意此乃五代、南北宋监中经注本旧式。他经行款固不免稍有出入，然大体当与之同。……又后来公私刊本，若建大字本、兴国军本、盱江廖氏及相台岳氏，凡八行十七字之本，殆皆渊源于此。"③

今《古逸丛书》本《尔雅》郭注为日本京都高阶氏藏本，亦 8 行 16 字，卷末有经注字数及"李鹗书"14 字，与台湾故宫博物院藏本底本同出一源。《古逸丛书》本又称"蜀大字本"。

"蜀大字本"之名，最早可溯源于日本森立之《经籍访古志》，其《尔雅》郭璞注三卷下小字题"旧版影刻北宋大字本，京师高阶氏藏本"，又云："宋王明清《挥尘录》云：'后唐平蜀，明宗命太学博士李鹗书五经，仿其制作刊板于国子监，监中印书之始。今则盛行于天下，蜀中为最。明清家有鹗书印本五经存焉，后题长兴二年也。'据此，则是本卷末一行十四字，盖是后唐蜀本面目仅存者。"④ 后来杨守敬《日本访书志》径称此本为"影抄蜀大字本"，黎庶昌刊刻《古逸丛书》遂题名为"影覆宋蜀大字本"。自此从者如云，罗振玉称"蜀椠李鹗书之《尔雅》"，叶德辉言"宋时重刻蜀本"，孙毓修、周祖谟、殷孟伦、顾廷龙、王世伟等皆以蜀本视之，朱祖延主编《尔雅诂林》，亦依《古逸丛书》称之为"影覆宋蜀大字本"。

笔者认为，称名"蜀本"有三不妥：其一，后唐刻印"九经"始于长兴三年（932），在蜀刻《文选》之前，王明清《挥尘录》记载有误。

---

① 《藏园群书经眼录》卷 2，第 117 页。

② 张丽娟：《宋代经书注疏刊刻研究》，第 52 页。

③ 《王国维先生全集续编》一，《五代两宋监本考》，第 10 页。

④ ［日］森立之：《经籍访古志》，台湾广文书局 1998 年影印本，第 98 页。

其二，李鹗为五代监本"九经"印版的主要书写人之一，据卷末李鹗名衔而证此书为蜀本，似不妥。其三，蜀刻"九经"始于广政十六年（953），即后周广顺三年，非刻于后唐时。实际上，此书与蜀本并无关系，王国维有细致考证，说明它"自出五代监本"，"实绍兴后重刊旧监本"，当是宋南渡后"重翻五代监本，或翻北宋时递翻之本"。法国学者伯希和晚年也同意王国维的见解，认为《古逸丛书》所影刻的《尔雅》，乃由五代监本而来，与蜀刻本无关。"其实，大字本与国子监本的密切关系，《〈故宫善本书影初编〉叙目》说得很清楚：影南宋监本。南宋胄监大字诸经，多覆北宋监本，北宋则源出后唐长兴旧刻。《尔雅》为四门博士李鹗书，《玉海》著其渊源甚备。《古逸丛书·尔雅》亦祖是刻，而误以为出于蜀本"①。贾二强《〈古逸丛书〉考》说得更为明确："南宋监本，即《古逸丛书》本之祖本。""室町氏本（高阶氏藏本）即据南宋监本翻雕，二者有明显递嬗关系。"②

东京高阶氏藏本，森立之《经籍访古志》著录："《尔雅》郭璞注三卷，旧板影刻北宋大字本，京师高阶氏藏本。每半板八行，行二十六字，注二十一字，界长六寸五分，幅五寸四分，卷末不载音释。卷下末有'经凡一万八百九言、注凡一万七千六百二十八言'二行。又空四行有'将仕郎守国子四门博士臣李鹗书'一行，又有日承及花押，盖此本尝经日承架藏，日承未详何人。……据此，则是本卷末一行十四字，盖是后唐蜀本面目之仅存者，可知北宋时有覆刻李本者，其本传播。皇国再影刻，又行于世，即此本，然则宋本而实唐本也，最可贵重，但锷作鹗，未详何是，姑录以俟后考。"③

从森氏所载看，"此本有李鹗书款，自出五代监本……则此本实绍兴后重刊旧监本"④，高阶氏藏本是南宋国子监本之递翻本，室町氏据以影刻，即杨守敬所见及后来刻入《古逸丛书》之本。

---

① 陈东辉、彭双喜：《〈古逸丛书本尔雅之底本辨析〉商榷及释疑》，《图书馆工作与研究》2009年第3期，第68页。

② 同上。

③ 《经籍访古志》，第97—99页。

④ 王国维：《观堂集林》卷21《覆五代刊本〈尔雅〉跋》，中华书局1959年版，第1034—1035页。

（二）十行本

南宋刊本，除了上述南宋国子监刊本外，还有十行本存世。相对于"蜀大字本"，十行本字体较小，因此又称"影宋小字本"。十行本大致刊刻于南宋初期的浙东地区，今国家图书馆、上海市图书馆、北京大学图书馆等均有藏本，此本又见于《四部丛刊初编》。

今国家图书馆藏宋刻十行本《尔雅注》一部，三卷三册。正文首叶板框为 21.7cm×14.5cm，半叶 10 行，行大字 20 字、21 字不等，注文小字双行，行 30 字，左右双边，白口，单鱼尾，版心下记刻工姓名[1]，附《音释》，简称国图本。

国图本自明朝以来迭经名家收藏，上钤 28 枚印章，依次为：朱承爵：盘石山樵、朱氏子儋，吴元恭之"吴仲内氏"，毛扆之"西河季子之印"，汪士钟：汪士钟印、阆源真赏，王振勋：王振勋印、吴下汪三、楳泉、眉泉、修汲轩，铁琴铜剑楼瞿家印：铁琴铜剑楼、虞山瞿绍基藏书之印、菰里瞿镛、良士、良士眼福、瞿启甲、瞿启文印、瞿秉渊印、瞿秉冲印、瞿润印、子雝金石，恬裕斋镜之氏珍藏、开卷一乐，顾千里：顾千里经眼记、顾千里以字行二印。从成化年间的朱承爵，经吴元恭、毛扆至清王士钟、瞿氏铁琴铜剑楼，最后归国家图书馆，一直保藏于名家手中，秘而不宣，因此比较完整。

关于国图本刊刻时代，瞿镛《铁琴铜剑楼藏书目录》称"世传吴元恭刻本为经注之善者，亦出自宋本，然敦字阙笔，是出光宗后刻本。此遘、彀字阙笔，而慎、敦不阙，尚是南渡初刻本也。字体肃穆，亦雅近北宋。案是本之胜于注疏本者，与吴本同而亦有胜于吴本者"[2]。李致忠称"此本避讳至构字而止，证明其镂板必在高宗之世"，"就大的范围而言，只能说它是浙东地区所刻。因而北京图书馆藏《尔雅注》三卷，其版本似应著录为'南宋初年浙东地区刻本'"[3]。

与国图本系同一版本系统的还有日刻崇兰馆本。据森立之《经籍访古

---

①　蒋鹏翔：《宋刻十行本〈尔雅注〉版本源流考》，《图书馆杂志》2011 年第 7 期，第 91 页。

②　《铁琴铜剑楼藏书目录》卷 7，咸丰七年（1857）瞿氏家塾本。

③　李致忠：《宋版书叙录》，北京图书馆出版社 1997 年版，第 249—250 页。

志》："《尔雅》郭璞注，宋椠本，崇兰馆藏，北宋仁宗时刻本（注：敬、惊、弘、殷、匡、胤、玄、朗、恒、桢、徵等字皆缺笔），而间有南宋高宗时补刊，版心各有重刊、重开记（注：桓、遘二字缺笔），每半版九行，每行字数不定。界长七寸二分弱，幅四寸六分强，左右双边，每卷末有音释。此本狩谷卿云借抄，极精。天保甲辰松崎慊堂翻刻以公于世。"①

森立之所见崇兰馆本后有松崎氏慊堂翻刻本，据杨守敬《日本访书志》："《尔雅注》三卷，重翻北宋本，……松崎明复定为北宋仁宗时刊本，亦有桓、遘二字缺笔，则系南宋时补刊。其版心有重刊、重开记，每卷末附释音，比前本字稍小，然望而知为北宋刊本也。其中伪舛不少，然无臆改之失，远胜元以来刊本。此书原本为日本大医某所藏，狩谷望之借之精摹，而松崎明复据以重刊，又别作校讹，以附于后，大抵据大字本及阮氏校刊本删繁摘要，然时过于疏略。"②

松崎氏刊本之一，今存上海市图书馆，据蒋鹏翔《宋刻十行本〈尔雅注〉版本源流考》："上图本《尔雅注》分三卷，附松崎复撰《校讹》一卷，订为两册。首册开本尺寸为 25.5cm×17.9cm，正文首叶板框高21.6cm，宽 14.8cm。内封篆书'景宋本尔雅'，牌记隶书'羽泽石经山房刻梓'。首为'尔雅序'，序文半叶九行，行十六字。次为正文，首行题'尔雅卷上'，正文半叶十行，行大字二十至二十二字不等，小字双行三十字。左右双边，白口，单鱼尾，版心中记书名卷数，下记叶数，底部记刻工。各卷末记字数，附《音释》三卷。上图本的行款、版式、避讳与国图本相同，字体均作欧体，各行起止文字也相同，由此可以判定二书属于同一版本系统，所以《中国版刻图录》在著录国图本时称'别有日本覆宋刻本，与此本实系一版'。"③

据上图本后附松崎复于天保甲辰春月撰写的跋文可知，松崎明复曾两次刊刻狩谷望之之精抄本，跋文曰："此本系北宋仁宗时刻版，南宋高宗时补刊。原本京师大医某君所藏，亡友狩谷卿云借钞极精，余病有宋以来此经灭裂，欲订一本以贻后学，顾世无善本，忽睹是本，急请卿云获之。

---

① 《经籍访古志》，第 99 页。

② （清）杨守敬：《日本访书志》卷 3，贾贵荣辑《日本藏汉籍善本书志书目集成》第 9 册，北京图书馆出版社 2003 年版，第 137—138 页。

③ 蒋鹏翔：《宋刻十行本〈尔雅注〉版本源流考》，《图书馆杂志》2011 年第 7 期，第 92 页。

入刻有年，所未敢出以问世者，犹恐其有讹脱也。后又得室町氏时翻刻大字本，盖所谓蜀本也。详考其体貌，盖与是本后先，所刻亦有南宋孝宗时补刊。其字丰肥，虽异是本之谨肃，至其源流实同，故据以订正，参以元明诸本，其订正异同处旁施黑点，仍作《校讹》附末简，庶存是本之旧，使读者兼知二本之同异也。"①

第一次刊刻"入刻有年"，恐其讹误，未敢问世，第二次刊刻，得室町氏等诸本校正，附以《校讹》，第二次所刻的本子就是上海市图书馆藏本。可见，第一次刻本与第二次刻本相比，应该更接近崇兰馆本原貌。蒋鹏飞又据北京大学藏日本刻本与上海市图书馆本比较，发现北京大学本与上海市图书馆本的行款、版式、板框尺寸相同，字体、笔画位置也非常相似，一望即知是用同一套板片刷印出来的。但上海市图书馆本末附松崎氏《校讹》及跋文，北京大学本无；上海市图书馆本内容完整，北京大学本有多处墨钉；上海市图书馆本校改了北京大学本的多处讹文。可见北京大学本即松崎复第一次翻刻的是有讹脱的本子。

关于国家图书馆本与北京大学本、上海市图书馆本之祖本崇兰馆本刻印的先后问题，蒋鹏飞通过三个版本仔细校对，最后得出："崇兰馆本原书就有部分墨钉，还有部分文字缺损。缺损的文字被日本影抄者重新书写补入，而原书的墨钉则被忠实地描摹下来，并保存在北大本中。这套宋刻十行本的板片在最开始雕造时，因为底本的问题，少数文字不敢妄补，仅以墨钉代替，后来得到其他版本的佐证或学者的指点，才将墨钉剜刻成正确的文字。崇兰馆本除去那些重刊补板的叶面，其他叶面的刷印时间要早于国图本，也就是板片上墨钉尚未被剜刻成文字时。国图本刷印时间较晚，虽然没有补板的页面，但所有墨钉都已剜刻成文字，所以全书内容完整且校正了崇兰馆本的一些误字。"②

阮元、臧庸校刻《十三经注疏》，时国家图书馆本由毛氏汲古阁转藏到汪士钟的艺芸书舍，秘不示人，因此阮元等未见此十行本《尔雅注》，而将明吴元恭刻本和元雪窗书院本视为《尔雅注》善本的代表。今收入《四部丛刊》的国家图书馆本及收入《古逸丛书》的南宋监本

---

① 蒋鹏翔：《宋刻十行本〈尔雅注〉版本源流考》，《图书馆杂志》2011 年第 7 期，第93 页。

② 同上书，第 94 页。

其学术价值应高于吴元恭仿宋刻本。顾千里于嘉庆十一年（1806）重刻吴元恭本《尔雅注》后，道光年间协助汪士钟刻宋本《仪礼疏》时，曾从艺芸书舍借阅十行本，据《铁琴铜剑楼藏书题跋集录》"《尔雅》三卷宋刊本"条："道光甲申（1824）春仲，从艺芸书舍借来，细勘一过，知其佳处洵非以后诸刻所能及也。异日当并单本邢疏再勘。三月朔又记。"① 言下之意，此宋本《尔雅注》有胜于吴元恭本之处。八行本为郭璞单注本，而十行本附有陆德明《音释》，这种版本形式后来一直成为元明《尔雅注》本的主要体式。

（三）元刻本《尔雅注》附《音释》

元代《尔雅注》传世较少，见诸载籍的有元大德平水曹氏进德斋刻本和雪窗书院刻本。

1. 大德平水曹氏进德斋刊巾箱本

金元时期，平水书坊刻书盛极一时，以底本精良、雕刻精美著称，平水曹氏进德斋是元代平水著名的刻书坊，其所刻的巾箱本《尔雅注》是其刻书的代表，"版式古雅""出自南宋刻本"，明清藏家珍为善本，瞿镛铁琴铜剑楼藏有一部，认为较吴元恭、雪窗本为善，据瞿氏《书目》称："此元时所刻巾箱本，题郭璞注，首载郭序，后有音释，与宋本俱同，其中字句异于吴元恭本者亦同，即出自南宋刻本也。后序有墨长记云'一物不知，儒者所耻，闻患乎寡而不患乎多也。《尔雅》之书，汉初尝立博士矣，其所载精粗钜细毕备，是以博物君子有取焉。今得郭景纯集注善本，精加订正，殆无毫发讹舛，用授诸梓，与四方学者共之。大德己亥（1299）平水曹氏进德斋谨志'。今以宋本核勘一过，知其言信然。全书无后人窜乱处，郭注中某音某者完善无阙，其经文不同于唐石经者，……近之释经家皆以吴本、雪窗本为单经注之善本，而皆未见此本也。"② 平水所刻书属于北本刻书系列，至清代，存世者已不足十部，进德斋刻《尔雅》虽然墨色稍差，但亦足珍贵，正如缪荃孙在《平水巾箱本尔雅跋》中所称："阮释经皆以元恭本、雪窗本为单经之善，而此本更出其上。世

---

① （清）瞿良士：《铁琴铜剑楼藏书题跋集录》，上海古籍出版社 2005 年版，第 19—20 页。

② 《铁琴铜剑楼藏书目》卷 7，咸丰七年（1857）瞿氏家塾本。

所存元本，闽板居多，至平水本，据各家目录，不及十部，则北本重于南本，不得以墨色稍次讥之也。"①

傅增湘于 1921 年在上海涵芬楼见过一部，其《藏园群书经眼录》称："元刊本，小板心，八行十五字，黑口，左右双栏，版心鱼尾上方记大小字数。序后有'大德己亥平水曹氏进德斋'牌记六行，与缪艺风藏本同。有姚婉真跋，云得之士礼居。又心青居士跋，钤有：马氏丛书楼珍藏图记，味经书屋、竹农珍赏、天真阁、山阴祁氏、虞山张蓉镜鉴藏、姚婉真印、芙初女史、双芙阁、方氏若蘅曾观、半查，各印。"② 此本刘世珩聚学轩曾收藏，刘氏去世后，被其后人典卖，潘景郑伯兄在书肆见过，并假归抄校，其上有江德量秋史校语、刘玉麐校语、程瑶田校语、墨笔校语"绝类顾涧薲"手迹，据《著砚楼书跋·元刊巾箱本尔雅单注》称"伯兄见诸集宝斋，贾人称是聚学轩物，悬值千斤，度不能得，因假归，破半昼之功，取涵芬楼景印宋本略勘一过，并临其校语于景印本上"③，"此本藏家罕见，惟《瞿目》著录一本，元时有雪窗书院本，武进臧氏重付剞劂，而此刻独无流传，可知其为罕觏矣。单注自宋本而下，今推雪窗本及吴元恭本，审兹帙，实不亚于二刻"④。"以阮文达之博览，校刊《尔雅》时，且未见之，宜为罕觏珍本，虽不逮宋椠，固亦不亚雪窗本耳！况款式之古雅，犹有天水遗意，惜阮囊羞涩，无能力致耳。"⑤

盖此本与南宋监本行款同，传世罕见，今藏于国家图书馆，有"《音释》3 卷"，下注"《音释》卷下配清影元抄本"，已非完帙，被收入第一批国家珍贵古籍名录。

2. 雪窗书院刊本

杨守敬《藏书绝句·书院本》有"巨帙甄镌杜马书，雪窗尔雅属金吾"句⑥，表明在元代书院藏书、刻书中雪窗书院所刻《尔雅》郭注占一定的地位，张金吾的爱日精庐藏有此本。据《爱日精庐藏书志》著录："《尔雅》三卷，元雪窗书院刊本，晋郭璞注。《释训》'绰绰爰爰，缓

① （清）缪荃孙：《平水巾箱本尔雅跋》，见朱祖延主编《尔雅诂林叙录》，第 208 页。

② 《藏园群书经眼录》卷 2，第 117 页。

③ 潘景郑：《著砚楼书跋》，古典文献出版社 1957 年版，第 15 页。

④ 同上书，第 14 页。

⑤ 同上书，《校元刊巾箱本尔雅单注》，第 15 页。

⑥ （清）杨守敬：《藏书绝句》，古典文学出版社 1957 年版，第 9 页。

也', 注云: '皆宽缓也。悠悠、称称、丕丕、简简、存存、懋懋、庸庸、
绰绰尽重语', 元本及闽监毛本俱脱, 余详《校勘记》, 不赘序。"① 阮刻
《尔雅注疏》及《校勘记》以雪窗本为主要参校本, 阮氏在《引据各本目
录》中对雪窗本有详细考证, 据阮氏称: "元椠雪窗书院《尔雅》经注三
卷, 无年代可考, 首署'雪窗书院校正新刊'八字, 故称雪窗本。字体
与唐石经同, 每叶二十行, 每行经十九字, 注二十六字, 注下连附音切,
于本字上加圈为识, 较诸注疏本独为完善, ……然较之俗所行郎奎金、钟
人杰等刊本则远胜之矣。郎、钟等本随意增删窜易, 更不可据。"②

雪窗本《尔雅》郭注, 论者大多认为出于宋椠。《藏园订补郘亭知见
传本书目》称: "附嘉靖乙酉张景华刊《尔雅注》三卷, 与雪窗本合, 亦
附《音释》于注下。"③ "附《音释》于注下", 这是宋十行本旧式, 则知
大德本、雪窗本盖皆源于宋椠。严元照曾藏一部, 后馈赠臧庸, 臧庸在
《重雕宋本尔雅书后》定此本为南宋本, 臧氏称: "戊午 (1798) 仲冬,
镛堂将有粤东之行, 严君久能贻我雪窗书院《尔雅》三卷。审其雕刻,
定为南宋本。深感良友所惠, 不忍一己私秘之, 将愿人人得读宋本也, 因
勉力重雕焉。镛堂读《雅》十余年于今矣, 初得明天启丙寅郎奎金五雅
本, 据以挍正注疏本之讹。己酉冬得嘉靖十七年吴元恭单注本, 较郎本为
善, 始知郎本尚多窜改。癸丑夏四月得明陈深《十三经解诂》本, 与吴
本合, 间有愈于吴本者。最后得此册, 又出郎、吴、陈三本之上。"④ 臧
氏极推崇此本, 视为宋本, 并重新雕版印刷, 以享世人。

臧氏仿刻本, 光绪间东陵方功惠碧琳琅馆又据以重校刊印。今国家图
书馆藏雪窗本两部, 皆已列入第一批国家珍贵古籍名录, 其中一部有臧庸
校语, 清陈焯、翁同书跋。

(四)《尔雅注》明刻本

明代《尔雅》郭注刻本较多, 仅《中国善本书目》收录存世的就有
23 种之多。主要有以下几种版本。

---

① 《爱日精庐藏书志》卷 7, 道光七年 (1827) 刻本。
② 《尔雅注疏校勘记》序, 第 319 页下栏。
③ (清) 莫友芝撰, 傅增湘订补:《藏园订补郘亭知见传本书目》卷 3, 第 1 册, 中华书局
1993 年版, 第 63 页。
④ (清) 臧庸:《重雕宋本尔雅书后》, 见朱祖延主编《尔雅诂林叙录》, 第 209—210 页。

1. 景泰七年（1456）马谅刻本

据杜信孚《明代版刻综录》："《尔雅注》三卷，《音释》三卷，晋郭璞撰。明景泰七年全椒马谅刊。"①

马谅，明全椒（今安徽省）人，宣德癸丑年（1433）进士，历官应天府尹、户部侍郎，才识过人，颇有政绩，史称"出入中外三十余年，清操雅节，始终不变"。景泰七年，在应天府尹任上刊刻了《尔雅》郭注。据丁丙《善本书室藏书志》载："《新刊尔雅》三卷，明景泰刊本，郭璞注，前有璞序，每卷后均附《释音》，后有'景泰七年丙子八月赐进士出身通议大夫应天府府尹和阳马谅识'，云：'《尔雅》一书，始于中古，盛于西汉，迨至东晋，复得郭景纯为之注。凡天地古今，纲常伦理，万事之义，鸟兽草木，宫庐服食，百物之名，罔不提挈纲领，训释字义，诚博物之捷径，读书之指南。历久传录，鱼豕多舛，因订正锓梓……'"②

马谅刻《尔雅》郭注三卷，各卷末附陆德明《音释》三卷一册，每半叶有界，11行，行22字，注文双行，标目冠"新刊"二字。日本内阁文库藏两部，行款与此同：一部原系林氏大学头家旧藏，一部原系木村兼葭堂旧藏③，《经籍访古志》卷二又著录昌平学藏本④。11行当为马谅原刻本，后又有金陵陈宗彝独抱庐重刻本、道光张敦仁翻景泰马谅刊本⑤。

关于重刻缘起，陈宗彝在《重刊尔雅序》中云："近代言十三经之数，足以《尔雅》。愚谓读经之序，当以此书为先。汉儒说经皆本雅训，盖《尔雅》者，经传之训故。古训明，而后古文、古韵可得而辨。尝取是书以课学僮，苦无善本，前得景泰马京兆本，逐卷附有《音释》，殊便览者，当沿宋元之旧。适阳城张古余夫子自云南归，寓居金陵，因执此本请业于先生而谋梓焉。先生以为然。剞劂之赀，则皆师友助成之，不可没人善也。别题名于后，兹刊成而记其颠末如此。道光五年岁在乙酉秋七月独抱居士书。"⑥

① 杜信孚：《明代版刻综录》卷4，第4册，广陵古籍刻印社1983年版，第14页下栏。

② （清）丁丙：《善本书室藏书志》卷5，清光绪辛丑年（1901）丁氏刊本，第215页上栏。

③ 参见严绍璗编著《日藏汉籍善本书录》，第252页右栏。

④ 《经籍访古志》，第100页后附。

⑤ （清）丁立中：《八千卷楼书目》卷3，光绪钱塘丁氏刊本。

⑥ （清）陈宗彝：《重刊尔雅序》，见朱祖延主编《尔雅诂林叙录》，第217页。

独抱轩重刊本，李木斋有藏，据傅增湘《藏园群书经眼录》："十行二十二字，白口单栏，序篆文大字。"① 陈氏刊本改 11 行为 10 行，行 23 字，小字双行字同，大黑口，四周双边，删去首行"新刊"二字。今天津市人民图书馆藏有周叔弢校并跋本，据弢翁称"与瞿氏所藏南宋初刻本俱合，洵为单经注之善本也"②。

马谅刻《尔雅注》近百年后，有嘉靖四年（1525）张景华、黄卿重刊马谅本③，较有名。嘉靖本改 11 行为 9 行，行 20 字，小字双行同，白口，四周单边，3 册。据《藏园订补郘亭知见传本书目》（下简称《藏园订补书目》）："嘉靖乙酉，张景华刊《尔雅注》三卷，与雪窗本合，亦附《音释》于注下，雪窗本误处，此独不误，盖从景泰马谅本出也。"④ 一些学者把马谅本与张景华刻本误认为两个版本，对此，潘景郑先生在《著砚楼书跋》"明景泰《尔雅》单注"条中分析最清，他说："又有明景泰七年和阳马谅刊本三卷，流传未广。嘉靖乙酉，张景华补刊印行，据为己有，后来藏家多别马、张为两本，讹矣。道光乙酉金陵陈宗彝得马本重刊，今亦不多见矣。余所藏马谅一本，已是张景华补刊之帙，刷印亦不清朗，前有张氏自序，不及刊刻原由，马谅跋则附印于后。其中卷尾叶字体不类，当是补刊之叶。又脱去河曲、九河诸条，经独山莫楚生先生以朱笔补写于后。张氏草率补刊，其痕迹犹可寻见焉。"⑤

张景华重刊本今藏国家图书馆、北京师范大学图书馆、山西省文物局等处。

2. 嘉靖四年（1525）徐宗鲁宜静书屋刻本

许宗鲁（1490—1560），字东侯，号伯诚，陕西咸宁人。明正德十二年（1517）进士，改庶吉士，历官监察御史、湖广学政、辽东巡抚，为官有政声。筑草堂于长安城南藏书，室名"宜静书屋""净芳亭"。所刻书风格仿古，喜用古体生僻字。宜静书屋刻书较多，其中《国语》《尔

---

① 《藏园群书经眼录》卷 2，第 117 页。

② 张文琴：《天津图书馆古籍善本题跋甄录》，《图书馆工作与研究》2010 年第 10 期，第 85 页。

③ 张景华，字时美，郯城县人。正德九年进士，吉水县令。黄卿，字时庸，号海宁，益都县人，正德进士，太原知府，江西布政使。

④ 《藏园订补郘亭知见传本书目》卷 3，第 1 册，第 49 页。

⑤ 潘景郑：《著砚楼书跋》，第 16 页。

雅》是其代表作。

嘉靖四年（1525），徐宗鲁宜静书屋刊刻《尔雅郭注》二卷、《音释》二卷，10 行 20 字，小字双行，白口，左右双边，书口下方有"宜静书屋"四字①。今国家图书馆、上海市图书馆、南京市图书馆有藏。

宜静书屋刊《尔雅注》今国内藏本较少，据《日藏汉籍善本书录》载，日本关西大学综合图书馆内藤文库藏本，原三省堂、内藤湖南等旧藏；卷中有内藤湖南手识文，题署"甲辰（1904 年）十月廿七炳卿"，有"炳卿珍藏旧椠古抄"之记、"三省堂"等印记②。

3. 嘉靖十七年（1538）吴元恭仿宋刊本

吴元恭，字仲内，号岞崿山人，吴县（今苏州）人。明嘉靖三十四年（1555）举人，六考进士不第，遂潜心六艺百家，尤喜图史、丹青、彝鼎。工书，得右军之法。常寄迹僧舍，混于田夫野老中，人莫之识也。元恭喜藏书，建有"太素馆"，为藏书之所。精于校勘，所校之书，如贾谊《新书》《韩昌黎集》《谷梁注疏》《尔雅》经注等，均称善本。其翻刻宋本，因墨质、刊印、校勘均精良，被藏家所重。藏书印有"吴元恭印""太素之藏"等。

吴元恭于嘉靖十七年（1538）仿宋本刻印郭璞《尔雅注》，附陆德明《音释》。卷首有郭序，后有吴元恭序。每半叶 8 行，行 17 字，注双行，亦 17 字。每卷末有总计经若干字、注若干字。臧庸《书吴元恭本尔雅后》称此本"凡匡、恒、桓等缺末笔，为太祖、真宗、钦宗讳，非仍南宋之旧之征乎"③？叶德辉在《书林清话·明人刻书之精品》中称："此皆刻书有根据，不啻为宋椠作千万化身者也。"④ 阮元《尔雅注疏》及《校勘记》经、注以吴本为准，并称："明吴元恭仿宋刻《尔雅》经注三卷，卷首标目同唐石经，卷末总计经若干字，注若干字，间有一二小误，绝无私意窜改处，不附《释文》，而郭注中之某音某完然无阙，为经注本之最善者，必本宋刻无疑。……今作校勘记以此本为据，凡摘书经注皆用此本，凡札记经注云此本者谓此也。"⑤ 一般认为吴元恭刻本源自宋本，而

---

① 参见杜信孚《明代版刻综录》第 4 册，第 34 页下栏。

② 严绍璗：《日藏汉籍善本书录》，252 页。

③ （清）臧庸：《书吴元恭本尔雅后》，见朱祖延主编《尔雅诂林叙录》，第 209 页。

④ 《书林清话》卷 5，第 106 页。

⑤ 《尔雅注疏校勘记》序，第 319 页下栏。

具体为宋代何时之本，大多略而不论，只有瞿镛《铁琴铜剑楼藏书目录》论称："世传吴元恭刻本为经注之善者，亦出自宋本，然'敦'字阙笔，是出光宗后刻本。"① 吴元恭本今国家图书馆、北京大学图书馆、北京师范大学图书馆、上海市图书馆、复旦大学图书馆、上海师范大学图书馆、南京市图书馆、江西省乐平县图书馆等有藏。

吴元恭仿宋刻本，刻于明代中期，后来传世较少，至清代已经非常少见，故嘉庆十一年（1806）吴门顾千里据以覆刻。顾氏本刻于江宁（今南京），行款一同吴刻，题名页正中题"尔雅郭注"，右题"嘉庆丙寅重刊"，左题"明吴元恭本"，顾序末有"彭万程刻"（嘉庆间苏州名刻工）四字，背面题"思适斋藏板"，书末牌记镌"嘉庆丙寅吴门顾氏思适斋重刊行"。顾刻字体与原刻相同，但较原刻清峻疏朗，自然流畅，字迹墨色均匀清晰，是清代仿宋刻之杰出代表。后顾刻本亦有覆刻之本，但字体呆板生硬，笔画较粗，撇、横等收笔突兀，不自然，点粗大，有些字笔画不清晰，至墨迹有堆积感。

4. 嘉靖、隆庆间新安毕效钦刻《博古五雅》本

毕效钦，字平仲，明嘉靖、万历间安徽新安人，曾任南昌府通判。嘉靖、隆庆间毕氏将《尔雅》《广雅》《释名》《埤雅》《尔雅翼》合刻，称《五雅》，又称《博古全雅》，共6册，七十三卷，各书前皆冠以"新刊"二字。其中《新刊尔雅》二卷、《音释》二卷，半叶9行，行24字，白口，四周单边，书口下有刻工名，如宙、加、文、旬、仁、志等。今国家图书馆、北京大学图书馆、祁县图书馆、辽宁省图书馆、吉林省图书馆、曲阜师范大学图书馆等10个图书馆有藏。

毕氏《五雅》明代即有万历十六年（1588）瑞桃堂重刊本，虽然各书冠以明毕效钦刻，但行款、字数等与毕氏原刻均有不同，11行22字，小字双行，行字同，白口，左右双边，无刻工。现存北京大学图书馆、清华大学图书馆、中国科学院图书馆、北京师范大学图书馆、山东省图书馆、辽宁省图书馆等47个图书馆。

今日本仓石文库藏有瑞桃堂刊本，见东洋文化研究所藏汉籍影像：《新刊埤雅》二十卷，298页，11行22字，四周双边（外粗内细线）；《广雅》魏张揖撰，隋曹宪注，明毕效钦校刊，11行22字，四周粗单黑

① 《铁琴铜剑楼藏书目录》卷7，咸丰七年（1857）瞿氏家塾本。

边，上单鱼尾向下，鱼尾下书名卷第、页码，共 65 面；《新刊尔雅》版式同前书，共 65 面；《尔雅翼》版式同，381 面；《新刊释名》版式同，93 面，共 3 帙 16 册。①

严绍璗《日藏汉籍善本书录》著录：（1）《博古全雅》七十三卷，有明万历年间（1573—1620）金闾世裕堂重刊本，共 16 册，目录如下：《新刊尔雅》三卷，晋郭璞注；《新刊尔雅翼》三十二卷，宋罗愿撰，明毕效钦校；《新刊埤雅》二十卷，宋陆佃撰；《新刊释名》八卷，汉刘熙撰，明毕效钦校刊。（2）日本内阁文库藏本，原系红叶山文库旧藏；蓬左文库藏本，系明正天皇宽永十二年（1635）从中国购入，卷中有"尾阳内库"印记。②

5. 明吴勉学刊十三经丛书本

吴勉学，字肖愚，安徽歙县丰南人。吴氏毕生从事出版事业，博学藏书，尝校刻经史子集数百种，雠勘精审，是明代徽州刻书、藏书、出版的第一人。所建"师古斋"是明隆庆万历间徽州著名刻书坊，所辑刻的《河间六书》被收入四库全书。所刻十三经九十卷，24 册，9 行 18 字，白口，左右双边，上单鱼尾向下，鱼尾下有书名。字体舒展，墨迹较黑，白棉纸，其中《尔雅》二卷，该丛书今国家图书馆、西北大学图书馆藏。

6. 万历三十一年（1603）胡文焕《格致丛书》本

胡文焕，字德甫，一字德文，号全庵，一号抱琴居士，祖籍江西婺源，定居浙江仁和（今杭州），明代藏书家、刻书家、文学家，精通音律，嗜好藏书，于万历、天启间建楼名"文会堂"藏书，后改名"思蕙馆"。又设书肆，以刻书、售书为事。一生刊刻图书多达 600 余种，1300 余卷，多编选、刻印大型丛书，其中《格致丛书》是其标志性成果。

《格致丛书》，书名取《大学》"格物致知"之义，所收均为古今考证名物专著，包括名物、训诂、文学、艺术等。刻于万历三十一年（1573）左右，因刻非一时，所以国家图书馆、北京大学图书馆、清华大学图书馆、上海市图书馆等 20 多个图书馆所藏种类、册数、卷数多有不同，首都图书馆藏本存 178 种，238 册，其中雅书有：《新刻尔雅》三卷、《新刻

---

① 日本东洋文化研究所网址：http：//www3. ioc. u—tokyo. ac. jp/kandb. html。

② 严绍璗：《日藏汉籍善本书录》，第 256—257 页。

广雅》十卷、《新刻释名》八卷、《新刻绝代语释别国方言》十三卷。《新刻尔雅》，前有郭璞序，上、中、下三卷，每卷后附《音释》，10 行 20字，白口，左右双边。

7. 天启六年（1626）郎奎金刻《五雅全书》本

郎奎金，字公在，浙江仁和人，堂策槛是其室名。天启六年（1626）刻《五雅全书》四十一卷，与毕效钦《五雅》底本不同。郎氏《五雅》有：《尔雅》《小尔雅》《广雅》《埤雅》《释名》，因其他四书皆以"雅"为名，遂名《释名》为《逸雅》。每半叶 9 行，行 20 字，白口，四周单边，无鱼尾，书口下刊"堂策槛"三字。书前有张尧翼序，天启六年郎奎金序。其中《尔雅》二卷，郭璞注，有明叶自本重订、郎奎金纠讹，前有郭璞序。

郎刻《五雅》丛书，传世较多，流传较广，今藏北京市图书馆、北京大学图书馆、清华大学图书馆、北京师范大学图书馆、中国科学院图书馆、上海市图书馆、华东师范大学图书馆、上海师范大学图书馆、内蒙古师范大学图书馆、东北师范大学图书馆、山东省图书馆等 48 个图书馆。其刷印本有 16 册（国家图书馆、香港中文大学、厦门大学）、14 册（竹纸）、12 册、10 册、8 册、6 册、5 册、4 册等。其重刻本也不少，主要有明刻本（《尔雅》2 册）、乾隆五十一年重刻本（《尔雅郭注》2 册）、嘉庆九年重刻本（《尔雅》1 册，五雅 8 册），等等。

据《日藏汉籍善本书录》，郎氏《五雅》传播到日本较多，如日本内阁文库藏此同一版本两部：一部原系高野山释迦文院旧藏，共 6 册；一部原系红叶山文库旧藏，共 7 册。东洋文库藏本共 8 册。尊经阁文库藏本，原系江户时代加贺藩主前田纲纪等旧藏，共 6 册。东京大学藏此同一刊本两部：一部存总合图书馆，原系中国广东筹赈日灾总会赠送本，共 6 册；一部存东洋文化研究所，原系大木幹一等旧藏，共 6 册。京都大学人文科学研究所藏本，共 6 册。神户大学附属图书馆藏本，共 6 册。这些书籍大多通过中国到日本的商船载入，据《商舶载来书目》记载，后桃园天皇安永元年（1772），中国商船"古字号"载《五雅》一部抵日本；《寅字十番船持渡书籍目录》记载，光格天皇天明六年（1786）载《五雅》一部（6 册·古本）抵日本；据《南京船书籍目录》记载，光格天皇宽政六年（1794），从中国载《五雅全书》三部抵日本；又据《书籍元帐》记载，仁孝天皇弘化四年（1847），中国商船"午字二号"载《五雅》一部抵日本，定价四匁。①

8. 万历年间钟人杰刻本

钟人杰，字瑞先，万历钱塘人。明代著名刻书家，曾经汇刻《唐宋丛书》103 种一百四十九卷，汇辑《性理会通》四十二卷，还刊刻了《尔雅注疏》十卷、《史记》《汉书》《后汉书》《晋书》《国语》《徐文长四声猿》等。钟人杰刻《尔雅》单注本，据严元照《尔雅匡名·例言》称："明人所刻单注本如吴元恭、钟人杰、郎奎金，本朝如王朝宸所刻皆佳。"② 阮元《校勘记》："元椠雪窗书院《尔雅》经注三卷……然较之俗所行郎奎金、钟人杰等刊本则远胜之矣。郎、钟等本随意增删、窜易更不可据。"可见，对钟刻褒贬不一，客观地说，钟刻逊于雪窗本、吴元恭本，而在明诸刻本中尚可称"佳刻"。钟人杰刻《尔雅注》今存世本未见著录，国家图书馆仅见钟人杰天启三年刻《战国策》十卷（现存1—6卷）。

9. 明天启七年（1627）《覆古介书》丛书本

《尔雅》一卷，晋郭璞注。《四库全书总目·存目提要》："题东海黄禹、金定邵阇生编，不知为何许人……盖书肆粗识字义之人刊以射利者也。"③ 据《总目》，有胡文焕逸诗，盖胡氏之后人。书分前后二集，前集 15 种十八卷，后集 9 种二十卷，《总目》言收入孔鲋《小尔雅》，未及《尔雅》，今《中国古籍善本书目》《丛书综录》均著录该丛书前集收《尔雅》一卷，郭璞注。《覆古介书》有天启七年（1627）刻本，9 行 20 字，白口，左右双边，今藏北京大学图书馆、上海市图书馆、南京市图书馆、天一阁图书馆、湖南省图书馆等。

10. 明崇祯十二年（1639）永怀堂葛氏刻《十三经古注》本

永怀堂是明万历崇祯时期吴郡葛鼐、葛鼒兄弟的刻书室名。所刻《十三经古注》由金蟠、葛鼒校刻，经注皆用明李元阳闽刻《尔雅注疏》本。《四部备要》中《论语》《孝经》《尔雅》等八经古注均据永怀堂本排印，其中《尔雅》作十一卷，二册，9 行 25 字，白口，四周黑边，左右双边，

---

① 严绍璗：《日藏汉籍善本书录》，第 256 页。

② 《尔雅匡名》，第 184 页下栏。

③ （清）永瑢等：《四库全书总目》卷 134，第 1 册，中华书局 1995 年版，第 1138—1139 页。

单鱼尾，鱼尾上书名，版心下镌"永怀堂"。阮元校勘《尔雅注疏》也参考了永怀堂本，称葛本。据《书目答问》《邵亭知见传本书目》等书，永怀堂《十三经古注》至清后期书板仍然见存，康熙五十二年（1713）永怀堂翻刻，有江宁书局补刊本，同治辛卯（1869）杭州书局补刻本（48册，《尔雅注》为第42—44册，钤"南陵徐氏仁山珍藏""学部图书之印"。辽宁省图书馆藏）。也有重刻之本，如山东书局（尚志堂）同治十一年（1872）重刻69册本，清同治八年（1869）浙江书局重修本（第42—44册，此本日本内阁文库、东洋文化研究所、静嘉堂文库等藏）。据《香港大学冯平山图书馆藏善本书录》载，日本于乾隆十四年（1749）重刻永怀堂《十三经古注》，其中《周礼》9行25字，小字双行同，白口，单鱼尾，左右双边，版心下镌"永怀堂"三字，北京大学图书馆、北京师范大学图书馆、首都师范大学图书馆均藏。据《日本见藏中国丛书目初编》，日本内阁文库藏永怀堂本《十三经古注》嘉庆十二年（1807）补修刊本一部；今日本新潟大学藏台北新兴书局缩印《四部备要》本《十三经古注》一部。

二　《尔雅疏》版本系统研究

宋本《尔雅疏》十卷，今存两部：其一藏日本静嘉堂文库，其二藏国家图书馆。国家图书馆本，据李致忠《宋版书叙录》定为宋刻宋元明初递修公文纸印本，已入选国家第一批珍贵古籍名录。其版式：每半叶15行，行29至31字不等，白口，左右双边。版心上镌每版字数，下记刻工姓名，中镌"雅疏"及叶码。[①]

《尔雅疏》最早刻本，当为宋真宗咸平四年（1001）刻本，上引《玉海》咸平四年"十月九日，命摹印颁行，于是九经疏义备矣"可证。从咸平四年至北宋灭亡，尚有127年，在这中间，官刻私雕，庚续未断。靖康之变，金人破汴，书版捆载北还，咸平版又经元流传下来，陆心源皕宋楼就藏有《尔雅疏》一部，被称为"咸平祖本"，陆氏此本今藏日本静嘉堂文库。

严绍璗《日藏汉籍善本书录》著录："北宋刊宋元修补本，明人海翁

---

① 李致忠：《宋版书叙录》，第252—253页。

手识本，日本重要文化财，共五册。每半叶有界，十五行，行约三十字。经文、注文、疏文各自空一格单行。白口，单黑鱼尾。左右双边（20.5cm×14.4cm）。版心著录'雅疏（几）（叶数）'。注文标记起至，疏文以'释曰'表示。原刻叶版心漫漶者甚多，宋元修补叶上象鼻处记大小字数，下象鼻处有刻工姓名。……卷中避宋讳，凡'玄、眩、弦、铉、鲛、炫、敬、警、驚、弘、殷、愍、匡、胤、恒、桢、徵'等字间有缺笔。'慎'字几乎不缺笔，仅宋修叶缺画为字不成。首册副纸有明海翁（明人偶桓）手识文。文曰：'《尔雅疏》一册，乃的真宋板，元致和元年（1328）册纸所印也。考致和为元文宗年号，当时去宋未远，其铓锻犹有存者，可喜也。封面为宋白麻尔，此亦稀世之物，较宋板书更不可得。海翁。'此本用纸乃元代致和年间之公牍，有蒙文官印。陆心源定此本为'北宋咸平初刊祖本'"①。

据此可知，咸平书版在元代尚存，陆氏收藏之本已经经过宋代、元代补版而重新刷印的"的真宋板"书。咸平版传到了明代，为官家珍藏，明代亦有刷印。咸平版本一系书至清代还有数部。

傅增湘民国十八年（1929）十一月东渡日本，阅静嘉堂文库藏皕宋楼《尔雅疏》，记云："陆心源氏题跋云，此书旧有二本，一为士礼居（黄丕烈）所藏，一为五砚楼（袁廷梼）所藏。……然余所见，密韵楼蒋氏（蒋汝藻）藏有一帙，为士礼居旧物，则陆氏所得尝为袁氏本也。蒋氏本是洪武时官纸所印，此本为元至顺时官纸所印，其印本亦差相类，疑同时所印行也。余更别见一本于江北旧家（谨即宝应刘启瑞翰臣），是世间固有三本矣。且卷中补版正多，当是元修明印。陆氏谓咸平祖本，非其实也。"②傅增湘亲见黄丕烈藏本原为密韵楼所藏，而皕宋楼本为五砚楼旧物，则又臆断之词。

据陆心源《皕宋楼藏书志》："按《尔雅》单疏十卷，每叶三十行，每行三十字，宋太祖太宗真宗庙讳缺末笔，余皆不缺，盖北宋咸平初刊祖本也。其纸乃元致和至顺中公牍，有蒙古文官印，盖金入汴京，尽辇国子监、秘书监书版而北，事载《北盟会编》及《靖康要录》。至顺上距靖康甫二百年，其版尚存，故有元时印本耳。北宋时疏与经注本别行，南宋始

①　严绍璗：《日藏汉籍善本书录》，第249页。

②　《藏园群书经眼录》卷2，第120页。

合为一。今单疏本之存者惟《仪礼》《谷梁》及此而三。《仪礼》《谷梁》皆残缺，不及《尔雅》之完善，《尔雅疏》之存于近古者，乾嘉中黄氏百宋一廛、袁氏五砚楼各有其一，兵燹之后硕果仅存，余已重雕印行。宋刊书不易得，北宋本尤不易得，北宋刊而完善尤难之难者，此书与蜀大字本《春秋经传集解》皆吾家宋版经部中领袖也。"①

据陆言，皕宋楼本当是与黄丕烈（后归密韵楼）、袁廷梼藏并列而三的又一部宋刻元修本，并非傅增湘所说的来自袁廷梼藏本。据王国维《宋刊本尔雅疏跋》称："乌程蒋氏藏宋刊《尔雅疏》十卷，每半叶十五行，行三十字。明文渊阁旧藏，即吾乡陈仲鱼（陈鳣）先生《经籍跋文》中所著录者也。……《尔雅疏》旧有吴门黄氏、归安陆氏二本。今黄本已佚，陆本又流出海外，惟此为硕果矣。"②

今国家图书馆藏本有：文渊阁印、陈鳣收藏、汪士钟印、泰州刘麓樵得于扬州癸丑兵火之后、海盐张元济经收、涵芬楼藏等印，则国家图书馆本即密韵楼本。

对存世《尔雅疏》，《中国版刻图录》如是说："传世《尔雅》单疏宋刻本有三帙：一、黄氏士礼居藏本，阮元《十三经注疏校勘记》即用此本，后因兵事遗失。二、陆氏皕宋楼藏本，用元至顺公文纸印，光绪间陆氏有翻版，原书今存日本静嘉堂文库。三、即此本（国图本）。"③ 其士礼居本亡佚之说与王国维同。这里有两点比较矛盾：傅氏云密韵楼本为黄丕烈士礼居旧物，王国维、《图录》言黄丕烈藏本已佚；傅氏云皕宋楼本为五砚楼旧物，而陆云非是。纠结的焦点在黄丕烈身上，事实上，黄丕烈曾收藏两部《尔雅疏》。

第一，杂缀之本。据黄丕烈《百宋一廛书录》著录《尔雅疏》云："余始见一本，出于顾怀芳家，五砚楼主人得之。既而怀芳伯父五痴亦有是书，已抄一至三卷，第四卷起俱宋刻（八卷十一叶缺）。卷首有文渊阁印一，盖犹是明内府物也。后访得香严书屋适有残本三卷在，索观之，虽非原帙，却亦宋刻，特印本为洪武时，其纸背字迹可验。遂去抄存刻，居

① 陆心源：《皕宋楼藏书志》卷 12，《续修四库全书》第 928 册，上海古籍出版社 1996 年版，第 134 页。

② 《观堂集林》卷 21，第 4 册，第 1036—1037 页。

③ 《中国版刻图录》第 1 册，第 13 页。

然完璧矣。"① 从黄氏所言可知，黄氏见到两部：一为袁廷梼五砚楼藏本，一为袁氏伯父袁五痴藏本。五痴藏本为黄氏所得，所述正是此本，可见五痴本是个杂缀而成的本子，此本后来归密韵楼，即今国图本。"黄氏先得顾五痴藏本《尔雅疏》，后得周氏香严书屋残本，两者相配成为完帙。检今中国国家图书馆藏本《尔雅疏》，前三卷为公文纸印，'文渊阁印'不在卷一而在卷四，原因正在此本前三卷与后七卷本非一本，乃黄丕烈配补而成。黄丕烈后又得到袁廷梼所藏另一部《尔雅疏》，遂将此配补本转让与陈鳣。"②

　　第二，五砚楼本。据陈鳣《经籍跋文》称："《尔雅疏》二部，一为荛圃（黄丕烈字）所藏，一为袁寿阶（袁廷梼字）所藏，并宋刻本，十卷。寿阶既殁，藏书多散，《尔雅疏》亦为荛圃所得。荛圃因其重复也，遂将己所有者归诸余。余乃以白金四十两购之，凡六册，中有'文渊阁印'，审系明内府旧储。"③ 袁廷梼为黄丕烈藏书四友之一，据陈鳣跋文看，袁廷梼本更佳。张丽娟《宋代经书注疏刊刻研究》："袁廷梼于乾隆五十八年（1793）癸丑得此本《尔雅疏》，臧庸于嘉庆五年（1800）庚申借此本校勘。"④ 臧庸助阮元校勘《尔雅注疏》时曾向袁氏借校，黄丕烈在《百宋一廛书录》中亦提到过此事："五砚楼曾属常州臧在东（臧庸字）校出，今虽已录其佳者入浙抚所刻《十三经》考证中。……"⑤ 袁廷梼去世后，此书归其友黄丕烈。嘉庆二十年（1816）阮元正式刻《十三经注疏》时，亦曾从黄丕烈处借来重校，阮元"重刻宋板注疏总目录"记云："元家所藏十行宋本有十一经，虽无《仪礼》《尔雅》，但有苏州北宋所刻之单疏板本，为贾公彦、邢昺之原书，此二经更在十行本之前。……且借校苏州黄氏丕烈所藏单疏二经，重刻之。"⑥ 黄丕烈藏五砚

---

① （清）黄丕烈：《百宋一廛书录》，《续修四库全书》第923册，上海古籍出版社1996年影印本，第677页上栏。

② 张丽娟：《宋代经书注疏刊刻研究》，第243页。

③ （清）陈鳣：《经籍跋文》，《续修四库全书》第923册，上海古籍出版社1996年版，第671页上栏。

④ 张丽娟：《宋代经书注疏刊刻研究》，第244—245页。

⑤ （清）黄丕烈：《百宋一廛书录》，第677页上栏。

⑥ （清）阮元：《十三经注疏》附校勘记，《重刻宋板注疏总目录》，中华书局1980年版，第2页。

楼本后来"因兵事遗失",下落不明。

此即为源流可溯的三部宋版《尔雅疏》,至于傅氏所言之第三部,今无从考察。关于国图本《尔雅疏》,李致忠进行了详细的考证:"开卷版式虽同,但各版字体,甚至一版当中,宋体风格都很不一致,这说明的确是个递修本。有的版面,字体浑厚朴重,颇存古风,一看便知是原刊字迹。"考书中避讳字,其"讳字混乱,正是其几经递修的产物。……反转过来也可说明此本很可能是民间坊肆所刻,且几经修补"。考刻工出身,其版心所记刻工从北宋到元初都有。从版面风格和不同时代的刻工同出一书的现象上看,证明《尔雅疏》的确是个递修本,而且在南宋恐怕就不只修过一次。张元济在《涵芬楼烬余书录》中认为:"群经之疏,初均单行……是本(指《尔雅疏》)每行字数二十九至三十一不等,视他本为多,而半叶十五行则同,盖单疏本行数之通式也。……印纸为洪武二年公牒,多萧山、山阴二县之事,是必在杭州印造。书板非与《毛诗》《尚书》同时开雕,即就北宋修补也。"张元济定《尔雅疏》为"北宋本递修",后刻入《四部丛刊》。阮元《尔雅校勘记序》亦认为"此当脱胎北宋本"。李致忠据此推断"此本《尔雅疏》似可定为北宋后期刻,宋元明递修公文纸印本"[1]。王国维《宋刊本尔雅疏跋》称:"此本犹是咸平旧式,然于钦宗嫌名萓字,高宗嫌名媾字,皆阙一笔,又多元明补刊之叶,乃南渡后重刊北宋监本,又经元明修补者也。……盖南渡初,监中不自刊板,悉令临安府及他州郡刻之,而以其板入监,此即南宋监本也。明黄佐《南雍志·经籍考》所载旧板有《周易正义》十三卷、《仪礼注疏》五十卷、《春秋正义》三十六卷,或称疏,或称注疏,而其卷数无不与此北宋单疏本合,而与南雍之十行本注疏不合,当即南宋所刊单疏旧板也。以其板久阙不印,又明人但知有注疏,不知有单疏,故以注疏目之。此本用洪武中公牒纸印,又有明初补板,乃明南雍印本。可知《南雍志》之《尔雅注疏》十卷,即是此本。"[2]

宋刻单疏本《尔雅疏》至清代,已罕见,购求不易。钱大昕称:"唐人《五经正义》本与注别行,后儒欲省两读,并而为一。虽便于初学,而卷第多失其旧,不复见古书真面,蒙窃病焉。兹见金昌袁氏又恺所藏宋

---

① 李致忠:《宋版书叙录》,第252—258页。

② 《观堂集林》卷21,第4册,第1037—1039页。

椠《尔雅疏》单行本，不特纸墨精妙，且可想见古注疏之式，良可宝也。"① 叶德辉《书林清话》："宋本《尔雅疏》，以白金四十两购之"②，或即指陈鳣购黄丕烈藏杂缀本之价格。《尔雅疏》有清光绪四年（1878）陆心源据所藏重刻之本，现藏国家图书馆、北京大学图书馆、甘肃省图书馆、江西省图书馆、湖北省图书馆、武汉市图书馆等；有民国十一年（1922）上海商务印书馆《续古逸丛书》影印本、民国二十三年（1934）上海商务印书馆《四部丛刊续编》影印本。

三　《尔雅注疏》版本系统研究

今存世之《尔雅注疏》本，除元刊明修本外，皆为《十三经注疏》丛书本之一。

（一）元刊本、元刊明修本

南宋时经注与经疏合刻，越州、福建、四川都曾有，但其中无《尔雅》。据《藏园订补书目》称："十三经以北宋单注、单疏刊本最佳。南宋有合刊注疏本，合单疏本，分卷，不附《音释》，是合刊第一本，最佳，无《尔雅》。嗣有附《音释》注疏本，分卷与通行本同，亦无《尔雅》，不甚佳矣。……《尔雅注疏》至元时，始有合刊本。"③ 现见诸目录记载《尔雅》注疏最早合刻于元代。据张金吾《爱日精庐藏书志》记载："《尔雅注疏》十一卷，元刊本，汲古阁藏书，晋郭璞注，宋邢昺疏。《尔雅注疏》无南宋十行本，除北宋单疏本以外，以此本为最古。是本全书俱系元椠，绝无明代补刊者，盖元刊元印本也。首有'汲古阁''西河季子之印'两印。"④ 此刻本据森立之《经籍访古志》载："每半版九行，行十九字，注廿一字，界长五寸九分，幅三寸九分，左右双边。"⑤ 日本昌平学亦藏。《日藏汉籍善本书录》对此本有详细记载：此本五册，今藏宫内厅书陵部，其版式："每半叶有界九行，行二十字。注疏文低一格小字

① （清）钱大昕：《潜研堂全书·文集》卷27，道光二十年（1840）刊本。

② 《书林清话》卷6，第142页。

③ 《藏园订补郘亭知见传本书目》卷1，第1册，第3—4页。

④ 《爱日精庐藏书志》卷7，道光七年（1827）刻本。

⑤ 《经籍访古志》，第102页后栏。

双行，行十八字至二十字。细黑口，双黑鱼尾。左右双边（17.8cm×11.6cm）。版心著录'尔雅（几）（叶数）'。疏文首字以大字墨围阴刻'疏'字为标识。此本无邢昺序文。本文卷首题'尔雅注疏卷第一'。下隔八格，署'郭璞序邢昺疏'。序后直接连续正文，首题'尔雅兼义一卷上郭璞注'。卷中避宋讳，凡'匡、胤、恒、桓'等字皆缺笔。此盖取源于宋本者。卷四首八叶，卷五第二十八叶以下，卷六第一叶内半叶，皆缺失。每卷首有'明范履祥'印记（卷一、卷四缺）。每册首有'浅草文库''昌平坂学问所''文政戊寅'等印记。"① 杨守敬《日本访书志》称："此本雕镂精雅，元椠之极精者。分卷与明闽本同，盖闽本原于此也。"② 杨守敬得之东瀛，后来由其子转赠傅增湘，据《藏园群书经眼录》著录元刊本，残本一卷。傅氏在《藏园订补书目》中又称："《尔雅注疏》十一卷，元刊本，九行二十字，注低一格，小字双行亦二十字，疏别行另起，亦低一格，二十字，标以阴文'疏'字，细黑口，左右双阑，卷首邢昺等尔雅注疏序，九行十七字，此为真元刊本。杨守敬得之东瀛，其子以赠余。"③ 可见，此本当为正德汇印《十三经注疏》之《尔雅注疏》之祖本，李元阳刻本、北监本、毛本、殿本都源出此本，阮元校刻《十三经注疏》未见此元刻本，所据为明正德补刊本。杨守敬《访书志》："此本与阮氏校刊记所载元椠本一一符合，其中误谬之处甚多，如'肇祖元胎'，此本胎竟误始，此其尤显然失之不校者。然阮本多明正德补刊，此则为元时初印本，绝无补刊之叶。"④

今元刊本已佚，国内藏均为元刊明修本。今北京大学图书馆藏元刊明修本一部，有清周星诒跋文云："此元椠《尔雅注疏》十一卷，以补版至明正德间止，世又谓之正德本，旧与十行本诸经版同在明南京国子监，故又统称南监本，后来闽、北监、毛诸刻本皆从此出。"据《藏园群书经眼录》："《尔雅注疏》十一卷，元刊本明修本，九行二十字，黑口，单阑。补刊叶中缝有'正德六年刊'，某人誊写，某人刊等字。"⑤ 今北京市图书

① 《日藏汉籍善本书录》，第 250 页右栏。

② 《日本访书志》第 2 册，第 504 页。

③ 《藏园订补书目》卷 3，第 1 册，第 52 页下栏。

④ 《日本访书志》第 2 册，第 504 页下栏。

⑤ 《藏园群书经眼录》卷 2，第 120 页。《藏园订补书目》亦著录此条，并补充："明补版间有白口，或作四周单阑，版心刻有'正德六年刊'字样，余有一帙。"见第 52 页。

馆、上海市图书馆、旅游大学图书馆、甘肃省图书馆、乐平市图书馆、南京市图书馆、北京大学图书馆等有藏。

(二)《十三经注疏》本系统

1. 正德汇刊本

宋元刻本诸经注疏，至明代已近百年，版片损毁严重，正德六年（1511）、正德十二年（1517）、正德十六年（1521）、嘉靖三年（1524）曾多次修补，现存最早、最完整的《十三经注疏》当汇编于正德时期的福建地区①。据国家图书馆藏，《附释音周礼注疏》题"元刻明修本"，半叶10行，行17字，小字双行，行23字，而书口却被著录为"黑口或白口"，边栏被著录为"左右双边或四周单边"。这表明元刻部分是白口，而明修部分已变成黑口；元刻部分是左右双边，而明修部分则变成了四周单边。显然，正德汇印《十三经注疏》是在汇印宋元诸注疏刊本基础上修补完成的。

又据《藏园订补书目》载："元刊明修本《十三经注疏》，为《周易兼义》九卷《音义》一卷《略例》一卷、《附释音尚书正义》二十卷、《附释音毛诗正义》二十卷、《附释音周礼注疏》四十二卷、《仪礼》十七卷《仪礼旁通图》一卷、《附释音礼记正义》六十三卷、《附释音春秋左传正义》六十卷、《监本附音春秋公羊注疏》二十八卷、《监本附音春秋谷梁注疏》二十卷、《孝经注疏》九卷、《论语注疏解经》二十卷、《孟子注疏解经》十四卷、《尔雅注疏》十一卷，共三百三十五卷，半叶10行，行17或18字，白口，左右双栏。此本零种诸家多有之，而罕见全帙。其版明代入南监，断烂已甚，修补之版极多，亦罕见初印本。"② 其中《仪礼注疏》用《仪礼》白文及杨复《仪礼图》《仪礼旁通图》替代，而《尔雅注疏》，据今国家图书馆、北京市文物局、军事科学院藏三部《十三经注疏》看，《尔雅注疏》当为元刊本。其中军事科学院藏本汇印较早，可能在正德时期，此部《尔雅注疏》为半叶9行，行20字至23字不

---

① 程苏东《"元刻明修本"〈十三经注疏〉修补汇印地点考辨》："我们可以基本确定，此本在明代正德六年（1511）、正德十二年、正德十六年、嘉靖三年（1524）等历次修补中所用的刻工，除极个别外，均为福建刻工。"见《文献》2013年第3期，第33页。

② 《藏园订补邵亭知见传本书目》卷3，第1册，第6页。

等，大黑口，与上述诸经版式行款迥异，当为元刻本，正德间修补过。

2. 嘉靖李元阳福建刻本

李元阳（1497—1580），字仁甫，别字中溪，云南太和人，嘉靖五年（1526）进士，历官江阴知县、御史、巡按关中。由于正德汇印的《十三经注疏》有宋元补修翻刻之本，版本比较混乱，于是，嘉靖十二年（1533）至十七年（1538），李元阳以御史巡按福建，以宋元刻明修本为底本，重新开版刻印《十三经注疏》，全套三百三十五卷，据《藏园订补书目》："明嘉靖间李元阳闽中刊十三经注疏，书名、卷数与元刊明修本全同，即从该本出，唯行款改为九行二十一字，注双行二十字，白口、四周单阑。"① 其中《仪礼注疏》采用嘉靖五年（1526）山东巡抚陈凤梧刻本，代替了《仪礼》白文和元杨复《仪礼图》《仪礼旁通图》。《尔雅注疏》与正德本同，用元刻九行本。至此，真正意义上的《十三经注疏》丛刊产生了，这个名称也被确定下来，李元阳刻本世称闽本，或嘉靖本。

闽刻之《尔雅注疏》基本保持了元刻原貌。据丁丙《善本书室藏书志》："《尔雅注疏》十一卷，明闽刊本，叶氏得一居藏书。晋郭璞注，宋邢昺疏，首有注疏序，题翰林侍讲学士朝请大夫守国子祭酒上柱国赐紫金鱼袋臣邢昺奉敕校定。按元椠《尔雅注疏》卷一《释诂》分上中下，卷二《释言》分卷下，卷三《释训》《释训》下《释亲》，卷四《释宫》《释器》《释器》下，卷五《释乐》《释天》《释天》下，卷六《释地》《释丘》，卷七《释山》《释水》，卷八《释草》《释草》下，卷九《释木》《释木》下《释虫》，卷十《释鱼》《释鸟》《释鸟》下，卷十一《释兽》《释畜》，分卷极无义理，盖仍元本之旧，其疏文脱失处悉与元本同，其佳者多与单疏本合，每半叶九行，每行经二十一字，注疏低一格，每行二十字，经下载注单行居中，标阴文。注字分经、注、疏为大中小三等字，此明御使李元阳所刊，《十三经注疏》之末有得一居珍藏印。"②

此本共4册，今国家图书馆、复旦大学图书馆等有藏本。据《日藏汉籍善本书录》，日本内阁文库（3册）、尊经阁文库（6册）、关西大学等有藏。

3. 万历北监刻本

正德汇印版片后入南京国子监，断烂已甚，修补极多。万历十四年

---

① 《藏园订补邵亭知见传本书目》卷3，第1册，第6页。

② 《善本书室藏书志》卷5，第215页下栏—第216页上栏。

（1586）至二十一年（1593）北京国子监据闽本重刊《十三经注疏》，据《藏园订补书目》："明万历十四至二十一年北京国子监刊《十三经注疏》三百三十五卷，从闽本出，故书名、卷数亦与元刊十行本同。每半叶九行，行二十一字，注双行同，白口，左右双阑，版心上方阳面记'万历某年刊'字样。"①此本称北监本，简称监本，是《十三经注疏》完整的官刻本。傅增湘藏本中《尔雅注疏》版心阳面上方有"万历十四年刊"字样。北监本经、注、疏、释音俱全，此本《尔雅注疏》用的不是陆德明《尔雅音义》，而是宋人的《尔雅音》。关于监本十三经刻印情况，据缪荃孙《嘉业堂藏书志》载："汇刻十三经，南监十行本最佳。闽板九行，北监亦九行，万历十四年刻《论语》起，祭酒李长春；十五年刻《易经》《书经》，李长春、司业盛讷；十六年刻《礼记》，祭酒田一儁、司业王祖嫡；十七年刻《毛诗》，祭酒黄凤翔、司业杨起元；十八年刻《孟子》，祭酒刘元震、杨起元；十九年刻《左传》，祭酒盛讷；二十一年刻《周礼》《仪礼》，又刻《谷梁》，祭酒曾朝节、司业刘应秋、周应宝；又刻《公羊》《尔雅》，止出曾祖节；《孝经》不知何年，祭酒韩世能。前后共七年。此板康熙间尚在。顾亭林诋之（盛）［甚］力，有谓不灭于秦火而灭于监板者，不如我朝殿板远矣。"②

万历北监本崇祯年间又重印、补版，初印本在嘉庆时期就已经罕见了，徐乾学《传是楼书目》"监本《十三经注疏》"记载了诸本册数："《易经》五本、《书经》缺、《诗经》十六本、《春秋》二十本、《公羊》八本、《谷梁》五本、《礼记》二十本、《周礼》十四本、《仪礼》十本、《孝经》一本、《尔雅》三本、《论语》四本、《孟子》六本。"③宣统年间刘承干嘉业堂曾藏初印本一部，版面清晰，墨色如故，白棉纸刷印，每本序言处钤有"求恕斋藏""刘承干印""毕际书载积氏藏书""毕盛矩藏书"四枚，当为毕沅旧藏。版心上刻"万历某某年刊"字样，每卷卷首都有题衔"皇明朝列大夫国子监祭酒某某、司业某某等奉敕重校刊"，全部整齐，书亦宽大。监本崇祯间修版曾将原单行大字题衔改刻小字双行，

---

① 《藏园订补郘亭知见传本书目》卷3，第1册，第6页。

② （清）缪荃孙撰，吴格点校：《嘉业堂藏书志》卷1，复旦大学出版社1997年版，第122页。

③ （清）徐乾学撰：《传是楼书目》卷一，《续修四库全书》第920册，上海古籍出版社1996年版，第665页。

有重修者之名，另刻重修时"祭酒""司业"等官名题衔已被铲除，刘承干藏本官名题衔皆有，显是初印本。监本初印本至清代后期已经很难觅寻，藏书大家叶德辉亦仅藏崇祯前印本一部。

清丁丙《八千卷楼书目》著录有"日本覆监本"，据严绍璗《日藏汉籍善本书录》，京都大学文学部中国语学哲学文学研究室藏《尔雅注疏》十一卷一部三册。《附录》称："江户中期京都菱屋治兵卫等据明北监本覆刊《尔雅注疏》十一卷。此本后来翻印甚多。如光格天皇宽政六年（1794）印本、大阪河内屋喜兵卫印本等。孝明天皇文久二年（1862）大阪浪华柳原积玉圃又修板重印。"①

4. 崇祯毛晋汲古阁刻本

毛扆、毛晋父子是明末清初著名刻书家，祖籍江苏常熟，室名汲古阁。毛氏汲古阁前后经营 40 年，刻书 600 余部，所刻《十三经注疏》《十七史》是其代表作。亦贮藏和刊刻过雅书数种，如汲古阁藏有元刊《尔雅注疏》、郑樵《尔雅注》、南宋监本《尔雅注》等，藏书钤印有毛晋私印、毛晋、汲古主人、毛扆之印、斧季等。汲古阁所刻郑樵《尔雅注》三卷，二册，每半叶有界 9 行，行 19 字，注文小字双行，白口，无鱼尾，左右双边（18.9cm×13.1cm），版心记刻工姓名，今东京大学文学部汉籍中心有藏。

崇祯元年（1628）至崇祯十二年（1640），毛晋汲古阁曾重刻《十三注疏》。据《藏园订补书目》："明崇祯一至十二年毛晋汲古阁刊《十三经注疏》三百三十卷，从北监本出，唯《周易》不附《音义》及略例，故总卷数少北监本二卷。每半叶九行，白口，左右双阑，版心下方有'汲古阁'三字。"② 其中《尔雅注疏》以汲古阁藏元刻本、闽本、监本互相参校，因此与闽本、监本多有不同。汲古阁藏元刊本《尔雅注疏》是北宋单疏本之外最古者，虽然毛刻错误不少，但因其底本善、刷印量大，明末清初"俗间多用汲古阁本"，成为"世所通行者"。

毛晋刊刻《十三经注疏》倾注了数十年心血。据毛晋《重镌十三经十七史缘起》所述，自崇祯元年至崇祯十二年"每岁订正经史各一部"，用时十三年之久，于崇祯庚辰（1640）才刻印完成。后经明末清初战乱，

---

① 《日藏汉籍善本书录》，第 251 页右栏。

② 《藏园订补邵亭知见传本书目》卷 3，第 1 册，第 6—7 页。

毛晋把《十三经注疏》版片"分贮版籍于湖边岩畔、茆庵草舍中，水火鱼鼠，十伤二三"，待"村居稍宁"，毛晋复"扶病引雏，收其放失，补其遗亡"①，历经十余年，完成了补版、校勘工作。

清初沈廷芳撰《尔雅注疏正字》、浦堂等校勘《尔雅注疏》均用毛本、监本。沈氏《尔雅注疏正字》校出监本讹误223处，汲古阁本讹误97处。经过对这97处讹误进行分析研究，我们大致可以把它们分为五种，而其中以"讹文"出现最多，也就是说大多讹误是刊刻草率所致。阮元校《尔雅注疏》广泛征引元明清以来所刻《尔雅注疏》之本，从阮校中我们可以看到毛本与正德本、闽本、监本的源流嬗变关系。

从毛本《尔雅注疏》看，初刻、补刻刷印较多，因此册数也不固定，从现存《尔雅注疏》册数看，有三册、四册、五册不等，大致使用竹纸、白棉纸，字体端严，分卷如下：卷一《释诂》至卷三《释训》为一册，卷四《释亲》至卷七《释山》《释水》为一册，卷八《释草》至卷十一《释兽》《释畜》为一册，这是三册本。表题《尔雅注疏》，封面二有长方形竖框，内有"毛氏尔雅注疏正本"八个大字，分两行书写，行各四字。中间低两格，有朱文方印"毛氏正本"，下有"汲古阁绣梓"小字五个。上下单边，左右双边。版心上有"尔雅疏"，中为卷数、页数，下有"汲古阁"三字，无鱼尾。有界，经大字，半页9行，行21字；注，次一号字，行20字；疏，双行，行20字。经顶格写，注、疏前有"注""疏"二字，有框口，阴文。卷终有长方牌记"皇明崇祯改元岁在箸雝执徐古虞毛氏绣镌"。

汲古阁败落后，所藏宋元版书归季沧苇，季氏之藏又转归徐乾学，《十三经注疏》版亦被收入徐氏传是楼，《传是楼书目》著录三套，北监本一套、汲古阁版一套，另一部只注明版本。其中"《十三经注疏》汲古阁板。《易经》四本、《书经》六本、《诗经》缺、《春秋》二十二本、《公羊》八本、《谷梁》六本、《礼记》二十本、《周礼》十六本、《仪礼》十二本、《孝经》一本、《尔雅》三本、《论语》四本、《孟子》六本"②，可见汲古阁原刻当为三卷本。另一仅注明版本者，《尔雅注疏》四本。今

---

① 参见毛晋《重镌十三经十七史缘起》，毛晋撰，潘景郑校订《汲古阁书跋》，第123—124页。

② 《传是楼书目》卷一，第665—666页。

三册本有厦门大学、吴江市图书馆、台湾傅斯年图书馆、东洋文化研究所、酒田市立光丘文库、大阪府立图书馆、韩国藏书阁藏；四册本有韩国雅丹文库、藏书阁、忠南大学、日本早稻田大学、国学院大学梧荫文库、佛教大学平中文库、香川县丰滨町立图书馆藤村文库藏；五册本有辽宁中医药大学、日本京都大学人文科学研究所、东洋大学附属图书馆哲学堂文库、韩国雅丹文库藏。据《中国古籍善本书目》，国内还有北京大学图书馆、清华大学图书馆、首都图书馆等 36 个单位藏，其中有原版多次刷印本，有翻刻本、重刻本、递修本等。这并不是汲古阁本存世的确切数目，还有一些小的公藏单位、私人藏书未在统计之列。总之，明代刊刻的《十三经注疏》汲古阁本存世较多。

5. 乾隆四年（1739）武英殿刻本

清乾隆年间开始对元明所刊《十三经注疏》进行全面整理校勘，乾隆四年（1739）至十二年（1747）于武英殿，由弘昼、张廷玉等监阅，以明监本为底本，以汲古阁毛本、嘉靖本等参校，重新刻印《十三经注疏》，并附《考证》，共三百四十七卷，115 册，世称殿本。据《藏园订补书目》："清乾隆四年武英殿刊《十三经注疏》三百四十七卷，附考证。半叶十行，行二十一字，注双行同，白口，左右双阑，版心阳面上方有'乾隆四年校刊'六字。"① 据傅氏著录，此殿本大致遵循监本版式，只是改 9 行为 10 行，版心阳面上方改"万历十四年刊"为"乾隆四年校勘"，殿本首次配齐了"十三经"的经文、古注、疏、德明《音释》，并附有馆臣张照的《考证》。乾隆三十八年（1773）修《四库全书》，其中的《十三经注疏》就是誊录的殿本，四库馆臣在校勘过程中还对经、注、疏、音释加了句读。殿本还有一个突出的特点就是在北监本基础上补足了《论语》《孟子》《孝经》《尔雅》四部书的释文，并且对各经已有的释文做了补充和校正工作。

四库馆臣将殿本校勘过程中发现的问题以《考证》的形式附在每卷末尾，涉及文字校勘，经义训释等，就《尔雅注疏》而言，殿本音义采用陆德明释文，考证大致涉及以下几方面：（1）为郭注找例证，也就是疏通郭注。如卷一《释诂》："权舆，始也。"注："胡不承权舆。"《考证》："《诗·秦风·权舆》篇作'于嗟乎不承权舆'。"（2）补充郭璞未

---

① 《藏园订补邵亭知见传本书目》卷 3，第 1 册，第 7 页。

详、未闻者。《尔雅》郭注未详、未闻者 142 处，南宋郑樵注《尔雅》略有补充，《考证》补充郭注 42 处，如《释诂》"善也"条，郭注："省綝毂未详其义"，《考证》："按《诗·大雅·皇矣》篇'帝省其山'，郑笺省善也。又《礼》大传'省于其君'，注善于其君，谓免于大难也。綝，《玉篇》'善也'。毂，《孟子》'羿之教人射，必志于毂'，《诗·大雅·行苇》篇'敦弓既句'，注句毂通，射至于毂，射之善也。"（3）校正经、注文字。《考证》多引唐石经、《释文》、郑樵注等指出《尔雅》经、注文字的不同。如《释诂》"陨、殒、湮，落也"，《考证》："石经殒作硕。"又"胜也"条，郭注："陵犯夸奢果毅皆得胜也，《书》曰西伯堪黎。"《考证》："陆本诗作夸，果作倮，黎作耆，郑樵曰堪亦作戡。"①

乾隆四年至十二年武英殿所刻《十三经注疏》有乾隆四十年（1775）重刊本，其他比较有名的还有同治十年（1871）广东书局重刻本，附陆德明《音义》，10 行 21 字，双行小字同，白口，左右双边，单黑鱼尾，版心上有"乾隆四年校勘"，下有"同治十年重刊"。

6. 阮元校刻南昌本

嘉庆年间阮元巡抚江西，主要根据宋元刻明修本《十三经注疏》重新校刻了一套《十三经注疏》，每卷附有详细的《校勘记》，史称南昌府学本、南昌本、江西本或阮元本。

据《藏园订补书目》："清嘉庆二十年，南昌府学重刊《宋本十三经注疏》四百十六卷，附《校勘记》。半叶十行，行十七、八字，注双行，二十三、四字，黑口，左右双阑。此即莫氏所记之江西本，从元刊明修本出。"② 南昌本《尔雅注疏》以北宋单疏本《尔雅疏》十卷为底本，因此卷数少于之前的诸部《十三经注疏》，并附《校勘记》一卷。

关于校刻《十三经注疏》的缘起、底本选择，阮元在《重刻宋板注疏总目录》中叙述最明，他说："逮两宋刻本浸多，有宋十行本注疏者，即南宋岳珂《九经三传沿革例》所载'建本附释音注疏'也。其书刻于南渡之后，由元入明递有修补，至明正德中，其板犹存，是以十行本为诸本最古之册。此后有闽板，乃明嘉靖中用十行本重刻者；有明监板，乃明万历中用闽本重刻者；有汲古阁毛氏板，乃明崇祯中用明监本重刻者。辗

① 以上见《文渊阁四库全书》本《尔雅注疏》。
② 《藏园订补邵亭知见传本书目》卷3，第1册，第7页。

转翻刻，讹谬百出。明监板已毁，今各省书坊通行者，惟有汲古阁毛本。此本漫漶不可识读，近人修补，更多讹舛。元家所藏十行宋本，有十一经，虽无《仪礼》《尔雅》，但有苏州北宋所刻之单疏板本，为贾公彦、邢昺之原书，此二经更在十行本之前。元旧作《十三经注疏校勘记》，虽不专主十行本、单疏本，而大端实在此二本。嘉庆二十年，元至江西，武宁卢氏宣旬读余《校勘记》，而有慕于宋本；南昌给事中黄氏中杰亦苦毛板之朽，因以元所藏十一经至南昌学堂重刻之，且借校苏州黄氏丕烈所藏单疏二经，重刻之。近盐巡道胡氏稷，亦从吴中购得十一经，其中有可补元藏本中所残缺者，于是宋本注疏可以复行于世，岂独江西学中所私哉！"①

　　校勘十三经是阮元多年的心愿，嘉庆六年（1801）阮元就曾约请李锐、徐养源、顾广圻、臧庸、洪震煊、严杰、孙同元等七位学者，开始重新校勘十三经，也即臧庸第一次从五砚楼借《尔雅注疏》时。嘉庆十一年（1806），阮元居丧期间就已经刊刻《十三经校勘记》。阮元的弟子张鉴在《雷塘庵主弟子记》中说："先生弱冠时，以汲古阁本《十三经注疏》多伪谬，曾以《释文》《唐石经》等书手自校改。督学以后，始以宋十行本为主，参以开成石经及元明旧刻、叶林宗影宋抄本陆氏《释文》等书，属友人门弟子分编，而自下铅黄，定其同异，得《易》十卷、《书》二十二卷、《诗》十卷、《礼记》七十一卷、《仪礼》十八卷、《周礼》十四卷、《左传》四十二卷、《公羊》十二卷、《谷梁》十三卷、《尔雅》五卷、《论语》十一卷、《孝经》四卷、《孟子》十五卷。至是刊板始成。先生尝曰'此我大清朝之《经典释文》也'。"② 实际上，在嘉庆二十年（1815）南昌学府重刊之前，阮元在浙江巡抚任上，即嘉庆十三年（1808）就曾刊刻《宋本十三经注疏》并《经典释文校勘记》，二百一十七卷，10 行 23 字，小字双行同，白口，左右双边，单鱼尾，世称"文选楼"本。可以说，南昌学府本是阮刻比较成熟的版本。

　　嘉庆十九年（1814），阮元出任江西巡抚，在任期间，他重刊了《宋本十三经注疏》。这次刊刻工作主要由胡稷和卢宣旬主持，从嘉庆二十年春开始至嘉庆二十一年秋结束，历时 19 个月，成四百一十六卷，题为

----

① （清）阮元：《十三经注疏》附校勘记，《重刻宋板注疏总目录》，第 1—2 页。

② 张鉴等撰，黄爱平点校：《阮元年谱》卷 2，中华书局 1995 年版，第 65 页。

《重刊宋本十三经注疏附校勘记》。据清钱泰吉《曝书杂记》载："江西南昌学所刻《十三经注疏》，其四百十六卷并附《校勘记》。经始于嘉庆二十年二月，成于二十一年八月。仪征相公时官巡抚，与僚属绅士捐赀校刻。董其事者盐法道庐江胡稷、武宁贡生卢旬宣也。以十行本十一经及《仪礼》《尔雅》单疏本为主，不欲臆改古书，即明知宋版之误，但加圈于误字之旁，而附校勘记于每卷之末。校勘记者，仪征旧有各经校本，抚浙时属诂经精舍诸君分撰成书也。《易》《谷梁》《孟子》则属之元和李锐，《书》《仪礼》则属之德清徐养原，《诗》则属之元和顾广圻，《周礼》《公羊》《尔雅》则属之武进臧庸，《礼记》则属之临海洪震煊，《春秋左传》《孝经》则属之钱塘严杰，《论语》则属之仁和孙同元。惜南昌刊版时，原校诸君已散亡，刊者意在速成，不免小有舛误，当检单刻《十三经校勘记》并觅旧本审核也。"① 此次刊刻，以宋本十一经为主，实当为宋刻元修本，《仪礼》《尔雅》十一经所无，皆以黄丕烈藏宋刻单疏本补足，显然此次刊刻质量也优于文选楼本。

　　关于《尔雅》一书的流传刊刻情况，阮元在《尔雅注疏校勘记序》中说："《尔雅》一书旧时学者苦其难读，今则三家村书塾鲜不读者，文教之盛，可云至矣。《尔雅注》郭氏后出，不必精审，而从前古注之散见者，通儒多爱惜，捃拾之，若近日宝应刘玉麐、武进臧庸皆采辑成书可读。邢昺作疏在唐人以后，不得不缲唐人语为之。近者翰林学士邵晋涵改弦更张，别为一疏，与邢并行，时出其上。顾邢疏列学官已久，士所共习，而经注疏三者皆讹舛日多，俗间多用汲古阁本，近年苏州翻版尤劣。臣搜访旧本，于唐石经外，得明吴元恭仿宋刻《尔雅》经注三卷，元椠雪窗书院《尔雅》经注三卷，宋椠《尔雅》邢疏未附合经注者十卷，皆极可贵。授武进监生臧庸，取以证俗本之失，条其异同，纤悉毕备。臣复定其是非，为《尔雅注疏校勘记》六卷（上、中、下三卷，各分上、下卷），后之读是经者，于此不无津梁之益。陆德明《经典释文》，此经为最详，仍别为校订讹字，不依注疏本，与经注相淆。"② 据阮序可知，《尔雅》疏用宋椠单疏本，经注以吴元恭本为准，陆德明《音义》附于经注之下。又以唐石经、单疏本、元本、正德本、闽本、监本、毛本、吴元恭

---

① （清）钱吉泰撰：《曝书杂记》卷1，第6页。

② （清）阮元撰：《尔雅注疏校勘记》序，第319页上栏。

本、雪窗书本、陈本、钟本、郎本、葛本等参校，详列各书异同。为了避免犯宋明人以臆见轻改古书的弊病，不轻改底本误字，仅加标记于旁，而于《校勘记》中详加说明。阮刻《尔雅注疏》附校勘记到目前为止，是辑集《尔雅》版本最全的校本，为雅学研究提供了极大的便利，但不足的是，阮刻未及南宋监本《尔雅注》。同时，疏用宋椠单疏本，割裂疏文以就经注，致使文义不相连署，也颇为学者所诟病，如张元济在《四部丛刊续编·尔雅疏》跋文中称："昔阮文达刊《尔雅注疏》，其疏文全据此本。然因与经注合刊，故于单疏中复举经注之文，多所刊落。又往往改疏字以就经注本，故与所撰《校勘记》多不合，而校记亦多漏略。阮本新生之讹夺，抑又倍之。"①

　　嘉庆二十年南昌府学重刻《十三经注疏》本后有道光六年（1826）南昌府学教授朱华临重校刻本、清同治十年（1871）广东书局刊本、同治十二年（1873）江西书局刊本、光绪十三年（1887）上海脉望仙馆石印本、光绪十八年（1892）湖南宝庆务本书局本、光绪二十三年（1897）上海点石斋石印本、民国十三年（1924）上海扫叶山房石印本、民国二十一年（1932）上海锦章书局石印本、民国二十四年（1935）上海世界书局石印本，等等。

---

① 张人凤编：《张元济古籍书目序跋汇编》下册，商务印书馆2003年版，第875页。

第十二章

雅学文献在朝鲜半岛的流布

一 三国、高句丽时期雅书在朝鲜半岛的流布

自古以来，朝鲜半岛就与中国保持着密切的关系。早在商朝末年，中国文明就播撒到了古朝鲜半岛。商纣王的叔父箕子贤德、有才智，因劝谏昏庸、暴虐的纣王而被囚系，于是披发佯狂，隐退自保。周武王灭商，箕子率领五千商朝遗民出走朝鲜，与半岛土著居民共同构建了箕氏朝鲜，箕氏侯国统治半岛长达 1300 余年。司马迁《史记》、伏生《尚书大传》、班固《汉书》等都记载了箕子入朝鲜这一史实。《汉书·地理志》还记载了箕子入朝鲜带去了先进的殷商文化，以礼义教化人民，教给人民耕种纺织技术。范晔《后汉书·东夷传》："昔武王封箕子于朝鲜，箕子教以礼义田蚕，又制八条之教。"经过箕氏的教化、开发，古朝鲜半岛成为文明之邦，有"君子国"之美誉。据司马迁《史记·宋微子世家》记载，箕子在朝鲜立国后曾朝周，"过故殷虚，感宫室毁坏，生禾黍，箕子伤之，欲哭则不可，欲泣为其近妇人，乃作《麦秀》之诗以歌咏之。其诗曰：'麦秀渐渐兮，禾黍油油。彼狡僮兮，不与我好兮。'"[①] 可见，箕氏王朝与周王朝有政治交往，《麦秀》之诗也成为最早的抒发亡国之痛的史诗。

公元前 2 世纪，燕人卫满率领 1000 多流民推翻了延续千余年的朝鲜箕氏王朝，在平壤建立了卫氏政权。汉武帝时，在朝鲜设立乐浪（平壤）、玄菟、真蕃、临屯四郡，进行封建统治，势力范围扩展到今首尔一带。可见秦汉时期，中国东北至今韩国首尔之间，是中国战乱流民与朝鲜半岛居民融合之地，流民文化再次冲击朝鲜半岛。近世在乐浪古遗址出土

---

① （汉）司马迁撰：《史记》卷 38，中华书局 1997 年点校本，第 1620—1621 页。

了大量的漆器，从其形制和铭文看，显然是从汉朝传入，比如漆器铭文有蜀郡西工、广汉工官及元始、永平等年号。同时，中国人的大量迁入对当地语言文字有很大的影响。西汉末的经学家、方言学家扬雄就将北燕（河北省东北部、辽宁省大部）和朝鲜洌水（今临津市）之间划作了一个方言区。《方言》卷一："朝鲜洌水之间，少儿泣而不止曰喧。"东晋郭璞注："朝鲜，今乐浪郡是也。洌水在辽东。"①卷三："斟、协，汁也。北燕、朝鲜洌水之间曰斟。"②《方言》中提及朝鲜方言的就有 30 余处，这是研究秦汉时期东北、朝鲜方言的宝贵资料。两汉时期儒家文化典籍、汉语汉字已经传入朝鲜半岛，半岛在西汉初年就有用汉字创作的《箜篌引》，在朝鲜西北部出土的明刀钱上汉字铭文多达 3000 个以上。据《三国史记》记载，高句丽（前 37—668）国初就已经编写汉文史书《留记》一百卷。公元 1 世纪初（1—100）就已经有不少朝鲜人能背诵《诗经》《书经》《春秋》等儒家典籍。可见，汉文化在半岛已经有了相当的发展，作为经书诠释工具及童蒙学习的辞书《尔雅》此时极有可能已传入半岛。

继汉四郡之后，半岛进入高句丽、百济、新罗三国时代，这时儒家文化的传播逐渐进入文献学习与研究阶段。三国相继沿用汉魏的教育体制，培养人才。三国之中，尤其是高句丽，与南北朝来往均密切，受汉文化影响最大。据《三国史记》记载，高句丽小兽林王二年（372），在中央"立太学，教育子弟"，学习内容主要是中国的儒家经典、史籍、小学及《文选》等。据《旧唐书·高丽传》载：高句丽"俗爱书籍，至于衡门厮养之家，各于街衢造大屋，谓之扃堂，子弟未婚之前，昼夜于此读书、习射。其书有五经及《史记》《汉书》、范晔《后汉书》《三国志》、孙盛《晋春秋》《玉篇》《字统》《字林》，又有《文选》，尤爱重之"③。《南齐书·高丽传》也称高句丽"知读五经"④。高句丽不仅在中央设立"太学"教育王族和高级贵族子弟，而且贫民子弟都有受教育的机会，所用教材与贵族子弟相同。百济教育以儒家经典为主，学习今文经学，并聘请中

---

① （汉）扬雄撰，（晋）郭璞注：《方言》卷 1，《中华汉语工具书书库》第 72 册，第 8 页上栏。

② 同上书，第 16 页上栏。

③ 《后唐书》卷 199《东夷列传》第 16 册，第 5320 页。

④ （梁）萧子显撰：《南齐书》卷 58《东南夷传》第 2 册，中华书局 1974 年版，第 1010 页。

国学者赴百济讲学。《陈书·儒林传》："陆诩少习崔灵恩《三礼义宗》。梁世，百济国表求讲礼博士，诏令诩行。还除给事中、定阳令。天嘉（560—566）初，侍始兴王伯茂读，迁尚书祠部郎中。"① 可见，儒家经学在百济政治、教育中占有十分重要的地位。

在中韩各类典籍中，这一时期均未见提及《尔雅》在三国的传播情况，这大概与《尔雅》只是儒家解经必备的工具书，为经书之副，附经而行有关。另外，在宋以前的史志目录中，《尔雅》或附于《孝经》类，或附于《论语》类，也可以看出《尔雅》的附庸地位。因此，史书称引，多以经书而赅之，更不与《说文》《玉篇》《广韵》等字典辞书并提。魏晋六朝时期，雅学兴盛，苍雅之学是南北朝之显学，《尔雅》以其"虫鱼草木爰自尔以昭彰，礼乐诗书尽由斯而纷郁"② 的广泛功能，也必定成为三国士子博物不惑、详明六经的重要工具书。

史书中关于《尔雅》传入朝鲜半岛的最早记载见诸《三国史记·强首传》。据《强首传》载："强首，中原京沙梁人也。……及壮，自知读书，通晓义理。父欲观其志，问曰：'尔学佛乎？学儒乎？'对曰：'愚闻之，佛世外教也，愚人间人，安用学佛为？愿学儒者之道。'父曰：'从尔所好。'遂就师读《孝经》《曲礼》《尔雅》《文选》。所闻虽浅近，而所得愈高远，魁然为一时之杰。遂入仕历官，为时闻人。……唐使者至，传诏书，其中有难读处，王召问之。在王前一见，说释无疑滞，王惊喜，恨相见之晚。……使制回唐皇帝诏书表，文工而意尽，王益奇之。"③《朝鲜史略》亦载："唐遣使备礼册王，诏书有难解处，有名牛头者能解之。王曰：'见卿头骨，可称强首。'（姓任，忠州人）使制谢表，文工而意尽，王奇之。"④ 由此可见，唐初汉文典籍在半岛大量存在，《尔雅》已经成为普通士子学习的主要科目之一。强首是新罗土著汉学家，大约出生于唐初，有名于新罗文武王（661—681 年在位）时代，卒于神文王（681—692 年在位）初。史书未记载强首留学大唐的经历，盖是一位土著的汉学家，精通汉文经典，他曾于 692 年与另一位新罗著名学者薛聪一起创造了

① 《陈书》卷 33《儒林传》第 2 册，第 442 页。

② 《尔雅注疏》序，第 2564 页。

③ ［高丽］金富轼：《三国史记》卷 46《强首传》第 10 册，日本近泽书店 1928 年影印本。

④ ［李朝］佚名：《朝鲜史略》卷 2，日本文政五年（1822）刻本。

用汉字部首或读音标记新罗语的吏读。从上述记载看，在唐以前，《尔雅》不但已经传入朝鲜半岛，而且也成为士子学习的主要课程之一。

与强首同时，新罗汉学家薛聪，性明锐，"以方言读九经，训导后生，至今学者宗之。又能属文而世无传者。但今南地或有聪所制碑铭，文字缺落，不可读竟，不知其何如也"①。薛聪的汉学造诣声闻邻国，亦为日本学者所折服歆慕，《三国史记·薛聪传》："世传日本国真人赠新罗使薛判官诗序云：尝览元晓居士（薛聪之号）所著《金刚经时论》，深恨不见其人。闻新罗国史薛即是居士之抱孙，虽不见其祖，而喜遇其孙，乃作诗赠之。"② 高句丽显宗十三年（1021）追赠薛聪为弘儒侯。从《薛聪传》可知，薛聪在语言方面，尤其是方言方面有很高的天赋，而且深通九经等儒家经书，《尔雅》作为儒家语释词典，必在其中，薛聪精于汉语和新罗语，与强首友善，也必然对《尔雅》《说文》等字典辞书下过一番苦功夫，才能达到"以方言读九经，训导诸生"的至高境界。

唐朝时，新罗等半岛国家向唐朝大量派遣留学生学习先进的唐文化。《新唐书·选举志》："（唐）自天下初定，增筑学舍至千二百区，虽七营飞骑亦置生，遣博士为授经。四夷若高丽、百济、新罗、高昌、吐蕃，相继遣弟子入学，遂至八千余人。"③ 640 年，新罗善德王"遣子弟于唐，请求入国学"④，在唐留学生中以新罗学生最多，仅开成二年（837）在唐新罗留学生多达 216 人，而开成五年（840），新罗文圣王二年"年满合归国"⑤ 者一次就有 105 人。唐太宗时起，半岛三国来华留学的学生不断增多，接受中国的学校教育，有的还参加中国的科举考试，为此，唐朝政府专门设立了"宾贡科"，吸收外国人才。而在唐代教育中，《尔雅》是与《国语》《说文》等一起作为国子监前三学（国子学、太学、四门学）的选修课程，在某些时期，《尔雅》还是科举考试的科目之一。《新唐书·选举志上》："学书，日纸一幅，间习时务策，读《国语》《说文》《字林》《三苍》《尔雅》。"⑥《新唐书·百官三》："博士五人，……五分其经

① 《三国史记》卷 46《薛聪传》第 10 册。

② 同上。

③ 《新唐书》卷 44《选举志》第 4 册，第 1163 页。

④ 《三国史记》卷 5《新罗本纪》第 2 册。

⑤ 《三国史记》卷 11《新罗本纪》第 3 册。

⑥ 《新唐书》卷 44《选举志》第 4 册，第 1160 页。

以为业：《周礼》《仪礼》《礼记》《毛诗》《春秋左氏传》各六十人，暇则习隶书、《国语》《说文》《字林》《三仓》《尔雅》。"又，"五经博士各二人，……《周易》《尚书》《毛诗》《左氏春秋》《礼记》为五经，《论语》《孝经》《尔雅》不立学官，附中经而已"①。《唐会要·贡举上》："天宝元年（742）四月三日敕：'自今已后，天下应举，除崇玄学生外，自余所试《道德经》宜并停，仍令所司更别择一小经代之。'其年加《尔雅》以代《道德经》。至贞元元年（785）四月十一日敕：'比来所习《尔雅》，多是鸟兽草木之名，无益理道，自今已后，宜令习老子《道德经》以代《尔雅》。其进士亦宜同大经略例帖试。'至十二年（796）三月十七日，国子司业裴肃奏：'《尔雅》博通诂训，纲维六经，为文字之楷范，作诗人之兴咏，备详六亲九族之礼，多识鸟兽草木之名，今古习传，儒林遵范。……伏请依前加《尔雅》。'"② 又，《新唐书·选举志上》："贞元二年（786），诏习《开元礼》者举同一经例，明经习律以代《尔雅》。"③《唐会要·贡举上》："贞元二年六月诏：'其明经举人，有能习律一部，以代《尔雅》者，如帖经俱通于本色，减两选，合集日与官。'"④ 纵观有唐一代，《尔雅》是四门学必修课程，在科举考试科目中虽然时举时替，但也可以看出当时人们对《尔雅》的重视与分歧。毋庸置疑，《尔雅》作为经学词典，同样是来唐的半岛三国学生必修之业。

据《册府元龟》《三国史记》《东国纲目》《东文选》等书记载，从唐文宗长庆初至后梁、后唐一百余年间，新罗宾贡及第者90人。如唐长庆末（824）崔利贞、金叔贞，太和开成时期（827—840）金允夫、金立之、朴亮之，大中时期（847—859）金可纪，乾符时期（874—879）崔致远、金绍渤、朴仁范、金渥等，他们有少数人留在唐朝为官，大多数则回国就任。据《三国史记》记载，新罗京都沙梁部人崔致远（857—?），12岁时入唐求学，"追师学问无怠。乾符元年（874）甲午，礼部侍郎裴瓒下一举及第，授宣州溧水县尉，考绩为承务郎侍御史内供奉赐紫金鱼袋。时黄巢叛，高骈为诸道行营兵马都统以讨之，辟致远为从事以资书记

---

① 《新唐书》卷44《选举志》第4册，第1266页。

② （宋）王溥：《唐会要》卷75，中华书局1955年版，第1374页。

③ 《新唐书》卷44《选举志》第4册，第1165页。

④ 《唐会要》卷75，第1375页。

之任，其表状书启传之至今"①。884 年，28 岁时归国，历任侍读兼翰林学士守兵部侍郎、知瑞书监等职。后半岛战乱，辞官隐居，偃蹇终生。崔致远回国时，顾云曾赠诗饯别，有"十二乘船渡海来，文章感动中华国。十八横行战词苑，一箭射破金门策"之句②，赞扬了崔致远的文章才华。《新唐书·艺文志》收崔致远"《四六》一卷，又《桂苑笔耕》二十卷"，另有文集三十卷行世。高丽显宗赠谥文昌侯，后世尊奉为朝鲜半岛汉文学的开山鼻祖、百世之师，有东国儒宗、东国文学之祖的美誉。可见，唐代教育、科举为朝鲜半岛培养了大量优秀的人才，这些长期受汉文化濡染的留学生学满回国，带回大量的唐朝文化典籍以及先进的治国理念、教育思想，对传播唐朝文化、发展半岛文化起到了很大的作用。新罗元圣王时仿中国制度，于 788 年以儒学取士，"始定读书三品以出身，读《春秋左氏传》，若《礼记》、若《文选》，而能通其义，兼明《论语》《孝经》者为上；读《曲礼》《论语》《孝经》者为中；读《曲礼》《孝经》者为下；若博通五经、三史、诸子百家书者，超擢用之"③。这里虽没有提及《尔雅》，但"若博通五经、三史、诸子百家书者"不能不读《尔雅》，如强首就是例证。

　　朝鲜半岛各国从最高统治者、朝廷大臣至普通士人都醉心于唐文化，其突出表现就是购置、收藏汉文经典，最初通过留学生来采买。据《三国史记·新罗本纪》载，景文王九年（869），"遣学生李同等三人随进奉使金胤入唐习业，仍赐买书银三百两"④。也有一些来华人员，把搜求购买的图书回国后献上，如《增补文献备考·艺文考一》载："新罗孝昭王元年（686），高僧道证自唐回，上《天文图》。圣德王二年（702），阿飡金思让朝唐回，献《最圣王经》。孝成王二年（737），唐使邢璹来献《道德经》。神武王十三年，阿飡元弘朝唐回，献佛经。"⑤ 朝鲜半岛高丽时代（918—1392），随着雕版印刷技术的普及，书籍大量增多，汉文典籍大量流入朝鲜半岛。而早在唐、五代时期，雕版印刷术就已经传入朝鲜半岛，

---

①　《三国史记》卷 46《强首传》，第 10 册。

②　同上。

③　《三国史记》，《新罗本纪》卷 10，第 3 册。

④　《三国史记》，《新罗本纪》卷 11，第 3 册。

⑤　弘文馆纂集校正：《增补文献备考》卷 242，朝鲜隆熙二年（1908）活字本，第 17—19 页。

最初只是刻印佛经，自靖宗朝（1034—1046 在位）开始翻刻经史，至文宗朝（1046—1083 在位）扩大到各类书籍。文宗十年（1056）八月，"西京留守奏：京内进士、明经等诸业举人，所业书籍，率皆传写，字多乖错，请赐秘阁所藏九经、汉晋唐书、《论语》《孝经》、子史、诸家文集、医卜、地理、律算诸书，置于学院，命有司各印一本送之"①。高丽收藏、翻刻汉籍较多，有些典籍在中国已经失传，反而高丽还有收藏。宋朝政府也曾向高丽访求所佚失的汉籍。宋哲宗元祐六年（1091），时高丽宣宗八年六月，高丽使节"李资义等还自宋。奏云：帝闻我国书籍多好本，命馆伴书所求书目录，授之。乃曰虽有卷第不足者，亦须传写附来"②。据郑麟趾等撰《高丽史》记载，开列的书目有 128 种，其中包括的雅书有魏张揖的《广雅》四卷、无名氏《尔雅图赞》二卷。高丽是否照单回送，史无记载，但这足以证明这些典籍较早时期就已经流入高丽，成为其国家藏书的一部分。高丽朝，已经有了藏书家，据《高丽史·成宗世家》卷三，成宗九年（990）十二月，在所下教令中说，自其即位以来，"盖以崇儒，踵修曩日之所修，继补当年之所补。沈隐士二万余卷，写在麟台；张司空三十车书，藏在虎观。欲收四部之典籍，以畜两京之府藏。……宜令所司于西京开置修书院，令诸生抄书史籍而藏之"③。徐兢《宣和奉使高丽图经》卷四十"同文儒学"载，高丽"有清燕阁，亦实以经史子集四部之书"④。自唐宋以来中国就有赐邻国书籍之例，至元朝，由于元与高丽的翁婿姻亲关系，因此，高丽得到的元朝赐书质量最高，数量也多，占高丽国藏汉籍相当大的比例。据《高丽史》卷三十四记载，忠肃王元年（1314）七月："帝赐王书籍四千三百七十一册，共计一万七千卷，皆宋秘阁所藏。"⑤

　　高丽光宗二年（958），实行科举考试，有制述科、明经科和杂科三种，学习和考试内容仿照唐宋设置。成宗十一年（992），在开京设立国子监，仿唐设立六学，课程设置一同唐宋官学，根据唐宋官学学习科目

---

　　① ［李朝］金宗瑞：《高丽史节要》卷 4，明文堂 1981 年影印本，第 113—114 页。

　　② ［李朝］郑麟趾等：《高丽史》卷 10《宣宗世家》，韩国亚细亚文化社 1983 年影印本，第 112 页。

　　③ 《高丽史》卷 3，第 76 页。

　　④ （宋）徐兢：《宣和奉使高丽图经》，《万有文库》本，商务印书馆 1937 年版，第 139 页。

　　⑤ 《高丽史》卷 34《肃宗世家》，第 699 页。

及科举考试内容看，高丽仿唐宋制实行的科举和考试应该包括《尔雅》。另据《高丽史·学校志》记载："诸学生课业，……皆先读《孝经》《论语》，次读诸经并算学、时务策；有暇兼须习书，日一纸，并读《国语》《说文》《字林》《三仓》《尔雅》。"① 可见，高丽时代，《尔雅》亦成为学校学习的课程之一，这对《尔雅》在半岛的传播和普及具有推动作用。

二　李朝时期雅书在朝鲜半岛的流布

朝鲜李朝（1392—1910）相当于我国明清时期，也是朝鲜半岛与中国政治、经济、文化交流最频繁的时期。这一时期，中国刊刻的典籍流入朝鲜半岛的数量之大、速度之快，前所未有。李朝通过各种方法购求中国汉籍，诸如入明的使臣往往也都肩负买书的重任。清初姜绍书《韵石斋笔谈》载："朝鲜国人最好书，凡使臣入贡，限五六十人，或旧典，或新书，或稗官小说，在彼所缺者，日出市中，各写书目，逢人便问，不惜重直购回，故彼国反有异书藏本也。"② 李朝时期，半岛刻书业已经相当发达，不但版刻，而且普遍使用活字刊印。明初的李朝刻书以泥活字和木活字为主，其铜活字的发明和使用比中国还要早一些。李朝汉籍刊刻达到了一个新的高峰，宣祖至孝宗时期学者赵翼（1579—1655）论及了当时的盛况，他说："本朝右文为治，京中置校书馆，天下之书次第印行，而外方诸郡刊刻诸书，所以书籍流行，布在世间。"③ 据《朝鲜时代书目丛刊·清芬室书目》，在朝鲜李朝世祖、世宗、宣祖、中宗、成宗等时期，都曾刊刻中国小学书籍及李朝学者改编、纂辑的中国小学著作。明天顺八年，即朝鲜世祖十年（1464），庆尚道清道郡刻《新刊排字礼部玉篇》二卷一册，该版书是覆刻元大德庚子（1300）北京梅溪书院刊本。该《书目》还著录了目前所见刊刻较早的小学书籍《古今韵会举要》，刻于朝鲜太祖七年（1399）戊寅④。高丽是否刊刻过《尔雅》等雅书，未见史籍著

---

① 《高丽史》卷74《肃宗世家》。

② （清）姜绍书：《韵石斋笔谈》上卷，中华书局1985年据知不足斋丛书本排印，第3页。

③ 弘文馆纂集校正：《增补文献备考·艺文考》，第7页。

④ 张伯伟编：《朝鲜时代书目丛刊·清芬室书目》第8册，中华书局2004年版，第4550页。

录。李朝刊刻的雅书，大概始于明朝天顺八年（1464）或嘉靖十六年活字刊印的《尔雅注疏》，此刻本清咸丰年间日本学者森立之《经籍访古志》著录，今韩国已经不存。

从现存李朝时期书目中，我们可以粗略地了解李朝时期雅书在朝鲜半岛的流布情况。如《内阁访书录·十三经注疏正字》著录："清沈廷芳辑，据监本及毛晋汲古阁等本校正，疑讹悉举而汇录之，洵有功于治经者。"① 沈廷芳撰《十三经注疏正字》时，当时流行的只有北监本和毛本，该目录介绍了沈氏书所据底本，对沈氏在清初《十三经注疏》校勘方面的工作予以肯定。又如李朝洪奭周（1774—1842）的《洪氏读书录》，编于纯祖十年（1810），在"小学类·《尔雅注疏》十卷"下题解称："《尔雅·释诂》一篇，相传为周公作，余多出孔氏门人，后世以刊于十三经，以其解经者多也。"② 对《尔雅》一书的作者、性质的看法与明清学者大致相同，认为《尔雅》作于周公，孔子门人递有增补；《尔雅》入经，是因为"解经者多"之缘故。有的目录书引《尔雅》来品评所收书籍。如《奎章阁书目》是解题性质的书目，其"小学类"著录明赵宧光《说文长笺》称："臣谨《说文长笺》疵缪甚多，识者不取。钱谦益谓《长笺》出而字学亡，顾炎武谓好行小慧，求异前儒，且历举十余条以辨正之。今试拈一二考之，《尔雅·释畜》'昭著、骊马白州'之训，而乃云'未详'、'疑误'。"③ 题解者认为赵宧光"未详、疑误"是不详《尔雅》而致，表明《尔雅》是李朝学者研治经史必备之书。另外，徐浩（1736—1799）的《奎章阁书目》于正祖五年（1781）六月修纂完成，所收皆为李朝宫廷奎章阁藏书，其中著录《十三经注疏》两部：一部128本，皇明毛凤苞汲古阁本；一部115本，清乾隆内阁本④。奎章阁藏汲古阁本128册的记载对于研究汲古阁刻《十三经注疏》的初印、重刻具有重要价值。清初徐乾学传是楼收藏汲古阁《十三经注疏》已非完帙，缺《毛诗正义》，而奎章阁藏本完好无缺，从《奎章阁目录》编纂时间上看，当为汲古阁初印之册数无疑，此部今仍存奎章阁，《书经》卷一至卷三

---

① 张伯伟编：《朝鲜时代书目丛刊·内阁访书录》卷1，第1册，第487页。
② 《朝鲜时代书目丛刊·洪氏读书录》，第8册，第4205页。
③ 《朝鲜时代书目丛刊·奎章阁书目》卷1，第1册，第74—75页。
④ 同上书，第20页。

缺，存127册。

根据韩国全寅初等编《韩国所藏中国汉籍总目》（简称《汉籍总目》）①，韩国现存李朝时期刊刻较早的雅书还有北宋陆佃的《埤雅》及晋郭璞的《尔雅注》。《埤雅》是北宋著名学者陆佃的一部重要的仿《尔雅》著作，其最早的刻本是北宋宣和七年（1125）陆佃之子陆宰刻本，后来陆佃五世孙陆辳于赣州以宣和本重刻。明清以来，《埤雅》的版本流传较多，李朝刊刻的《埤雅》底本是以明成化十五年（1479）刘廷吉刻本为底本，于中宗三十三年，即明嘉靖十七年（1538）重新刊印。高丽、朝鲜刊刻的书籍注重校勘，纸张、墨色、书写皆精良，文字悦目，行款疏朗，装订精美，所刊书籍也多用来赏赐朝臣。据《汉籍总目》，李朝所刻《埤雅》，今韩国仅存两部，都是赐给朝臣的，一部内记"嘉靖十七年（1538）正月日，内赐……李彦迪《埤雅》一件，命除谢恩，左承旨臣黄手决"，另一部内记"嘉庆十七年（1538）正月日，内赐司谏院司谏金缘《埤雅》一件，命除谢恩，左副承旨臣黄手决"。李朝第十九代王肃宗李焞四十一年（1715），即清康熙五十四年，曾重刻《尔雅》郭注。据《汉籍总目》著录：《尔雅》郭注三卷一册，四周单边，10行20字，注双行。此版式为明代通行版式，大概明朝时传入李朝。该刻本韩国现存有6部，还有抄本2部。

据《汉籍总目》著录，韩国现存雅书18种73部，其中《尔雅》郭注14部，除肃宗刻本外，还有明嘉靖吴元恭刻本、写明郎奎金堂策槛刻本、张青选清芬阁刻本、同治光绪金陵书局重刻清芬阁本、湘西经斋书局重刻清芬阁本等；《尔雅注疏》32部，主要有明北监本系列、汲古阁刻本系列、南昌府学刻本系列、其他版本系列。另外，《汉籍总目》还著录了《尔雅郭注义疏》《尔雅郭注佚存补订》《尔雅图》《尔雅蒙求》《尔雅补郭》《尔雅释文》《尔雅翼》《尔雅正文直音》《尔雅正义》《尔雅汉注》《全雅》《骈雅训纂》《广雅疏证》等26部。李朝时期的《奎章阁书目》②

---

① ［韩］全寅初主编：《韩国所藏中国汉籍总目》，学古房2005年版。下文所论均出于此书，不在另行出注。

② 《奎章阁书目》是朝鲜时代正祖初期奎章阁所藏中国书籍目录。现存《奎章阁书目》为徐浩（1736—1799）修撰本，乃正祖五年（1781）六月前修撰完毕。是书所录者，阅古观之华本也。

《内阁访书录》① 《洪氏读书录》② 等目录书还著录有汲古阁本《尔雅注疏》、乾隆内阁本《尔雅注疏》《增修埤雅广要》四十二卷、《埤雅》、清初沈廷芳的《十三经注疏正字》八十一卷、清姜兆锡撰《尔雅参义》六卷等雅书。可见，明清时期传入李朝的《尔雅》等雅书不但种类丰富，而且重要的雅学研究著作俱全。既有《尔雅》的注释研究之作，如《尔雅》郭注、《尔雅注疏》《尔雅正义》《尔雅义疏》等；也有模仿《尔雅》之作，如《埤雅》《尔雅翼》等。

朝鲜李朝建立以前，没有编纂或刊行过自己的字典、辞书，主要使用《尔雅》《说文》《玉篇》等。李朝中宗二十二年（1527）崔世珍编《训蒙字会》，该书是目前韩国现存最早的汉字学习字典。共收字 3360 个，模仿《尔雅》进行分类：分天文、地理、花品、草卉、树木、果实、禾谷、蔬菜、禽鸟、兽畜、鳞介、昆虫、身体、天伦、儒学、书式、人类、宫宅、官衙、器皿、食馔、服饰、舟船、车舆、鞍具、军装、彩色、布帛、金宝、音乐、疾病、丧葬、杂语，共 33 个大类③。宣祖九年（1576），柳希春（1513—1577）为增补《类合》作《新增类合》上、下卷，上卷分数目、天文等 24 类，下卷收心术、动止、事物 3 类④。肃宗十六年（1690）慎以行、金敬俊等撰《译语类解》把汉语词汇按天文、时令、地时、气候等分 62 门。按事类编排的字书、辞书还有《译语类解补》《方言集释》《汉清文鉴》《华语类抄》《同文类解》等。从韩国现存的这些字书、辞书的编纂来看，李朝时期编纂的工具书受《尔雅》等雅书的影响较大。

总之，虽然在目前现存的中韩史料中关于《尔雅》等雅书在古朝鲜半岛的传播情况记录甚少，但我们从韩国现存雅书依然可以窥见雅书在半岛流传的概况。

---

① 《内阁访书录》是正祖时期（1776—1800）目录，著录了《奎章阁书目》编成后购进的汉籍，并有简短的解题。

② 《洪氏读书录》，洪奭周（1774—1842）编纂。本书编于纯祖十年（1810），属于推荐书目，类似《书目答问》。

③ 参见［李朝］崔世珍编《训蒙字会》，韩国泛文社 1968 年影印本。

④ 参见［韩］韩相德《韩国传统的汉字教育教材简介》，《东亚文学与文化研究》第 2 辑，中国社会科学出版社 2012 年版，第 223 页。

第十三章

韩国藏雅学文献版本类型研究

一　韩国藏《尔雅注》版本系统研究

据《韩国所藏中国汉籍总目》（以下简称《汉籍总目》）著录，目前在韩国各大学、公立图书馆尚存有各种雅书著述数十部，其中《尔雅注》14 部，其版本情况大致如下。

郭璞《尔雅注》六朝时期即附《尔雅》经文以行，唐石经只刊经文，剥落注文，五代时监本《尔雅》又把经文与注文合刻在一起，此后，《尔雅》经注便紧密结合，宋代又有把陆德明《音义》附入，因此，今韩国藏《尔雅注》也有单注本和附释音两种。

（一）朝鲜李朝肃宗十一年刻本

韩国所藏的雅书，既有刊刻于韩国者，也有刊刻于中国而流传于韩国者，而以后者居多。其中，韩国现存最早的雅书刊本是朝鲜李朝肃宗时期所刊郭璞《尔雅注》。

据《汉籍总目》著录成均馆大学藏：木版本，肃宗四十一年（1715）刊，三卷一册，左右双边，半郭 17.2cm×12.2cm，有界，半叶 10 行 20字，注双行，25.2cm×16cm，线装，郭璞（晋）序，刊记"上之四十一年岁旃蒙协洽（乙未 1715）且月刊上护军郑万兴书"，楮纸。"上之四十一年"即李朝肃宗四十一年，也就是清康熙五十四年（1715）。"旃蒙协洽"，是干支纪年，这一年就是乙未年。"且月"是月令纪月，为是年六月。"上护军"在中国大约是五品以上官职，此次刊刻由上护军郑万兴书写，应该属于官刻书。楮纸，是指楮树皮造的纸，在我国唐代十分流行，大文学家韩愈曾把楮纸称为"楮先生"。韩国高丽时代起，也生产这种纸张，宋代高似孙《剡录》："《鸡林志》曰：高丽纸治之，紧滑不凝笔，光白可爱，号白硾纸。"① 此本字体端正、流畅，堪称书家手笔；其墨色饱满、光亮，刊刻质量极高，具有收藏价值。

《尔雅注》10 行 20 字本是明末清初通行普及本之版式，这种刻本国内存者较多，北京大学、厦门大学、中山大学等均藏，大约几十部。肃宗刻本所据底本当为此通行之版本，此刻本韩国现存五部，分藏于韩国高丽大学、国立中央图书馆（2 部）、成均馆大学、延世大学。据《汉籍总目》，五部卷册、刊记均相同，只是框郭数据略有出入，如国立中央图书馆藏 A 本为："上下单边，左右双边，半郭 17.4cm×12.3cm，10 行 20 字注双行，24cm×16.2cm"；B 本则为："四周单边，半郭 22.7cm×17.7cm，10 行 20 字注双行，无鱼尾，25.6cm×16.3cm。"延世大学所藏为："上下单边，匡郭 17.5cm×13.5cm，有界，10 行 20 字。"高丽大学所藏为："25.1cm×16.2cm，左右双边，17.5cm×13.3cm，10 行 20 字，小注双行，印'吴氏'。"国立中央图书馆藏 B 本与其他四部相差较大，或与其他四种是不同时期的刷印本。

（二）朝鲜李朝高宗写本

檀国大学藏有两部写本《尔雅注》，其中一本是以肃宗本为底本而抄录的，据《汉籍总目》著录，其版式为三卷一册（57 张），四周单边，半郭 23.7cm×15.5cm，乌丝栏，10 行 20 字，注双行，33.0cm×19.8cm，线装，刊记"上之四十一年岁旃蒙协洽且月刊上护军郑万兴书"。此写本未著录写者和抄写年代。另一写本也为三卷一册（57 张），四周单边，半郭 14.3cm×8.9cm，无界，10 行 20 字，18.7cm×11.5cm，线装，刊记"上之二十五年著雍困敦（1888）口月虎溪重刊松南先生书"，印记"李口汇印，金陵世家、松南口人"。"上之二十五年"当指李朝高宗李熙二十五年，"著雍困顿"，是指这一年为戊子年，即公历 1888年。"虎溪"在韩国东南蔚山。从中可知，高宗二十五年在虎溪也曾刊刻郭璞《尔雅注》，但除檀国大学所藏写本外，未见原刻本。笔者曾将此写本与肃宗刻本比照，发现写本抄写顺序与肃宗刊本完全相同，唯一不同的是，抄本中的一些字书写随意，间用俗体。由此可以推知，高宗刻本应是肃宗本的覆刻本，惜其不存。

---

① （宋）高似孙：《剡录》卷 7，文渊阁《四库全书》本。

另外，韩国雅丹文库藏《尔雅》郭注写本三卷一册，半叶 10 行 20 字，注双行，33cm×22cm。此写本也是据肃宗本而写。

（三） 韩国藏明嘉靖吴元恭刻本

明代《尔雅》郭注刊本有二三十种，其中明嘉靖时期东海吴元恭刻本最有名，清代学者一致认为吴本是据宋本刊刻，瞿庸更断定该底本为南宋光宗后刻本①。阮元《十三经注疏校勘记·引据各本目录》即著录为"明吴元恭仿宋刻本"，并视吴本"为经注本之最善者"②，其《尔雅注疏校勘记》经文即用吴元恭本。叶德辉称吴刻"此皆刻书有根据，不啻为宋椠作千万化身者也"③。

吴元恭本刊刻于明代中期，传世较少，至清代已为稀见之本。清嘉庆十一年（1806）顾广圻据吴本重刻，重刻本价值亦较高，但对原刻进行了校勘，有刻工"彭万程刻"四字、背面题"思适斋藏板"、书末牌记镌"嘉庆丙寅吴门顾氏思适斋重刊行"等，与原刻有了很大的不同。因此，吴元恭刻本弥足珍贵。今藏书阁藏为原刻本，上有"李王家图书之章"，当为朝鲜时期李朝王室藏书。据《汉籍总目》著录，此刻本版式为三卷一册（84 张），四周双边，半郭 19.2cm×13.5cm，有界，半叶 8 行 17 字，注双行，上白鱼尾，26cm×16.4cm，线装，版心题"校正尔雅""尔雅"，后附有吴元恭《校尔雅序》："东海吴元恭述……元恭忌裁肤浅，轻肆校刊，非敢遂用愚之好，嘉靖十七年（1538）秋七月二十四日。"

吴元恭原刻本，国家图书馆、北京大学图书馆、北京师范大学图书馆、上海市图书馆、复旦大学图书馆、上海师范大学图书馆、南京市图书馆等均有藏，吴氏原刻因刷印时间不同，纸型大致有白棉纸和竹纸两种；装订有三册本（上海师范大学图书馆）、两册本（南京市图书馆）、一册本（藏书阁）；吴氏原刻初印本用白棉纸，装订三册，韩国藏书阁所藏为竹纸，装订为一册，应为后来刷印本。

---

① 《铁琴铜剑楼藏书目录》卷 7："世传吴元恭刻本为经注之善者，亦出自宋本，然敦字阙笔，是出光宗后刻本。"咸丰七年（1857）瞿氏家塾本。

② 阮元：《十三经注疏校勘记·经注本》："卷首标目同唐石经，卷末总计经若干字，注若干字，间有一二小误，绝无私意窜改处。不附释文，而郭注中之某音某完然无阙，为经注本之最善者。必本宋刻无疑。"中华书局 1980 年版，第 2565 页。

③ 《书林清话》，第 106 页。

（四）韩国藏明郎奎金堂策槛刻本之写本

明天启六年（1626）武林郎奎金刻《五雅》丛书（《尔雅》《广雅》《埤雅》《尔雅翼》《释名》），因郎氏堂号为堂策槛，所以这批雅书又称堂策槛本。除《埤雅》扉页刊有"遵宋版订定，堂策槛藏版"外，其余四雅都刊有"堂策槛订定，武林郎衙藏版，翻刻必究"字样。郎刻《尔雅》对当时通行本作了一些校勘，其中《尔雅》郭璞注二卷二册，有明叶自本（字茂叔）重订、郎奎金纠讹，前有郭璞序。郎氏等人之校勘、刊刻尽管问题很多，但因成书在明代，因此阮元等校勘《尔雅》也都参考了郎刻本。

郎刻《尔雅》于清代传入韩国，原本早已失传，韩国高丽大学现藏有写本。据《汉籍总目》著录，此本为叶自本纠证，陈赵鹄重校，二卷一册，28.6cm×18.7cm，有题识"慈水叶自本茂叔书于武林之韵园"。与郎刻《尔雅》合写的还有《水尔雅》《广诂》等十三篇。

（五）韩国藏张青选清芬阁刻本

张青选，字云巢，广东顺德人，清代诗人，乾隆五十四年（1789）举人，官至湖北按察使。"清芬阁"是其室名。嘉庆二十二年（1817），张青选官浙江嘉善时刊刻过《尔雅》郭注、陆德明《音义》，为当时家塾读本。据清莫友芝《邵亭知见传本书目》"经部十"载《尔雅》有"福履堂附《释文》本""清芬阁重刊福履堂本"①，莫氏所著有误。"福履堂"原作"福礼堂"，乾隆四十年（1779）浙江嘉善周良谷所筑，其所刻书称"福礼堂本"。乾隆五十二年（1787）所刻郑玄《周礼注》、陆德明《音义》六卷，时称善本（现存北图），但今未见有福礼堂本《尔雅》存世。嘉庆十一年（1796），顺德张青选宰嘉善，重刻《周礼注》（存国图），但未见重刻福礼堂本《尔雅》之记载。据韩国庆尚大学所藏光绪二十一年（1895）金陵书局重刊《尔雅》郭注、陆音，其卷首《郭璞序》后有张青选识语："嘉庆丙辰（1796）重刊福礼堂《周礼》既成，以坊间《尔雅》亦无善本，因集郭璞注、陆德明音义，仿所刻《周礼》，属海宁朱半塘茂才录成一书。藏之箧笥久矣，今检出，属许登三茂才重加校勘，

---

① 《藏园订补邵亭知见传本书目》卷3，第1册，第49页。

以付剞劂，为家塾读本。至疏解之精，辨正之详，自有邵二云学士《正义》书在此，取其便于初学诵习云尔。嘉庆丁丑（1817）嘉平望后一日顺德张青选识于海昌之听潮吟馆。"① 据此识语可知，福礼堂并未刻《尔雅》，而是张青选仿福礼堂刻《周礼》版式刊刻。清芬阁原版三卷三册，版式为：上下单边，左右双边，半叶 12 行 25 字，注另起行、低一格、次一号字体、行 24 字，音义接注、小字双行、行 36 字，白口，单鱼尾，鱼尾上书名《尔雅》，鱼尾下卷第、篇名，书口下页码。墨迹光亮清晰，刻写工整美观。清芬阁本《尔雅注》，国家图书馆、北京大学图书馆、北京师范大学图书馆等有藏，后有同治、光绪年间金陵书局及湘西经济书局重刻本。

1. 韩国国立中央图书馆藏青芬阁原刻本

据《汉籍总目》著录，韩国国立中央图书馆藏有青芬阁《尔雅》刻本：《尔雅》郭璞（晋）注，陆德明（唐）音义，木版本，嘉庆二十二年（1817），三卷三册，27cm×18.7cm，清芬阁藏版，序：嘉庆丁丑（1817）……张青选（清），藏本：上、中、下。

清芬阁原刻为大开本，上下单边，左右双边，半叶 12 行 25 字，注双行，行 25 字，音义附注后、小字双行、行 36 字，白口，单鱼尾，鱼尾上书名《尔雅》，鱼尾下卷第、篇名，书口下页码。墨迹光亮清晰，刻写工整美观。从《汉籍总目》提供的信息看，韩国国立中央图书馆藏本当为青芬阁原刻本。今国内有国家图书馆、北京大学图书馆、北京师范大学图书馆、上海市图书馆等十数家有藏。

2. 韩国庆尚大学藏光绪二十一年金陵书局重印本

清同治五年至十一年（1866—1872），金陵书局刊刻《十三经》单注16 种 55 册，其中第 47—49 册为《尔雅》，系据清芬阁本重刻。金陵书局于光绪二十一年（1895）又重新刷印，庆尚大学所藏即为此版。

《汉籍总目》著录此刻本信息：郭璞（晋）注，陆德明（唐）音义，木活字本，发行地不明，金陵书局光绪二十一年（1895），三卷三册，26.6cm×18.3cm，线装，四周单边，半郭 19.2cm×14.2cm，有界，12 行 25 字注双行，上内向黑口鱼尾，版心题"尔雅疏"，序：嘉庆丁丑（1817）……张青选。

---

① 此本笔者 2005 年至 2006 年于庆尚大学讲学期间，在庆尚大学南冥馆亲见。

《汉籍总目》著录为"木活字本"显然有误。笔者 2005 年于庆尚大学亲见过其所藏此刻本,其刊记为"光绪二十一年季春金陵书局重刊印行",《郭璞序》后载有张青选识语,所刊为木版本,非为木活字本,版心也并未见有"尔雅疏"三字。另外,张青选于道光七年(1827)活字排印过《一统志案说》,但其用木活字刻印《尔雅》未见著录。光绪二十一年刷印本,装订有三册本和四册本,今国内藏本不多,见北京大学图书馆、甘肃省图书馆、南京市图书馆、浙江省图书馆、湖南省图书馆等收藏。

3. 韩国奎章阁藏湘西经斋书局重刊清芬阁本

《汉籍总目》著录:郭璞(晋)注,陆德明(唐)音义,木版本,湘西经济书局光绪九年(1883),四册,25.7cm × 16.2cm,序:嘉庆丁丑(1817)……张青选,印:集玉斋、帝室图书之章。

此"湘西经济书局"实为"湘西经斋书局",把"斋"著录为"济",有误。清光绪九年(1883)湘西经斋书局重刊清芬阁本《尔雅》,此本国内罕见,今仅见有韩国奎章阁藏本。

(六)精神文化研究院藏上海扫叶山房石印本

扫叶山房刻书始自明季,缘起吴中,后虞山、洞庭等有分号,刻书版心镌有"扫叶山房"四字,清末上海设有多处分号,民国初年增添石印设备,迁总店至上海棋盘街扫叶山房北号,出书更多,成为沪上一家很有影响的以出版古籍为主的出版机构。

上海扫叶山房曾于民国六年(1917)石印《尔雅》郭璞(晋)注,陆德明(唐)音义,民国十一年(1922)、十四年(1925)、十五年(1926)刷印,均为三卷三册。韩国精神文化研究院藏本为原本之刷印本,二卷一册,20.5cm × 13.7cm。国内收藏民国十一年印本为三卷三册,则韩国精神文化研究院所藏或为残本。

二 韩国藏《尔雅注疏》版本系统研究

南宋高宗绍兴时期,为了便于阅读和学术研究,两浙东路茶盐司刻诸经,遂将经文、注文与疏文合刻在一起,主要有《易》《书》《诗》等八经,半页 8 行,行 16 字。继两浙东路茶盐司等合刻八经注疏后,福建刘叔刚一经堂又刻十行本诸经注疏，并附陆德明音义，成为经、注、疏、音义皆全的新型丛刊。因其每半页 10 行，行 15 字，世称"十行本"。闽刻十行本今存世较少，也未见史籍目录著录有《尔雅注疏》。《尔雅》注、疏合刻大约始于元代，与十行本有关。元泰定四年（1327）开始以白麻纸翻刻十行本诸经注疏，其中《仪礼》《孝经》《尔雅》三经注疏以元刻代之，《尔雅注疏》为九行黑口本。明武宗正德年间，对元代翻刻诸经注疏递有修补，并汇印全套《十三经注疏》，世称元刊明修本，又有称宋刊宋元明递修本者，实为元刊元明修补本。嘉靖初，李元阳巡按闽中，以元刻正德补修本为底本，重刻《十三经注疏》，是为闽本，或称嘉靖本；内中《仪礼注疏》以山东陈凤梧《仪礼注疏》本补齐，因此真正意义上的《十三经注疏》丛刊始形成。万历二十年（1592），北京国子监以李元阳刻本为底本重刻，是为监本，又称北监本。崇祯中，江苏常熟毛晋汲古阁以北监本为底本重刻《十三经注疏》，称毛本，或汲古阁本，或崇祯本；其中《尔雅注疏》又以汲古阁藏元刊本《尔雅注疏》对校，版本较完善，由于是坊刻，且值明末清初战乱之际，因此刊刻错误较多。有明一代《十三经注疏》形成了四大版本系统：正德本、嘉靖本、北监本、汲古阁本。其中，后两种均以嘉靖本为底本刊刻而成，今韩国所藏均为后两种。

《尔雅注疏》何时传入韩国已不可考，据日本森立之的《经籍访古志》著录："《尔雅注疏》十一卷，朝鲜国活字刊本，求古楼藏。有天顺八年（1464）富顺胡琛序及吉水周齐己后序，卷首捺宣赐之记，疏菴、辅臣、弼仲及西河后人四印，共为朝鲜国印。又有读耕斋之家藏及林懋藏书印。册皮里面题于嘉靖十六年（1537）十月日内赐益阳君怀《尔雅》一件，命降谢恩。卷末白纸有辛丑之岁七月信胜题口，信胜即道春先生名也。"[①] 从《经籍访古志》所著可知，《尔雅注疏》有朝鲜刊刻的铜活字本，叶德辉《书林清话·日本朝鲜活字板》："永乐庚子冬，朝鲜国王命造铜字活板，又命新铸造大样铜字，印行《十八史略》。事详《森志·史略下》。《志》又有天顺八年朝鲜国活字印板《尔雅注疏》十一卷。又弘治十年朝鲜国活字印板《唐鉴音注》二十四卷。"[②] 据叶氏引，则朝鲜国活字板刊于天顺八年。但我们发现，森氏只是说朝鲜活字本有"天顺八

---

① 《经籍访古志》，第 102 页。
② 《书林清话》卷 8，第 177 页。

年"胡琛序、周齐己序，并未断言韩国活字板《尔雅注疏》刊于天顺八年，叶氏断章取义。另外，胡琛、周齐己皆为明天顺至宣德、成化间人，因此朝鲜国活字版当晚于天顺八年，是以胡、周所序之《尔雅注疏》为底本刊刻的；又据"册皮里面题于嘉靖十六年（1537）十月日内赐益阳君怀《尔雅》一件"，则朝鲜活字刊刻《尔雅注疏》的时间又不晚于此年。朝鲜李朝有把新刊的书籍赠予大臣的习惯，大概嘉靖十六年应该是确切的刊刻时间，这与嘉靖十七年所刻《埤雅》时间大致相同。因此，李朝活字印刷《尔雅注疏》当在天顺八年至嘉靖十六年这一时间段内。追本溯源，天顺本早于正德本，当祖源于元刊本，或为正德补版之底本。总而言之，这是目前能见到的最早的关于雅书刊刻的记载。遗憾的是《森志》未著录其行款格式。《汉籍总目》著录《尔雅注疏》31部，分藏11个单位，其版本系统大致有以下几种。

（一）韩国藏汲古阁版本系统

汲古阁本《尔雅注疏》是清初通行本，即使后来的乾隆殿本刊刻流行，汲古阁本也并未被完全取代。有清一代，汲古阁本不断重印、翻刻、重刻，存世较多，甚至在数量上超过阮刻本。韩国所藏汲古阁版本系统分原刻本、重印本、翻刻本、重刻本几种。

1. 原刻版本系统

（1）韩国国立中央图书馆藏三册本

《汉籍总目》著录：《尔雅注疏》郭璞（晋）注，邢昺（宋）疏，木版本［刊年未详］，十一卷三册，26.3cm×6.17cm（疑为16.7cm），表纸书名"十三经注疏"，刊记"皇明崇祯改元岁在著雍执徐（1628）古虞毛氏绣镌"，印记"命喜读""本绸菴""金命喜印""平山申玩公献之印"。

毛晋汲古阁所刻《十三经注疏》曾多次刷印，汲古阁败落后，所藏宋元版书归季沧苇，季氏之藏又转归徐乾学，徐氏《传是楼书目》中有"《十三经注疏》汲古阁板《尔雅》，三本"。从公私目录著录及现存汲古阁《尔雅注疏》看，明末、清初汲古阁《尔雅注疏》有三册本和四册本，均为原刻的刷印本，韩国国立中央图书馆藏三册本应为原刻本。

（2）韩国雅丹文库藏五册本

韩国雅丹文库藏：《尔雅注疏》郭璞（晋）注，邢昺（宋）疏，木版本，汲古阁（刊年未详），十一卷五册（函），半郭17.8cm×11.8cm，半页9行21字。刊记"皇明崇祯改元岁在著雍执徐（戊辰1628）古虞毛氏绣镌"，印记"张氏山房之章"。

从公私目录著录及现存版本看，明末清初汲古阁本《尔雅注疏》主要是三册本和四册本，未有著录为五册本者，据版式看，雅丹文库所藏应为汲古阁原刻系统，可能是后期刷印本。今国内仅见辽宁中医药大学藏有五册本。

（3）韩国藏书阁藏三册本、四册本

其一，三册本。《尔雅注疏》郭璞（晋）注，邢昺（宋）疏，木版本，明崇祯元年（1628）（后刷），十一卷三册，左右双边，半郭17.7cm×10.6cm，有界半叶9行21字，注双行，24cm×15.5cm，线装。版心题"尔雅疏""汲古阁"，有邢昺序。刊记：卷末"皇明崇祯改元岁在著雍执徐（戊辰，1628）……毛氏绣镌"，印"李王家图书之章"。纸质：竹纸。

其二，四册本。《尔雅注疏》郭璞（晋）注、邢昺（宋）疏，木版本，明崇祯元年（1628）（后刷），十一卷四册，左右双边，半郭17.8cm×11.8cm，有界，半叶9行21字，注双行，24cm×15.5cm，线装，版心题"尔雅疏""汲古阁"，刊记"皇明崇祯改元岁在著雍执徐（戊辰）古虞毛氏绣镌"，印"李王家图书之章"。纸质：竹纸。

藏书阁所藏三册和四册本，与韩国国立中央图书馆藏板框数据不一样，显然仍是汲古阁原本不同时期的刷印本，从边框、纸质看，两本可能刷印时间距离较短，甚或同一地点刷印。

（4）韩国忠南大学藏三册本、四册本

其一，三册本，崇祯八年（1635）刷印本。《尔雅注疏》郭璞（晋）注，邢昺（宋）疏，木版本，汲古阁明崇祯八年（1635）刊，十一卷三册，四周单边，半郭18.2cm×12cm，有界，半叶9行21字注双行，20.4cm×16.1cm，线装。纸质：竹纸。

其二，《尔雅注疏》郭璞（晋）注，木版本，汲古阁，十一卷四册，上下单边，左右双边，半郭，17.7cm×11.6cm，有界，半叶9行21字注双行，26cm×16cm，线装，纸质：竹纸。

从框郭及所用竹纸来看，藏书阁及忠南大学所藏应为汲古阁原刻或原刻刷印本。尤其是藏书阁所藏四册本与忠南大学所藏四册本应为同一时间刷印本。而忠南大学所藏三册本著录为崇祯八年（1635）刻本，这是《尔雅注疏》刊刻的具体时间，四周单边，与其他三册本不同。乾隆四十三年（1778）苏州三乐斋覆刻汲古阁本亦为四周单边，而三乐斋嘉庆四年（1798）重镌"汲古阁藏版"则为左右双边。因此可证，崇祯八年汲古阁曾修版重刻。

（5）韩国藏书阁藏乾隆四十年（1775）虞山席世宣扫叶山房递修本

韩国藏书阁藏三部，其中三册本一部、四册本一部、十四册本一部（所著或有误），均为原刻本系列，其中《尔雅注疏》郭璞（晋）注，邢昺（宋）疏，木版本，清乾隆四十年（1775），十七卷十四册（疑著录有误），左右双边，半郭 17.7cm×11.8cm，有界，半叶9行21字，注双行，23.7cm×15.3cm，线装，表题"十三经注疏"，版心题"尔雅疏""汲古阁"，识记：十三经卷首卷周易序篇首题"十三经版刊于……汲古阁版也……事既竣，爰识始末于书尾，乾隆四十年（1775）二月……虞山席世宣谨书"，印"李王家图书之章"，纸质：竹纸，内容：《尔雅序》、卷一《释诂》、卷十一《释兽》。

明万历年间，江苏虞山（今常熟）席氏建扫叶山房，是明末清代著名的民间刻书机构，山房主人较著名的是席鉴。清初汲古阁败落，席鉴之孙席启寓购得毛晋汲古阁之书翻刻流传，乾隆四十年席世宣对汲古阁原版修补重刻，韩国藏书阁藏当为此修补本，也应该视为原刻系列。此本据《日本见藏中国丛书目初编》著录，日本大阪图书馆藏一部。

2. 翻刻本、重刻本

（1）韩国藏三乐斋刻本系统

三乐斋是明万历间南京刻书坊，天启、崇祯间翻刻了一批汲古阁刻版，其中包括《尔雅注疏》。三乐斋翻刻的《尔雅注疏》国内现存最早版本有乾隆十年（1745）覆刻本，今藏厦门大学图书馆，十一卷四册二函，与原刻汲古阁相差无几。此本据《中国古籍善本书目》著录，上海图书馆藏刁戴高批并跋本，北京师范大学藏清余允坼批校本。其后还有乾隆四十三年（1778）重刻六册本，嘉庆壬戌（七）年（1802）重刻四册本；此刻本系统韩国雅丹文库、东国大学有藏。

雅丹文库乾隆四十三年刻本

《尔雅注疏》郭璞（晋）注，邢昺（宋）疏，木版本，三乐斋（刊年未详），九卷五册（卷十、卷十一缺），半郭 17.6cm×11.8cm，半页9行

21 字。

雅丹文库藏为残本，缺第六册，从册数看，实为乾隆四十三年重刻本。

东国大学藏嘉庆七年翻刻本

《尔雅注疏》郭璞（晋）注，邢昺（宋）疏，木版本，汲古阁，嘉庆七年（1802）刊，十一卷一册。左右双边，半郭 17.2cm×11.6cm，有界，半叶 9 行 21 字，注双行，24.2cm×15.5cm，线装，刊记"嘉庆壬戌（1802）重镌"。纸质：棉纸。

国内藏本：边框上书"嘉庆壬戌重镌"，边框内中"尔雅注疏"，右上书"郭景纯先生注"，左下"汲古阁藏版"，左右双边，白口，上《尔雅疏》版心下无"汲古阁"三字，十一卷四册。东国大学所藏当为残本，从刊记及刊刻时间看，应为嘉庆壬戌年三乐斋覆刻汲古阁本。

（2）韩国藏光绪八年崇德书院重刊汲古阁本

此本韩国藏六部，其中庆尚大学、忠南大学、成均馆大学、延世大学藏六册本，高丽大学、晚松大学藏两册本均为残本，

据成均馆等大学藏：《尔雅注疏》郭璞（晋）注，邢昺（宋）疏，木版本，崇德书院清光绪八年（1882）刊，十一卷，六册。左右双边，无鱼尾，半郭 17.6cm×12cm，有界，半叶 9 行 21 字，注双行，23cm×14.4cm，线装，版心题"尔雅疏"，刊记"光绪壬午年（1882）冬镌，崇德书院藏板"。纸质：竹纸。

崇德书院重刻本，用纸精良，印刷精美，真正体现了汲古阁原刻风貌，内题"汲古阁原本""崇德书院藏版"，版心下"汲古阁"三字改为"崇德书院"。全帙当为六册，今辽宁省图书馆有清王仁俊批校本五册，当为此版本之残本。

（3）韩国藏嘉庆八年（1803）青云楼重刻本

藏书阁藏：《尔雅注疏》郭璞（晋）注，邢昺（宋）疏，木版本，清朝年间，十一卷，六册。四周单边，半郭 17.1cm×11.7cm，有界，半叶 9 行 21 字，注双行，21.4cm×13.7cm，线装，版心题"尔雅疏""青云楼"，有邢昺序。纸质：竹纸。

青云楼是清代后期广州刻书坊，刻书牌记又有作"羊城青云楼"者。嘉庆八年（1803）据汲古阁原本重刻，版刻清朗可嘉，细黑口，边框上书"嘉庆癸亥年重镌"，边框内中"尔雅注疏"，右上"汲古阁原本"，左

下"青云楼藏板"。上下单边，左右双边，白口，上"尔雅疏"，中卷次，书口下刻"青云楼"三字，9行21字，注双行20字。此本国内罕见，韩国藏当为完帙。

（4）韩国藏经纶堂重印青云楼本

韩国藏书阁藏：《尔雅注疏》郭璞（晋）注，邢昺（宋）疏，木版本，经纶堂，清朝后期刊，十一卷，六册。四周双边，半郭7.7cm×12cm，有界，半叶9行21字，注双行，22.1cm×13.5cm线装，版心题"尔雅疏"，刊记"经纶堂藏版"，印"骊阳世家""慎菴"。纸质：竹纸。

经纶堂，盖清代陕西邠州书坊，所刊书籍为关中刊本系列。据阳海清等编《文字音韵训诂知见书目》载，今北京大学图书馆、武汉大学图书馆、湖南省图书馆藏《尔雅注疏》十一卷，著为"清嘉庆八年青云楼刻经纶堂印本"，而今湖南省图书馆藏古籍线装目录著录为：尔雅注疏十一卷，（晋）郭璞注，（宋）邢昺疏，清青云楼刻本，四册，经纶堂藏板，则藏书阁藏此本与湖南省图藏本相同。又《文字音韵训诂知见书目》还著录"《尔雅注疏》十一卷，晋郭璞注、宋邢昺疏，清嘉庆八年青云楼刻本"①，藏上海市图书馆、天津市图书馆。则此本最初由青云楼刻，后经纶堂据以重印，藏书阁藏当为重印本。

（5）韩国成均馆大学藏金溪两仪堂翻刻本

《尔雅注疏》郭璞（晋）注，邢昺（宋）疏，木版本，两仪堂，清朝后期刊，十一卷，六册。四周单边，半郭17.3cm×11.9cm，有界，半叶9行21字，注双行，21.4cm×13.3cm，线装，刊记"两仪堂发兑"。纸质：竹纸。

两仪堂是清代江西金溪著名的书坊，书坊主人为王安石的后裔。清初两仪堂就翻刻汲古阁《尔雅注疏》流通，今国内公藏两仪堂本少见，多为私人收藏，其版式与成均馆藏本大致相同，一般为汲古阁原本之翻刻本。

另外，韩国延世大学藏《尔雅注疏》一部，著录为：郭璞（晋）注，邢昺（宋）疏，木版本，汲古阁，十一卷四册，上下单边，匡郭18cm×12.5cm，有界，9行21字。

---

① 阳海清等编：《文字音韵训诂知见书目》，湖北人民出版社2002年版，第387页。

（二）韩国藏乾隆武英殿本系统

韩国东国大学藏武英殿原刻残本一部：《尔雅注疏》郭璞（晋）注，陆德明（唐）音义，邢昺（宋）疏，木版本，乾隆四年（1739）刊，三卷一册（零本）。左右双边，半郭 21.5cm×14.3cm，有界，半叶 10 行 21 字，注双行，上内向黑鱼尾，27.7cm×17cm，线装，刊记"乾隆四年校刊"，印：陈弘燮藏书外一种。纸质棉纸，藏本：卷 1—3。

藏书阁藏同治十年（1871）广东书局重刊本一部，版式与原刻大体相同，版心题："尔雅注疏"、校刊年（乾隆四年）、重刊年（同治十年），所用为竹纸。此本今日本东洋文化研究所等藏四部。

（三）韩国藏南昌府学版本系统

阮元等校勘、刻印的《宋本十三经注疏》（附校勘记）在《十三经注疏》丛刊中是最为完善、学术价值最高的一部。自问世以来，逐渐取代了明清以来诸版《十三经注疏》成为通行本，刷印、翻刻、重刻至今不断。今韩国藏四部，分别如下。

1. 韩国藏嘉庆二十年南昌学府原刻本

今韩国所藏版本有著录为嘉庆二十年（1815），有著录为嘉庆二十一年（1816），国内也有此著录的不同，盖因阮元《重刻宋版十三经注疏·题记》是在刊刻之前，即嘉庆二十年写就，全套书刻印于二十一年，实为同一版本。

韩国雅丹文库藏著录：木版本，1815 年刊，八卷四册（卷 1—6，卷 8—9 外缺）。半郭 16.5cm×13cm，半叶 10 行 17 字，黑口，内向黑鱼尾，里题"重刊宋本尔雅注疏附校勘记"，刊记"嘉庆二十年（1815）江南昌府学开雕"。

此本实际应为十卷五册本。高丽大学华山所藏版本形态著录颇简单：木版本，江西南昌府学嘉庆二十一年（1816），十卷五册，25cm×15cm。与雅丹文库藏大致相同。

2. 韩国藏清同治十二年（1873）重刻本

藏书阁藏：《尔雅疏》邢昺（宋）疏，卢宣旬（清）校正，木版本，清同治十二年（1873），十卷七册（卷一，第一册缺）。左右双边，半郭 17cm×12.3cm，有界，半叶 10 行，字数不定，注双行，黑口下向黑鱼尾，24.7cm×14.8cm，线装，表题"尔雅"，版心题"尔雅疏""尔雅注疏校勘记"，印"李王家图书之章"。纸质：竹纸。内容：《尔雅疏》《尔雅注疏校勘记》。

"清同治十二年"《十三经注疏》国内只有江西书局重修本，180册，10行18字，扉页题名"重修宋本十三经注疏附校勘记"，牌记"同治十二年江西书局重修"。其中《尔雅疏》十卷，《校勘记》十卷，六册（第167—172册），藏书阁著录七册，盖计算《校勘记》在内。据魏庆彬《阮刻〈十三经注疏〉版本初探》一文称："道光年本是以初刻本为底本，参考倪、余两人的校本而成，已无疑问。江西书局本题名《重刊宋本十三经注疏附校勘记》，兼之附有朱跋，或曰翻自道光六年本。然据刘秉璋《十三经注疏校勘记识语序》称'同治中，江西既设书局，因取学宫旧本续残补阙'，此'学宫旧本'指的是初刻本，文中未提道光六年本。不过，此书却有朱跋，如若序中所言无误，那么江西书局本应是以初刻本为底本，并参考了道光六年（1826）本而成。"① 江西书局重刊本，开本较大，字大行稀，是除脉望仙馆本外极美观的一种。扉页题名"重修宋本十三经注疏附校勘记"，旁小字"用文选楼藏本校定"，其后有阮元"重刊宋板注疏总目录"、胡稷"重刊宋本十三经注疏后记"，及朱华临"宋本十三经注疏跋"。

3. 韩国藏光绪十八年（1892）湖南宝庆务本书局重刻本

藏书阁藏：《尔雅注疏》十卷六册，光绪十八年（1892）湖南宝庆务本书局重刊本。左右双边，半郭17cm×13cm，有界，半叶10行19字，注双行，黑口，下向黑鱼尾，23.2cm×15cm。线装，表题"十三经"，版心题"尔雅注疏校勘记序""尔雅疏"，有邢昺序，刊记"光绪十八年湖南宝庆务本书局重镌"，有印"李王家图书之章"。纸质：竹纸。

湖南宝庆务本书局本，今山东省图书馆藏著录十一卷六册，一函。藏书阁著录为十卷，盖未包括《校勘记》。

（四）韩国藏其他版本系统

1. 雅丹文库藏同治十三年（1874）酉德书局刻本

《尔雅注疏》郭璞（晋）注，邢昺（宋）疏，木版本（刊年未详），

---

① 魏庆彬：《阮刻〈十三经注疏〉版本初探》，《文教资料》2012年9月号中旬刊，第164页。

十一卷六册，一函，17.5cm×11.8cm，半叶 9 行 20 字，刊记"同治十三年孟秋月西德书局刊行"，印记"世传之章"。

西德书局，是清代北京通州书局，其所刻《尔雅注疏》，国内罕见，雅丹文库藏不知底本何据，从行款看，似为汲古阁本系列。

另外，雅丹文库还藏一部《尔雅注疏》残本，存三卷一册（卷 6—8），半廓 17.9cm×11.8cm，半叶 9 行 21 字。

2. 延世大学藏光绪二十一年（1895）善成堂刻本

《尔雅注疏》郭璞（晋）注，邢昺（宋）疏，木版本，十卷八册，上下单边，匡郭 18cm×12.5cm，有界，9 行 21 字，刊记"光绪二十一年孟秋月渝城善成堂刊"。

善成堂是清道光间北京著名书坊，开设于北京琉璃厂东头路南，主人姓汤，四川人。在成都，南昌，汉口，山东东昌、济南，北京等地都有分号，刻书以经史小说为主，行销南北各地及韩日等国。其刊刻的《尔雅注疏》国内少见，《文字音韵训诂知见书目》著录为"《尔雅注疏》十一卷，晋郭璞注，宋邢昺疏，清光绪十七年善成堂刻本"①。

另外梨花女子大学藏两部，其一著录为：《尔雅注疏》郭璞（晋）注，邢昺（宋）疏，印本，光绪二十年（1894），十三卷，八册，23.5cm×15cm，四周单边，半匡 17.7cm×12.3cm，有界，9 行 21 字，小字双行，版心无。其二著录为：《尔雅注疏》郭璞（晋）注，邢昺（宋）疏，乾隆（清）敕撰。光绪十八年（1892）重镌，十一卷五册（缺本）。23cm×15cm，上下单边，左右双边，半匡 17cm×12.6cm，有界，10 行 17 字，注双行，版心：上下黑口，上下无鱼尾。藏本：卷 1—10，外缺。国立中央图书馆藏一部，著录为：《尔雅注疏》郭璞（晋）注，邢昺（宋）疏，甲寅字本，一卷。

三　韩国藏《尔雅义疏》及《尔雅正义》版本系统研究

（一）韩国藏郝懿行《尔雅义疏》版本系统

郝懿行（1755—1823），字恂九，号兰皋，山东栖霞人。嘉庆四年

---

①　阳海清等编：《文字音韵训诂知见书目》，第 387 页。

（1799）进士，官户部主事。一生著述颇丰，所著《尔雅义疏》是清代雅学研究的代表作之一。

《尔雅义疏》有节本十九卷本和足本二十卷本两种：其一，广东学海堂《皇清经解》十九卷节本。道光五年（1825）至九年（1829），阮元于广东学海堂刻《皇清经解》，收入《义疏》十九卷，是为节本。此版咸丰七年（1857）九月，英军炮轰广州文澜阁时，大半毁于战火。咸丰十年（1860）两广总督劳崇光倡议士绅捐资补刻《皇清经解》，至同治元年（1862）完成，此为道光九年刻咸丰十一年（1861）补刻本。其二，道光二十九年（1849）陆建瀛刻十九卷节本。陆氏以学海堂本为底本刊刻，亦为十九卷节本，《义疏》单刻流行，由于售价高、旋即毁于战火，所以陆本传世较少。其三，咸丰六年（1856）胡珽校刻二十卷足本。咸丰五年（1855）秀水高均儒得到郝氏足本，杨以增礼聘胡珽为之校刻，咸丰六年刻成，是为足本，有宋翔凤序、胡珽跋。此版咸丰十年（1860）毁于太平军战火。其四，同治四年（1865）郝联薇刻二十卷足本。同治年间，郝懿行孙郝联薇官顺天府东路厅同知，同治四年于济南以胡珽本为底本，校刊重刻，有牌记"同治四年岁在乙丑沛上重刊"，卷末有"历邑中和堂鲍连元手刊"。济南刊刻时，还刊刻了郝懿行的其他著作，总称《郝氏遗书》。其后《义疏》翻刻、重刻很多，大多以胡珽本或《遗书》本为底本，均不加校勘。其五，光绪十一年（1885）《蜀南阁丛书》二十卷足本。四川荣县蜀南阁据《郝氏遗书》本重加校勘，改正了不少失误，是足本中质量较好的本子，后有黄茂跋。

韩国藏四部《尔雅义疏》，其中三部为清后期重印本，一部题嘉庆间写本。

1. 韩国梨花女子大学藏文瑞楼鸿章书局石印胡珽校刻本

此本著录为：石印本，上海文瑞楼鸿章书局，十七册（缺本），20cm×13cm，上下单边，左右双边，半匡15cm×10.9cm，有界，9行21字，小字双行，版心下黑口、上黑鱼尾，跋"咸丰六年（1856）……胡珽"，序"咸丰六年（1856）……宋翔凤谨记"，第一册缺。此本据阳海清《知见书目》，国内公立图书馆有四部。

2. 韩国奎章阁藏光绪十一年（1885）荣县《蜀南阁丛书》本

此本著录为：木版本，荣县蜀南阁光绪十一年（1885）跋，八册，25.8cm×16.6cm，卷头书名《尔雅郭注义疏》，跋"光绪乙酉

（1885）……黄茂"，序"咸丰六年（1856）……宋翔凤"，印"集玉斋""帝室图书之章"。此本据阳海清《知见书目》，国内公立图书馆藏三部。

3. 韩国奎章阁藏光绪十四年（1888）上海鸿文书局石印胡珽刻本

此本著录为：石印本，上海鸿文书局光绪十四年（1888），四册，14.5cm×8.7cm，卷头书名《尔雅郭注疏》，序"咸丰六年（1856）……宋翔凤"，印"集玉斋""帝室图书之章"。

4. 韩国藏书阁藏嘉庆年间写本

此本著录为：《尔雅义疏》郝懿行（清），写本，清嘉庆年间写，七卷七册，半叶 10 行 24 字，注双行，29cm×18.9cm，线装，卷首里题记"传云清王先谦稿"，印：曹在三百堂陈氏处、铁谯过眼、李王家图书之章，纸质：竹纸。内容：卷一释诂上，卷二释诂下，卷三释言，卷四释训、释亲、释宫、释器，卷五释乐、释天、释地、释丘、释山、释水，卷六释草、释木，卷七释虫、释鱼、释鸟、释兽、释畜。

此本题嘉庆间写本，而《义疏》最早刻本为道光九年，如著录无误，则弥足珍贵。

（二） 韩国藏邵晋涵《尔雅正义》版本系统

邵晋涵（1743—1796），字与桐，一字二云，自号江南，乾嘉时期著名学者，乾隆三十六年（1771）礼部会试第一，被誉为"数十科无此才"。所著《尔雅正义》二十卷、《释文》三卷，刻本有：乾隆五十三年（1788）邵氏面水层轩刻本，此为邵氏家刻本，也是初刻本，清代刻本均源于此本，今存世较多；道光九年（1829）阮元据面水层轩本刻入《皇清经解》，是为学海堂经解本；咸丰十一年（1861）据道光本补刻本；光绪十七年（1891）上海鸿宝斋石印《皇清经解》本；光绪年间上海点石斋石印《皇清经解》本，等等。今韩国藏三部，均为刻本。

1. 韩国奎章阁藏、藏书阁藏邵氏原刻本

此两部著录为：木版本（刊地未详）、（刊者未详），乾隆五十三年（1788），二十卷七册，25cm×15.5cm，表题"余姚邵氏塾本"，邵晋涵序，印：集玉斋、帝室图书之章、李王家图书之章。

2. 韩国忠南大学藏学海堂刻本

此部著录为：木版本，学海堂，二十卷六册（《皇清经解》卷）。上下单边，左右双边，18.3cm×12.9cm，有界，半叶 11 行 23 字，注双行，上下向黑鱼尾，25.4cm×15.9cm，线装。纸质：竹纸。

四　韩国藏《埤雅》《尔雅翼》版本系统研究

（一）韩国藏陆佃《埤雅》版本系统

陆佃（1042—1102），字农师，号陶山，越州山阴人，陆游祖父，王安石的学生。精于雅书，著《埤雅》《尔雅新义》，皆传于世。《埤雅》是一部重要的仿雅著作，明清以来版本流传较多，追本溯源，这些版本基本上都源于明初建文时期江西赣州府刻本①。

《埤雅》最早的刻本是北宋宣和七年（1125）陆佃之子陆宰刻本，此本早已失传，后来陆佃五世孙陆霪［绍定五年（1232）进士］宰赣州，又以宣和本为底本重刻之，史称赣州本，其本后来成为明代诸刻本之祖本。明初建文二年（1400）江西按察司金事林瑜、赣州太守陈大本主持，访得陆霪本重刻，这是见存《埤雅》最早的刻本，今北京大学图书馆、文化部艺术研究院、上海市图书馆藏均为残本。建文刻本之后，据建文刻本刊刻，属于建文本系列的有明正统九年（1444）赣州府通判郑暹重刻本、成化九年（1473）福建广勤书堂刻本、成化十五年（1479）浙江副使刘廷吉刻本、嘉靖元年（1522）赣州府清献堂刻本，等等。

陆佃《埤雅》韩国藏六部，其中三部为李朝中宗三十三年（1538）活字刊本。

1. 韩国藏朝鲜中宗三十三年活字刻本

据国会、玉山书院、成均馆大学藏可知，李朝中宗三十三年，是明嘉靖十七年（1538），这一年也是吴元恭刊刻《尔雅注》之时，李朝中宗刊刻了陆佃《埤雅》，表明这之前《埤雅》已经传入朝鲜。

朝鲜李朝中宗三十三年刻本是以成化十五年（1479）刘廷吉刻本为底本活字刊印，这是《埤雅》首次在海外并且是用活字刊印。此活字本今中国大陆未见，其他地区现存也只有三部：韩国玉山书院与成均馆大学各藏一部，香港中文大学藏一部。韩国藏两部：其一，玉山书院藏

---

① 参见《明赣州府刻〈埤雅〉版本述略》，《东方论坛》2012 年第 3 期。

本，中宗三十三年顷刊，二十卷，五册，白口，上下内向三叶花纹鱼尾，四周双边，有界，10 行 17 字，半郭 17.1cm × 25.4cm，重刊序"成化十五年（1479）……胡荣"，内赐记"嘉靖十七年（1538）正月日内赐……李彦迪《埤雅》一件，命除谢恩，左承旨臣黄手决"，印"宣赐之记"。其二，成均馆大学藏。版式同前部，不同的是有"正统九年岁次甲子（1444）冬十月吉日赣州府通判钱塘郑遄识"序，内赐记"嘉庆十七年（1538）正月日，内赐司谏院司谏金缘《埤雅》一件，命除谢恩，左副承旨臣黄（手决）"，印"宣赐之记、先相公家藏书、男富仪谨追记"，纸质：楮纸。此两部书当为同一刻本，分赐两人。玉山书院藏本和成均馆大学藏著录信息各有详略，而著录信息比较全面的是香港中文大学藏本。

香港中文大学藏《埤雅》二十卷，宋陆佃撰，朝鲜活字本，五册，匡高 25.8cm、宽 18cm，10 行 17 字，白口，双花鱼尾，四周双边，线装，前有正统五年张存序、正统九年郑遄识语、成化十五年胡荣序、宣和七年陆宰序，钤有"崇兰藏""宣赐之记""辅臣弼仲""西河后人"等印，此本乃据明成化十五年刘廷吉刻本活字排印。

这三部书当为同一刻本，香港中文大学藏本著录了张存、郑遄、胡荣等人的序跋，由此可知，韩国活字本据成化十五年刘廷吉刻本活字排印，而刘廷吉刻本又是据郑遄本刊刻。因此说，韩国活字刊刻的《埤雅》也是赣州刻本的流裔。

2. 韩国藏明刻本

据阳海清《知见书目》统计，《埤雅》不知刊刻者及刊刻时间的就有 15 种以上，收藏单位数十家，可见明代《埤雅》刊刻之盛。今奎章阁藏就著录这样的明刻本两部，雅丹文库藏一部。

奎章阁藏两部，著录信息为：其一，《新刊埤雅》，木版本（刊地未详）（刊者未详），明版本，二十卷三册，26.2cm × 16.8cm，序"宣和七年（1125）……陆宰"，印"侍讲院""帝室图书之章"。其二，《埤雅》，木版本（刊地未详）（刊者未详），明版本，二十卷六册，28.5cm × 17.6cm，序"宣和七年（1125）……陆宰"，印"帝室图书之章"；此本又见于《奎章阁书目》著录，当是清初以前传入韩国。

另外，雅丹文库藏一部，著录信息：《埤雅》，木版本（刊年未详），五卷一册（卷1—5），半郭 21cm × 14.1cm，半叶 10 行 20 字，上下黑口，内向黑鱼尾。

（二）韩国藏罗愿《尔雅翼》版本系统

罗愿（1136—1184），字端良，号存斋，南宋徽州歙县人，乾道二年（1166）进士。《尔雅翼》版本较多，最早有南宋咸淳六年（1270）方回刻本，有王应麟序，方回跋，此为咸淳庚午刊本。元延祐七年（1320）洪炎祖为之音释，并释罗、王二序，由太守朱霁刊刻，是为延祐庚申刊本。宋元原刻本都已经失传，现在能看到的最早的版本是明正德十四年罗文殊刻本，今复旦大学藏残本，入上海市第二批珍贵古籍名录。正德之后有嘉靖、隆庆间毕效钦《五雅》本、万历十六年（1573）瑞桃堂本、万历胡文焕《格致丛书》本、万历姚大受本、万历三十三年（1605）罗文瑞本、天启六年（1626）郎奎金《五雅》本，明天启刻崇祯六年（1633）重修本等。

韩国藏两部：其一，中央国立图书馆藏正德乙卯（1519）本之刷印本，著录信息：木版本（后刷本）（刊地未详）（刊者未详）（刊年未详），三十二卷五册，25.5cm×16.1cm，跋“正德乙卯（1519）”，序“正德十年乙卯（1519）……都穆”。其二，藏书阁藏清重刊天启刻本。著录信息：木版本，清朝年间重刊，三十二卷十二册，四周双边，半郭22.8cm×13.8cm，有界，半叶9行18字，注双行，上黑鱼尾，29.7cm×18cm，线装，版心题：尔雅翼序、尔雅翼，跋“天启丙寅（1626）从裔孙罗朗重订”，都穆序，印“李王家图书之章”。纸质：竹纸。

五　韩国藏其他雅书版本系统研究

（一）韩国奎章阁藏孙侃《尔雅直音》

孙侃《尔雅直音》二卷，有乾隆六十年（1795）刻本，嘉庆四年（1798）天心阁刻本，同治九年（1870）京江文成堂刻本，光绪六年（1880）福山王氏《天壤阁丛书》本，光绪六年（1880）常熟抱芳阁刻本，光绪二十一年（1895）崇德书院藏版、锡山日升山房刻本。

奎章阁藏：书名题《尔雅正文直音》，孙侃（清）辑，木版本，京江文成堂同治九年（1870），二册，24.3cm×15.6cm，文成堂藏版，卷头书名《尔雅直音》，序"嘉庆五年（1800）庚申……贡时雨"。此本国内北京市图书馆、上海市图书馆藏。

（二）奎章阁藏臧镛堂《尔雅汉注》

臧庸《尔雅汉注》刻于乾隆五十四年（1789），后有嘉庆七年承德孙氏问经堂丛书本、光绪十三年（1887）吴县朱氏《槐庐丛书》本。今奎章阁藏著录信息：臧镛堂（清）编，朱记荣（清）校订，木板本（刊地未详），行素艸堂，光绪十三年，三册，23.6cm×15cm，行素艸堂藏版，跋"光绪十三年丁亥……朱记荣"，序"乾隆五十四年……卢文弨"，印：集玉斋、帝室图书之章。行素艸堂，又称行素堂，朱记荣室名，即《槐庐丛书》本。

参 考 文 献

（按文献引用次序排列）

1. （清）严元照撰：《尔雅匡名》，《中华汉语工具书书库》第 45 册，安徽教育出版社 2002 年影印本。

2. （汉）许慎撰：《说文解字》，江苏古籍出版社 2001 年版。

3. （清）邵晋涵撰：《尔雅正义》，《续修四库全书》第 187 册，上海古籍出版社 1995 年影印本。

4. （唐）陆德明撰，黄焯汇校：《经典释文》，中华书局 2006 年版。

5. （汉）郑玄注，（唐）孔颖达疏：《礼记正义》，中华书局 1980 年版。

6. （宋）司马光等编：《类篇》，中华书局 2003 年影印本。

7. （清）王筠：《说文句读》，中国书店 1983 年（据 1882 年尊经书局刊本）影印本。

8. （汉）王充撰：《论衡》，《丛书集成初编》，商务印书馆 1939 年版。

9. 徐中舒主编：《汉语大字典》，四川辞书出版社、湖北辞书出版社 1986—1990 年版。

10. （清）朱骏声撰：《说文通训定声》，中华书局 1998 年影印本。

11. （五代）丘光庭撰：《兼明书》，中华书局 1985 年排印本。

12. 黄侃：《尔雅音训》，中华书局 2007 年版。

13. （南朝梁）顾野王撰：《大广益会玉篇》，中华书局 2004 年影印本。

14. （清）郝懿行撰：《尔雅郭注义疏》，山东友谊书社 1992 年版。

15. （清）潘衍桐撰：《尔雅正郭》，《续修四库全书》第 188 册，上海古籍出版社 1985 年影印本。

16. 黄侃：《尔雅略说》，《黄侃论学杂著》，上海古籍出版社 1980 年版。

17. （宋）范晔撰，（唐）李贤等注：《后汉书》，中华书局 1996 年点校本。

18. （汉）郑玄注，（唐）贾公彦疏：《周礼注疏》，中华书局 1980 影印本。

19. （汉）毛亨传，（汉）郑玄笺，（唐）孔颖达正义：《毛诗正义》，中华书局 1980 年影印本。

20. （汉）郑玄注，（唐）贾公彦疏：《仪礼注疏》，中华书局 1980 年影印本。

21. （晋）郭璞注，（宋）邢昺疏：《尔雅注疏》，中华书局 1980 年影印本。

22. （后晋）刘昫等撰：《旧唐书》，中华书局 1975 年点校本。

23. （清）钱大昕撰：《潜研堂文集》，江苏古籍出版社 1989 年点校本。

24. 朱祖延主编：《尔雅诂林叙录》，湖北教育出版社 1998 年版。

25. （清）王念孙撰：《广雅疏证》，《小学名著六种》，中华书局 1998 缩印本。

26. （清）江藩撰：《尔雅小笺》，《续修四库全书》第 188 册，上海古籍出版社 1985 年影印本。

27. （清）阮元撰：《尔雅注疏校勘记》，《续修四库全书》第 183 册，上海古籍出版社 1995 年影印本。

28. （清）臧庸辑：《尔雅汉注》，《丛书集成初编》第 1140 册，商务印书馆 1936 年影印本。

29. 吴承仕著，秦青点校：《经典释文序录疏证》，中华书局 2008 年版。

30. （梁）梁元帝撰：《金楼子》，中华书局 1985 年版。

31. （晋）陈寿撰：《三国志》，中华书局 1982 年点校本。

32. 严绍璗编著：《日藏汉籍善本书录》，中华书局 2007 年版。

33. （唐）姚思廉撰：《陈书》，中华书局 1972 年点校本。

34. （唐）魏征等撰：《隋书》，中华书局 1982 年点校本。

35. （宋）王应麟撰：《玉海》，江苏古籍出版社、上海书店 1987 年影印本。

36. （宋）丁度等撰：《集韵》，《小学名著六种》，中华书局 1998 年影印本。

37. （清）永瑢等撰：《四库全书总目提要》，中华书局 1995 影印本。

38. （晋）杜预注，（唐）孔颖达正义：《春秋左传正义》，中华书局 1980 年影印本。

39. （汉）孔安国传，（唐）孔颖达正义：《尚书正义》，中华书局 1980 年影印本。

40. （魏）王弼撰，（晋）韩康伯注，（唐）孔颖达正义：《周易正义》，中华书局 1980 年影印本。

41. 何九盈：《中国古代语言学史》，广东教育出版社 2005 年版。

42. （清）阮元撰，邓经元点校：《研经堂二集》，中华书局 1993 年版。

43. 窦秀艳：《中国雅学史》，齐鲁书社 2009 年版。

44. （梁）萧统编，（唐）李善注：《文选注》，中华书局 1990 年影印本。

45. （宋）陈彭年等修：《广韵》，《小学名著六种》，中华书局 1998 年缩印本。

46. 周祖谟撰：《尔雅校笺》，云南人民出版社 2004 年版。

47. （清）马国翰辑：《玉函山房辑佚书》第五帙第 6 册，光绪九年（1883）长沙嫏嬛馆补校刊本。

48. （清）叶蕙心辑：《尔雅古注斠》，《续修四库全书》第 188 册，上海古籍出版社 1995 年影印本。

49. （清）张宗泰撰：《尔雅注疏本正误》，《续修四库全书》第 187 册，上海古籍出版社 1995 年版。

50. （汉）班固撰，（唐）颜师古注：《汉书》，中华书局 1997 年点校本。

51. （宋）洪适撰：《隶释》，《四部丛刊》三编史部，商务印书馆 1935 年影印本。

52. （宋）司马光等编：《类篇》，中华书局 2003 年影印本。

53. （汉）刘熙撰：《释名》，《中华汉语工具书书库》第 51 册，安徽教育出版社 2002 年影印本。

54. （清）王先谦撰：《后汉书集解》，中华书局 1985 年版。

55. 杨琳：《小尔雅今注》，汉语大辞典出版社 2002 年版。

56. 徐元诰撰：《国语集解》，中华书局 2002 年版。

57. （宋）程大昌撰：《演繁露卷》，《续古逸丛书》第 108 册，商务印书馆 1938 年影印本。

58. （清）朱彝尊撰：《经义考》，《中华汉语工具书书库》第 86 册，安徽教育出版社 2002 年影印本。

59. （明）毛晋撰，潘景郑校订：《汲古阁书跋》，《中国历代书目题跋丛书》，上海古籍出版社 2006 年版。

60. （清）钱玷撰：《尔雅古义》，《续修四库全书》第 187 册，上海古籍出版社 1995 年影印本。

61. （清）刘玉麐撰：《尔雅校议》，《续修四库全书》第 185 册，上海古籍出版社 1995 年影印本。

62. （清）王树枏撰：《尔雅郭注佚存补订》，《续修四库全书》第 189 册，上海古籍出版社 1995 年影印本。

63. （清）王念孙撰：《尔雅郝注刊误》，《续修四库全书》第 188 册，上海古籍出版社 1995 年影印本。

64. 陈垣：《校勘学释例》，中华书局 1959 年版。

65. 张舜徽：《中国文献学》，中州书画社 1982 年版。

66. （清）任基振撰：《尔雅注疏笺补》，《续修四库全书》第 186 册，上海古籍出版社 1995 年影印本。

67. （清）余萧客：《古经解钩沉》，《文渊阁四库全书》第 194 册，台北商务印书馆 2008 年版。

68. （清）李曾白、李滋然撰：《尔雅旧注考证》，《续修四库全书》第 188 册，上海古籍出版社 1995 年影印本。

69. （清）王引之撰：《经义述闻》，《续修四库全书》第 175 册，上海古籍出版社 1994 年影印本。

70. （清）严可均撰：《尔雅一切注音》，《续修四库全书》第 188 册，上海古籍出版社 1995 年影印本。

71. （清）叶昌炽：《藏书纪事诗》，上海古籍出版社 1999 年版。

72. （唐）姚思廉：《梁书》，中华书局 1973 年点校本。

73. 瞿冕良编著：《中国古籍版刻辞典》，齐鲁书社 2001 年版。

74. （宋）陈振孙撰：《直斋书录解题》，上海古籍出版社 1987 年版。

75. （宋）陆佃撰，（清）宋大樽校：《尔雅新义》，《续修四库全书》第 185 册，上海古籍出版社 1995 年影印本。

76. （清）钱吉泰撰：《曝书杂记》，中华书局 1985 年点校本。

77. （唐）张参撰：《五经文字》，《中华汉语工具书书库》第 12 册，安徽教育出版社 2002 年影印本。

78. （宋）欧阳修、宋祁撰：《新唐书》，中华书局 1975 年点校本。

79. （清）严可均撰：《唐石经校文》，《续修四库全书》第 184 册，上海古籍出版社 1995 年影印本。

80. （清）钱大昕撰：《唐石经考异》，《续修四库全书》第 184 册，上海古籍出版社 1995 年影印本。

81. （清）钱大昕撰：《十驾斋养新录》，《续修四库全书》第 1151 册，上海古籍出版社 1998 年影印本。

82. （明）曹学佺撰：《蜀中广记》，《文渊阁四库全书》史部，第 592 册。

83. 王国维：《王国维先生全集》初编、续编，大通书局有限公司 1976 年点校本。

84. （宋）晁公武撰：《郡斋读书志》，《中华汉语工具书书库》第 83 册，安徽教育出版社 2002 年影印本。

85. （宋）王钦若等：《册府元龟》，中华书局 1960 年影印本。

86. （宋）王溥：《五代会要》，中华书局 1985 年影印本。

87. （元）脱脱等撰：《宋史》，中华书局 1997 年点校本。

88. （宋）岳珂撰：《相台书塾刊正九经三传沿革例》，（清）鲍廷博辑《知不足斋丛书》五，株式会社中文出版社 1980 年影印本。

89. （清）徐松撰：《宋会要辑稿》第 75 册，中华书局 1997 年影印本。

90. 张丽娟：《宋代经书注疏刊刻研究》，北京大学出版社 2013 年版。

91. 傅增湘撰：《藏园群书经眼录》，中华书局 1980 年版。

92. （宋）叶梦得撰：《绅书阁记》，《全宋文》第 147 册，上海辞书出版社、安徽教育出版社 2006 年版。

93. （宋）毛居正撰：《六经正误》，《文渊阁四库全书》本。

94. 昌彼得：《增订蟫庵群书题识》，台北商务印书馆 1997 年版。

95. （清）张金吾撰：《爱日精庐藏书志》，道光七年（1827）刻本。

96. （南宋）叶梦得撰：《石林燕语》，商务印书馆 1941 年版。

97. （清）瞿镛编：《铁琴铜剑楼藏书目录》，咸丰七年（1857）瞿氏家塾本。

98. （南宋）周密撰：《癸辛杂识后集》，（明）商浚辑《稗海》第 4 册，大化书局 1985 年影印本。

99. （明）邱浚撰：《大学衍义补》，京华出版社 1994 年点校本。

100. （明）王鏊撰：《震泽长语》，《文渊阁四库全书》本。

101. （清）张廷玉等撰：《明史》，中华书局 1997 年点校本。

102. （清）叶德辉撰：《书林清话》，岳麓书社 2000 年点校本。

103. ［日］森立之撰：《经籍访古志》，台湾广文书局 1998 年影印本。

104. 王国维：《观堂集林》，中华书局 1959 年版。

105. 李致忠：《宋版书叙录》，北京图书馆出版社 1997 年版。

106. （清）杨守敬撰：《日本访书志》，贾贵荣辑《日本藏汉籍善本书志书目集成》，北京图书馆出版社 2003 年版。

107. （清）瞿良士辑：《铁琴铜剑楼藏书题跋集录》，上海古籍出版社 2005 年版。

108. 潘景郑撰：《著砚楼书跋》，古典文献出版社 1957 年版。

109. （清）杨守敬撰：《藏书绝句》，古典文学出版社 1957 年版。

110. （清）莫友芝撰，傅增湘订补：《藏园订补郘亭知见传本书目》，中华书局 1993 年版。

111. 杜信孚编：《明代版刻综录》，广陵古籍刻印社 1983 年版。

112. （清）丁丙撰：《善本书室藏书志》，清光绪辛丑年（1901）丁氏刊本。

113. （清）丁立中撰：《八千卷楼书目》，光绪钱塘丁氏刊本。

114. （清）永瑢等撰：《四库全书总目》，中华书局 1995 年版。

115. （清）陆心源撰：《皕宋楼藏书志》，《续修四库全书》第 928 册，上海古籍出版社 1996 年版。

116. （清）黄丕烈撰：《百宋一廛书录》，《宋元版书目题跋辑刊》，北京图书馆出版社 2003 年影印本。

117. （清）陈鳣撰：《宋元版书目题跋辑刊》，《续修四库全书》第 923 册，上海古籍出版社 1996 年版。

118. （清）阮元校刻：《十三经注疏》附校勘记，中华书局 1980 年版。

119. （清）钱大昕撰：《潜研堂文集》，清道光二十年（1840）刊本。

120. （清）缪荃孙撰，吴格点校：《嘉业堂藏书志》，复旦大学出版社 1997 年版。

121. （清）徐乾学撰：《传是楼书目》，《续修四库全书》第 920 册，上海古籍出版社 1996 年版。

122. 张鉴等撰，黄爱平点校：《阮元年谱》，中华书局 1995 年版。

123. 张人凤编：《张元济古籍书目序跋汇编》下册，商务印书馆 2003 年版。

124. ·（汉）司马迁撰：《史记》，中华书局 1997 年点校本。

125. （汉）扬雄撰，（晋）郭璞注：《方言》，《中华汉语工具书书库》第

72 册，安徽教育出版社 2002 年版。

126. （梁）萧子显撰：《南齐书》，中华书局 1974 年点校本。

127. ［高句丽］金富轼撰：《三国史记》，日本近泽书店 1928 年影印本。

128. ［李朝］佚名撰：《朝鲜史略》，日本文政五年（1822）刻本。

129. （宋）王溥撰：《唐会要》，中华书局 1955 年版。

130. 弘文馆纂集校正：《增补文献备考》，［李朝］隆熙二年（1908）活字本。

131. ［李朝］金宗瑞撰：《高丽史节要》，明文堂 1981 年影印本。

132. ［李朝］郑麟趾等撰：《高丽史》，韩国亚细亚文化社 1983 年影印本。

133. （宋）徐兢撰：《宣和奉使高丽图经》，《万有文库》本，商务印书馆 1937 年版。

134. （清）姜绍书撰：《韵石斋笔谈》，中华书局 1985 据"知不足斋"丛书本排印。

135. 张伯伟编：《朝鲜时代书目丛刊》，中华书局 2004 年版。

136. ［韩］全寅初主编：《韩国所藏中国汉籍总目》，学古房 2005 年版。

137. ［李朝］崔世珍编：《训蒙字会》，韩国泛文社 1968 年影印本。

138. （宋）高似孙：《剡录》，《文渊阁四库全书》本。

139. 阳海清等编：《文字音韵训诂知见书目》，湖北人民出版社 2002 年版。

后　记

　　《尔雅》是中国古代儒家重要的十三部经典之一，自汉武帝时便有犍为文学为之作注，迄汉末已有四家之注广为流传，魏晋六朝时期《尔雅》注家更是二十有余，研究之盛，为世显学。自唐宋以迄清末，《尔雅》注释研究赓续不断，形成了庞大的雅书群体，刊刻众多，雅学文献版本浩繁。十几年前，我在山东大学攻读博士学位期间，在冯浩菲先生的指导下，开始对雅学及雅学文献进行关注和研究，并选定雅学史作为博士研究论文，在此基础上，出版了我的第一部专著《中国雅学史》（齐鲁书社2004年版）。此后的几年间，在教学之余，虽然一直没有停止对雅学文献的整理和研究，但由于各种琐事缠身，研究时断时续，转眼十个春秋又过去了，勉强草就，书名定为"雅学文献学研究"。

　　本书主要从文献学的视角对雅学文献进行整理和研究。首先，对汉魏六朝隋唐几部征引《尔雅》及其旧注较多的典籍进行了专门研究，探寻古籍征引与今传本之间文字存在的假借、古今、异体、正俗等现象和规律；其次，对唐宋元明以来雅学辑佚文献、考证类文献、疏注类文献进行文献学研究，通过对雅书版本系统的梳理，探寻雅学文献校勘、辑佚、刻印、版本流传等的特点和规律，辨章学术，考镜源流；最后，对《尔雅》在朝鲜半岛的流传以及现存韩国的雅书版本类型进行初步研究，探寻雅书在域外的流布情况。起初曾设想对日本、韩国、越南、美国等域外所藏雅学文献进行整理研究，但因时间仓促和资料匮乏，仅完成了对韩国现存雅学文献的简单梳理工作。

　　本书的最终完成，得到了许多人的帮助和支持，在此向他们表示深深的感谢。特别要感谢我的硕士研究生徐文贤、于珊珊、吕献文、付莹等同学，是他们前期的研究工作为我提供了线索和便利条件；感谢青岛大学文学院的领导和同事们，感谢我的家人，没有他们多年来的全力支持，要完成这部书稿也是不可能的。